内圣外王的法思想体系

丘濬《大学衍义补》探研

黄英◎著

The Legal Thoughts System of the Internal Saints and External Kings Theory:

A Case Study of *Supplementation to the Explanations to the Great Learning* by Qiu Jun

中国社会科学出版社

图书在版编目（CIP）数据

内圣外王的法思想体系：丘濬《大学衍义补》探研 / 黄英著.
—北京：中国社会科学出版社，2020.6
ISBN 978-7-5203-6408-9

Ⅰ.①内…　Ⅱ.①黄…　Ⅲ.①政书—中国—明代
Ⅳ.①D691.5

中国版本图书馆 CIP 数据核字（2020）第 069241 号

出 版 人　赵剑英
责任编辑　许　琳
责任校对　鲁　明
责任印制　郝美娜

出　　版　中国社会科学出版社
社　　址　北京鼓楼西大街甲 158 号
邮　　编　100720
网　　址　http://www.csspw.cn
发 行 部　010-84083685
门 市 部　010-84029450
经　　销　新华书店及其他书店

印刷装订　北京市十月印刷有限公司
版　　次　2020 年 6 月第 1 版
印　　次　2020 年 6 月第 1 次印刷

开　　本　710×1000　1/16
印　　张　17.5
字　　数　261 千字
定　　价　98.00 元

目　　录

第一章　导论 …… 1
第一节　问题意识与选题说明 …… 1
一　问题意识 …… 1
二　选题说明 …… 2
第二节　国内外研究现状 …… 8
一　国内研究现状 …… 9
二　国外研究现状 …… 19
第三节　研究目的与学术意义 …… 21
一　研究目的 …… 21
二　学术意义 …… 23
第四节　研究方法与本书结构 …… 25
一　研究方法 …… 25
二　本书结构 …… 29

第二章　丘濬与《大学衍义补》 …… 32
第一节　丘濬其人 …… 32
一　家世与生平 …… 34
二　学问与著述 …… 41
三　德行与功业 …… 47
第二节　《大学衍义补》其书 …… 58

一 成书背景 …… 58
二 著书渊源 …… 63
三 内容概要 …… 72
四 历史地位 …… 78

第三章 丘濬法思想的内在理路与基本框架 …… 83
第一节 丘濬法思想的内在理路 …… 85
一 以“君”代“圣”：煞费苦心的有意为之 …… 86
二 由“王”而“圣”：立足现实的合理选择 …… 88
三 由“内”而“外”：超凡入圣的必由路径 …… 92
第二节 丘濬法思想的基本框架 …… 96
一 尧舜之道：贯穿全书的一条主线 …… 96
二 天圣君民：相互关联的四大主体 …… 100
三 心法治法：相辅相成的两大支柱 …… 109

第四章 丘濬的心法思想 …… 114
第一节 正心以修身，立德以成圣 …… 115
一 人君之为治，所以贵乎正心 …… 116
二 人君之为治，所以必贵乎懋其德 …… 120
第二节 准天以为治，准尧以为法 …… 124
一 天立乎君，君奉乎天 …… 125
二 居尧之位，体尧之心 …… 128
第三节 存仁义之心，行仁义之政 …… 130
一 仁之为仁，乃人心之全德，道理之总名 …… 131
二 义之为义，所以全乎仁 …… 135
第四节 以絜矩之心，行絜矩之政 …… 138
一 以心感心，天下无异心 …… 139
二 因化致化，天下无异化 …… 141
第五节 守一定之法，任通变之人 …… 143

一 标准立于上，法则示乎下…… 145
二 用天下之人，理天下之事…… 147

第五章 丘濬的治法思想（上）…… 151
第一节 治法的内涵…… 153
一 礼有文仪，亦有数义 …… 153
二 乐有本末，亦有淫和 …… 157
三 政有大小，亦有善恶 …… 159
四 刑有体用，亦有情义 …… 162
第二节 治法的功用…… 165
一 礼以安上治民 …… 166
二 乐以移风易俗 …… 171
三 政以施仁安民 …… 176
四 刑以辅政弼教 …… 181

第六章 丘濬的治法思想（下）…… 196
第一节 治法的效力…… 196
一 时间效力：起于尧舜而至于万世 …… 196
二 空间效力：行于中国而止于蛮荒 …… 197
三 对人效力：详于中华而略于外夷 …… 201
四 对事效力：基于养民而达于治教 …… 205
第二节 治法的运行…… 208
一 人君代天出命的立法要诀…… 209
二 人臣致君泽民的执法要领…… 216
三 奉法而不奉意的司法要义…… 220
四 责上而不责下的守法要求…… 226

第七章 丘濬的法历史观…… 233
第一节 后世何以不若古 …… 235

一　人的责任 …… 236
二　法的问题 …… 240
第二节　后世如何能复古 …… 243
一　君臣相得 …… 243
二　礼乐为本 …… 246
三　后继有人 …… 248

第八章　结语 …… 251

参考文献 …… 260

后　记 …… 273

第一章　导论

第一节　问题意识与选题说明

一　问题意识

黄仁宇先生在“大历史观”的宏大框架下，选择了看似风平浪静无事可记实则波诡云谲暗流涌动的万历十五年（即公元1587年）作为研究的切入点，以这一年发生的若干易为史家忽视的“末端小节”为契机铺展开来，重点分析了皇帝、首辅、高级将领、文官和思想家等众多时代精英的行为和心理，全面展示了16世纪明朝面临的空前政治危机，深刻揭示了中国传统社会的各种弊端和症状，最终得出了令人信服同时也让人痛心的结论：“万历丁亥年的年鉴，是为历史上一部失败的总记录。”[①]

这个鉴定结论真是振聋发聩，掷地有声。进而言之，它不仅是对张居正改革后明朝由盛转衰走向覆亡的一次大反思，也是对明亡清兴直至鸦片战争以降的大变局[②]背景下，中华帝国在与东西方列强的激烈交锋中

① 黄仁宇：《万历十五年》，生活·读书·新知三联书店2012年版，第279页。

② 近代中国的“大变局”，实为数千年一遇的历史变迁，是具有整体性、根本性、革命性、长期性的历史巨变。这是自春秋战国以来，中国社会面临的第二次“大变局”，是李鸿章所言的“创钜而痛深”而引发的巨大回响，更是陈寅恪所称的“巨劫奇变”。“大变局”必然引发而且包含法律思想与制度的“大变”与“突破”。中国历史的第一次“大变局”，正是中国法律思想学术融旧铸新、开宗立例的原创时期；而第二次“大变局”，也恰好是中国法律思想学术融贯古今、会通中西的转创时期。参见程燎原《中国法治政体问题初探》，重庆大学出版社2012年版，第29—30页。

屡战屡败终致完败的一次大检讨。很显然，作者并不认为中国传统社会的衰亡肇端于学界公认的1840年，而是应该由此上溯到250多年前的万历十五年，也就是1587年，或者再把范围扩大一点，那就是公元16世纪。而依据“大历史观”的理论，造成这一悲剧性结局的总源头其实并不在万历朝，亦不在明太祖开国之初，而是早在先秦轴心时代，中华文明正式形成之时，就已经埋下了伏笔，“中国两千年来，以道德代替法制，至明代而极，这就是一切问题的症结”。[①]

笔者有感于黄仁宇先生的观点，喟然慨叹中华民族的历史宿命。与此同时，一系列的疑惑也油然而生：首先，既然中华文明早在发源之初就已经注定了大失败的命运，它又何以在漫长的历史长河中源远流长，薪火相继，成为人类历史上唯一没有中断的文明，并使中华帝国雄踞世界数千载呢？其次，“以道德代替法制”的现象是如何产生的？中国古代为什么要重道德而轻法制？中国古人所谓的“法”到底是什么？传统中国的法思想究竟是什么样子的？最后，中国古代人才济济灿若星辰，思想界对这种“以道德代替法制”的巨大隐患是否有所察觉？有没有及时修正？为什么？又何以酿成两千多年后的亡国灭种之祸呢？而所有这一切，能否让今天的我们通过一个具体的载体切入到古人的世界里去一探究竟呢？带着这样一些问题，笔者开始了自己的思考和探索之旅。

二　选题说明

斟酌再三，笔者还是决定以明儒丘濬的《大学衍义补》为研究对象，并将本书的题目确定为《内圣外王的法思想体系——丘濬〈大学衍义补〉探研》。之所以做如此安排，乃是基于如下四点考虑：

第一，划定一个时代——15世纪。如果说16世纪是中西文化正式接触、碰撞与交锋的开端，预示着明朝乃至秦汉以降的传统社会从此走向衰亡和崩解，开启了中国自春秋战国以来的第二次大变局，那么，从法律思想史的角度来看，作为大变局前夜的15世纪，其意义就非比寻

---

① 黄仁宇：《万历十五年》，生活·读书·新知三联书店2012年，自序第4—5页。

常了：一方面，它完整而清晰地保存了巨变前夜尚未与世界新潮流有过任何接触和交流的中国传统社会的原生形态，由此得以了解中国古代法律思想的原貌；另一方面，先秦以来的法律思想经过两千多年的实践和发展，到这时也已臻于成熟和完备，由此得以览观中国古代法律思想的全貌。我们再把视野扩大，放眼全球，从1405年郑和第一次下西洋到1492年哥伦布发现新大陆，整个15世纪可谓波澜壮阔惊心动魄，具有划时代的历史意义：大航海时代由此开启，当今世界的基本格局由此奠基，中国和西方亦由此发生惊天巨变。因此，尽管以“大历史观”的标准来衡量，区区一个世纪不过是岁月长河中稍纵即逝的一瞬，然而，15世纪在漫长的人类文明史上依然留下了浓墨重彩的印记。有鉴于此，笔者拟以15世纪作为大背景，并由此向上溯源，考察我国古代法律思想的发展演进历程，以期从中梳理并进而把握中华法系的原貌和全貌。

第二，锁定一个人物——明儒丘濬。在我国，15世纪属于明朝的中前期，先后经历了惠帝、成祖、仁宗、宣宗、英宗、代宗、宪宗和孝宗共八代帝王，出现了永乐盛世、仁宣之治和弘治中兴三大治世。遍观这一时段的政坛学界，刘基、宋濂、方孝孺、解缙、胡广、杨士奇、李时勉、于谦、刘定之、杨廷和……，个个出类拔萃，无愧国家之栋梁、民族之脊梁。有人会问，在英华辈出群星璀璨的大明帝国穹顶之下，为什么单单选择丘濬作为本书的研究对象呢？理由有三：其一，时间不谋而合。丘濬生于明成祖永乐十九年（1421），卒于明孝宗弘治八年（1495），正好与本书锁定的时间范围高度吻合，其余诸人的活动时间或多或少都有出入。其二，人物百里挑一。丘濬学识渊博、著作等身，是有明一代公认的“理学名臣”和“当代通儒”，同时也是“弘治中兴”的股肱之臣，有“中兴贤辅”的美誉。明人廖道南[①]评论说：“国朝洪武、建文间时，则有若刘伯温之闳大、宋景濂之浩博、王子充之醇正、方孝孺之尔

① 廖道南（？—1547），字鸣吾，蒲圻（今湖北省赤壁市）人，正德十六年（1521）进士，授翰林院编修，嘉靖时参与纂修《明伦大典》，累官至侍讲学士，代表作有《楚纪》《殿阁词林记》（又称《殿学记》）等。

雅；永乐、宣德间时，则有若解大绅之雄放、胡光大之豪宕、杨文贞之精密、金文靖之沉浑；正统、景泰间时，则有若李文忠之朴茂、刘文安之该覈；然皆丽藻丰腴，未有若丘文庄之明体适用、酌古準今，裒然为一代文宗也。自是以后，若程篁墩、李文正诸公，盖闻文庄之风而兴起焉者。”[①] 其三，专长无人能及。从法学研究的角度看，丘濬还兼有上述诸公所不具备或不完全具备的一大优势，那就是对历代典章制度的熟悉和精研，《明史》称他“尤熟国家典故，以经济自负。”[②] 这也正是笔者最终敲定丘濬的关键因素。总之，无论从哪一个角度讲，丘濬都堪称不二人选。

第三，圈定一部著作——《大学衍义补》。丘濬一生笔耕不辍，硕果累累，在奉命参编《寰宇通志》《大明一统志》《明英宗实录》《宋元纲目》《明宪宗实录》等官方文献之余，更有《大学衍义补》《世史正纲》《朱子学的》《家礼仪节》《琼台诗话》《琼台会稿》《平定交南录》《史略》《成语考》《伍伦全备记》《投笔记》《举鼎记》等十数部大作流传于世。在其卷帙浩繁的个人著述中，《大学衍义补》最负盛名，影响深远。该书于明孝宗弘治初年（1488）首次刊行，明神宗万历年间再版，清高宗（乾隆）时辑入《四库全书》，是传统儒家内圣外王之道的经典著作，也是明中期以后历代帝王的必读书籍，“将以垂之后世以为君天下者之律令格式也”[③]。而所谓“律令格式”，就是我国古代法的具体表现形式。从这个意义上讲，《大学衍义补》本身就是一部帝王治国理政的大法典。在这部鸿篇巨制中，丘濬一方面广泛征引六经诸史百家之言，另一方面也通过大量按语抒发己见。全书囊括了丘濬自己与历代学者、古圣先贤们的法律思想，尤其难能可贵的是，书中还有长达十数万字的法律问题专论，那就是“慎刑宪”一

① （明）雷礼：《内阁行实》卷7，载周骏富《明代传记丛刊·名人类③》，明文书局1991年版，第503—504页。

② （清）张廷玉：《明史》，中华书局1974年版，第4808页。

③ （明）丘濬：《大学衍义补·原序》，载《丘濬集》，海南出版社2006年版，第4页。

目，共 14 卷[①]，“此目本身已成了中国法律思想的一个经典文献”。[②]因此，从法理学的视角来看，研读此书，不仅可以清晰地把握明儒丘濬的法律思想，还可以全面了解先秦以来中国传统法律思想发展演变的脉络。

第四，确定一个分析框架——内圣外王。近代以降，在西学东渐的大背景下，用西方的法律概念、法学原理、思维方式和评价体系来衡量、分析和评判中国古代的法律思想，成为我国法学研究的常态，这就是“以西释中”的研究范式。百十年来，在这种观念的主导下，学术界获得了丰硕的科研成果，尤其是经过理性而直观的中西对比，凸显出传统法律思想的软肋和硬伤，找出了中国社会一治一乱以及中华法系最终走向崩解的根本原因。然而，随着时间的推移，这种研究范式的弊端也日渐显现：首先，中西两大文明各有千秋，难分伯仲，且二者在精神气质、道德追求、思维习惯、价值体系乃至语言风范等方面都大异其趣，西方法学的概念、原理、体系、逻辑以及相应的价值评判标准能否准确地理解和诠释中国的法律思想，由此而得出的结论是否真实可信，这些问题都值得我们认真对待和重新反思；其次，“以西释中”客观上架空了我国古代固有的话语体系，导致传统文化严重失语，“汉语所承载的文化意义被偷偷置换，由此引发了本土文化的萎缩和传统价值的衰落”。[③]在这样的研究范式中，由于本土文化和民族精神的缺位，中华法系自成一体的思想精髓不仅得不到体现和彰显，反而越来越黯淡无光，相形见绌，民族的自豪感和自信心因之而不升反降，这显然不利于中华文化的复兴，也无助于当前依法治国方略的有效推进。有鉴于此，笔者决定摒弃这种“把文化传统之间的差异看做单方

---

① “慎刑宪”一目下设“总论刑制之义”“定律令之制”“制刑狱之具”“明流赎之意”“详听断之法”“议当原之辟”“顺天时之令”“谨详谳之议”“伸冤抑之情”“慎眚灾之赦”“明复雠之义”“简典狱之官”“存钦恤之心”和“戒滥纵之失”共14个子目，分列于《大学衍义补》第100—113卷。

② 朱鸿林：《丘濬〈大学衍义补〉及其在十六七世纪的影响》，载朱鸿林《中国近世儒学实质的思辨与习学》，北京大学出版社2008年版，第167页。

③ 高鸿钧：《中国文化复兴宣言》，载高鸿钧《清华法治论衡——中华法文明的当代省思（上）》，清华大学出版社2006年版，卷首语第8页。

缺乏的观念”[①]，转而采用“以中释中”的办法，用中华民族自身的思维习惯和表达方式来分析和诠释丘濬及其法思想。当然，这就需要寻求一种合适的话语体系和思维框架作为理论支撑和分析工具。思来想去，也就“内圣外王”的理论最为契合，理由如下：

首先，“内圣外王”是传统儒家修己安人的终极目标。“内圣外王”一词源自《庄子·天下》[②]，本为道家的学术用语，意思是指古圣先王的治国理政之道，“其旨归在于内足以资修养而外足以经世”。[③]由内圣而外王是古人心目中最理想的社会治理模式，诚如冯友兰先生所言：“在中国哲学中，无论哪一派哪一家，都自以为是讲‘内圣外王之道’。”[④]但是，真正将这一思想发扬光大的是以修己治人为宏旨的儒家，梁启超先生对此有过精辟论断，他说：“儒家哲学，范围广博。概括说起来，其用功所在，可以《论语》‘修己安人’一语括之。其学问最高目的，可以《庄子》‘内圣外王’一语括之。”[⑤]可以说，修己以内圣、安人以外王，这正是自孔子以来传统儒家孜孜以求的奋斗目标。

其次，《大学》《大学衍义》和《大学衍义补》是系统阐发传统儒家内圣外王之道的经典作品。《庄子》虽然提出了“内圣外王”这一概念，但并未对其进行阐释。最早系统阐发内圣外王之道的是儒学经典《大学》。《大学》本是《礼记》中的一篇，相传为孔子所著，经文仅二百余字，内容被宋儒朱熹概括为三纲领八条目（简称三纲八目）。其中，明明德、新民和止于至善为三纲领，格物、致知、诚意、正心、修身、齐家、治国和平天下为八条目。三纲八目中，修身以上为内圣，齐家以下则为外王。明

---

① 夏勇：《遗忘的文明：重新认识古代中国的法治思想》，载高鸿钧《清华法治论衡：中华法文明的当代省思（上）》，清华大学出版社2006年版，第2—3页。

② “内圣外王”四字最早出现于《庄子·天下》，且全书自始至终仅出现过一次，原文为：“天下大乱，贤圣不明，道德不一……是故内圣外王之道，暗而不明，郁而不发，天下之人各为其所欲焉以自为方。”参见方勇译注：《庄子》，中华书局2015年版，第568页。

③ 梁启超：《〈庄子·天下篇〉释义》，载《梁启超全集》，北京出版社1999年版，第4676页。

④ 冯友兰：《新原道：中国哲学之精神》，生活·读书·新知三联书店2007年版，绪论第5页。

⑤ 梁启超：《儒家哲学》，岳麓书社2010年版，第3页。

末思想家李贽[①]赞之曰：“真正学问，真正经济，内圣外王，具备此书。”[②]而宋儒真德秀的《大学衍义》和明儒丘濬的《大学衍义补》，都是为了推衍《大学》的三纲八目而作，真氏《衍义》重在阐发内圣之学，而丘氏《衍义补》则旨在推衍外王之学，二者皆为系统阐发内圣外王之道的宏著，只是各有所侧重而已。

最后，“内圣外王”也是明儒丘濬毕生的理想与追求。作为封建时代一名典型的儒者士大夫，丘濬从小便树立了匡扶社稷经世济民的远大志向，修身、齐家、治国、平天下是他矢志不渝的奋斗目标，“余少有志用世，于凡天下户口、边塞、兵马、盐铁之事，无不究诸心意”。[③]儒家内圣外王的理念早已深入其骨髓，贯穿于他的全部思想（包括法律思想）。有鉴于此，我国台湾学者王万福对丘濬的学问人生作出了如下点评：“琼山[④]之学，乃系孔门政治之学，兼具言语、文学、德行之长，不攀援佛老，不偏重于心性，渊源于六经，发挥于实证，济溺匡时，正视现实，有异于中明诸儒避世之风概，其旨趣抱怀，盖欲阐扬儒家内圣外王之学，明道救时，以收治平之事功。”[⑤]

综上所述，以“内圣外王”作为理论依据来理解和剖析丘濬的《大学衍义补》，并在此基础上建构其法律思想的基本框架，实在是再恰当不过了。事实上，以丘濬所处的时代背景来看，当时的中国与西方世界完全隔绝，自由、平等、民主、法治等西方近代文明的价值观尚未传入，人们不可能打破中华民族固有的思维套路去寻求改变现实的灵丹妙药。因此，儒家的内圣外王理论依然是丘濬等儒者士大夫取之不尽的思想源泉，修齐治平依然是丘濬等胸怀天下者矢志不渝的人生追求，唐虞盛世

---

① 李贽（1527—1602），字宏甫，号卓吾，福建全州人，明末著名文学家、思想家，泰山学派的宗师，代表作有《藏书》《续藏书》《史纲评要》《焚书》《续焚书》等。

② 牛鸿恩注：《四书评注》，载张建业主编《李贽全集注》，社会科学文献出版社2010年版，第17页。

③（明）丘濬：《愿丰轩记》，载《丘濬集》，海南出版社2006年版，第4354页。

④ 琼山，指丘濬。丘濬为海南琼山人氏，时人尊称其为“琼山先生”。

⑤ 王万福：《丘濬的著述与思想》，载朱逸辉《丘濬海瑞评介集》，海南出版社2004年版，第238—239页。

依然是丘濬等一心求治者经国济民的奋斗目标。有鉴于此，笔者决定将研究的对象确定为明儒丘濬及其代表作《大学衍义补》，以儒家内圣外王的思维框架去检视和解读古人的法律思想，并从中探佚中华法系的发展脉络以及最终走向崩解的根本原因。

第二节　国内外研究现状

丘濬作为一代文宗、理学名臣、中兴贤辅，其学问人品光耀千古，为后世所景仰，因而历来都不乏推崇者和研究者。在他身后的明清两代，上至皇帝、士大夫，下至门生故旧、丘氏子孙、海南乡贤等后学晚辈，对他的家世生平、道德情操、言谈举止、逸闻趣事、学术思想以及功过得失等都曾留下文字记载，其中大部分内容保存至今，散布于黄瑜《双槐岁钞》、何乔新《椒丘文集》、唐枢《国琛集》、廖道南《殿阁词林记》(或称《殿学记》)、谈迁《国榷》、唐胄《正德琼台志》、黄佐《嘉靖广东通志》、戴熺《万历琼州府志》、凌迪知《国朝名世类苑》、焦竑《国朝献徵录》、过庭训《本朝分省人物考》、吴伯与《国朝内阁名臣事略》、雷礼《国朝列卿记》、张萱《西园闻见录》、谷应泰《明史纪事本末》、焦映汉《丘文庄公集》、王贽《康熙琼山县志》、牛天宿《康熙琼郡志》、蒋廷锡《雍正大清一统志》、郝玉麟《雍正广东通志》、和珅《乾隆大清一统志》、杨宗秉《乾隆琼山县志》、张廷玉《明史》、王鸿旭《明史稿》、纪昀《明臣谥考》、穆彰阿《嘉庆大清一统志》、阮元《道光广东通志》、张岳崧《道光琼州府志》、李文煊《咸丰琼山县志》、张廷标《光绪琼山县乡土志》等古代文献中[①]。丘濬创作的诗、赋、铭、记、序、议、论、跋、表、疏、奏、策、赞、传，以及哀辞、祭文、墓志铭、杂说等大量文稿，也经过历代有心人的搜集、整理、辑录、刊刻、收藏和传诵而得

① 参见李焯然《丘濬评传》，南京大学出版社2011年版，第1—20页；王会均：《南溟奇甸 布衣卿相——明贤丘濬公研究》，载朱逸辉《丘濬海瑞评介集》，海南出版社2004年版，第201页。

以代代相承，如《琼台先生文集》（丘敦、蒋冕合编）、《琼台诗话》（蒋云汉著）、《琼台吟稿》（蒋冕编）、《琼台类稿》（闵珪、吴廷举分别独编）、《琼台会稿》（郑廷鹄编）、《琼台诗文会稿重编》（丘尔穀、丘尔懿[①]合编）、《丘文庄公集》（焦映汉编）、《琼台集》（罗学鹏编）和《丘仲深集》（范鄗鼎编）等[②]。此外，更有《朱子学的》《家礼仪节》《大学衍义补》《世史正纲》以及《投笔记》《伍伦全备记》等诸多个人著述流传至今。这些版本众多、体裁各异、内容有别的古代文献，为后人研究丘濬提供了丰硕而珍贵的第一手材料。

一 国内研究现状

鸦片战争以来，国势衰颓政治黑暗，以致上下失和民怨沸腾，加之列强进犯战祸连年，饱经沧桑的中华帝国在风雨飘摇中自身难保大厦将倾。从文化角度观察，此时正值中西文化碰撞最激烈的时期。经过半个多世纪短兵相接的思想交锋，倡导“自由”“平等”“博爱”“民主”“法治”“宪政”等价值观的西方文明最终以压倒性优势成功上位，而以儒学为主体固守三纲五常[③]德主刑辅的中华文化却一败涂地，输得干干净净彻彻底底，从此一蹶不振。

在整个社会风气根本扭转、学习和传播西学蔚然成风的时代，“为往圣继绝学”的重任就落到了极个别有志者兼有缘人肩上。光绪末年，时任琼山教谕的乡贤王国宪[④]挺身而出，率先挑起了这副重担，成为近代研究丘濬的第一人。他不仅编辑整理了丘濬的《琼台类稿》（24卷）、《琼台会稿》（50卷）和《大学衍义补》（160卷），还撰写了《丘文庄公年谱》

---

① 丘尔穀与丘尔懿兄弟乃丘濬七世孙，同为万历朝举人，官至县令。

② 参见李焯然《丘濬评传》，南京大学出版社2011年版，第278—304页。

③ 三纲，是指君为臣纲、父为子纲和夫为妻纲三种人际关系；五常，是指仁、义、礼、智、信五种道德品质。三纲五常为我国传统社会所尊奉的最基本的人伦道德规范。

④ 王国宪（1853—1938），又名王国栋，字用五，又字圣轩，号尧云，晚年自称更生老人，广东琼山人，系清嘉庆六年（1801）举人、琼台书院著名掌教（即负责人）王承烈的曾孙。王国宪先生集藏书家、学问家和出版家于一身，对海南的文化教育居功至伟。参见蔡葩：《王国宪：海南文化遗产的抢救者》，《海南日报》2008年7月21日，第15版。

（1898），这是近代以来第一部系统记录丘濬生平事迹的著作，为后世学者提供了宝贵而翔实的原始资料。此外，琼山籍诗人冯骥声[①]也曾广泛搜集丘濬著述，并作《丘文庄公年谱》一卷。1928—1933 年，广州《民俗》周刊先后刊登了四篇介绍丘濬及其著作的文章[②]。与此同时，曾任孙中山秘书的陈沅[③]于民国十七年（1928）利用“随军防琼，留驻海口”的机会，实地考察了丘濬（和海瑞）的故里和祠墓，受到丘濬后裔的隆重接待，并有幸一睹丘濬的遗像和手泽，写成了《丘海里墓记》，为丘濬的研究提供了新材料。[④]

早期的研究工作相对简单、零散，主要集中于整理著述、介绍生平或撰写年谱，对丘濬的思想缺乏深挖细琢。可贵亦可喜的是，民国时期，随着法学的兴盛和发展，个别法学家已经着手研究中国法律思想史，对丘濬《大学衍义补》中所蕴含的法律思想加以关注和重视，将其视为中国古代法律思想的一个组成部分，而成就最大的莫过于法学巨擘杨鸿烈[⑤]

---

① 冯骥声（1841—1891），字少颜，海南琼山人，清同治拔贡，自幼资质颖异，好学勤奋，致力于经学研究，在海南开办研经书院，著有《经解》《尚书古今文疏证》；同时，大力搜集丘濬、海瑞著述，并著《丘文庄公年谱》（1卷）和《海忠介公年谱》（1卷）。参见冯立《古人吟咏杨柳青诗篇又现》，http://blog.sina.com.cn/s/blog_a492e92d01013i9j.html，2012年10月26日。

② 这四篇文章分别是：郑敦保《丘琼山故事》（1928年发表于《民俗》第34期），陈有良《丘琼山轶事》（1929年发表于《民俗》第46期），黄有琚《关于丘文庄先生著述的传说》（1933年发表于《民俗》第112期），以及陈元柱《丘琼山的故事》（1933年发表于《民俗》第115期）。参见王会均《南溟奇甸 布衣卿相——明贤丘濬公研究》，载朱逸辉《丘濬海瑞评介集》，海南出版社2004年版，第216、227页。

③ 陈沅（1881—1958），字梅湖，号光烈，广东饶平人，清末秀才，曾任孙中山秘书、国民党陆军中将、澄迈县长、广东通志馆编纂等职，著有《广东通志列传》《南澳县志》《饶平县志补订》等五十六种著作。

④ 参见陈沅《丘海里墓记》，载朱逸辉《丘濬海瑞评介集》海南出版社2004年版，第812—813页。

⑤ 杨鸿烈（1903—1977），又名宪武、志文、炳堃，号知不足斋主，云南晋宁人，早年毕业于北京师范大学外文系，之后进入清华大学国学研究院，师从梁启超、王国维研究历史，1934—1937年留学日本，就读于东京帝国大学研究院，获博士学位。一生主要以教书为业，先后任教或兼职于南开大学、上海中国公学、大夏大学、复旦大学、法科大学、北京师范大学、云南大学、河南大学、无锡国学专科学校、南京中央大学以及香港大学等十余所大学，代表作有《中国法律发达史》《中国法律思想史》和《中国法律在东亚诸国之影响》，对中国法理学的创立和建设作出了卓越贡献。

先生。1936 年，其专著《中国法律思想史》一书出版，丘濬及其《大学衍义补》也在该书的研究范围内，并在法律平等和法律公布等问题上有专门论述。[①]这是专从法学角度对丘濬及其《大学衍义补》进行研究的开端，虽然只是点到为止，着墨不多，但毕竟迈出了关键的第一步，实属不易。

共和国成立后至改革开放前的较长时间里，除了极个别出版社和学者外，大陆学界几乎无人关注丘濬。1962 年，中华书局出版了陈子龙的《明经世文编》，收录了《丘文庄公经济文篇五集》；[②]同年，叶世昌先生在 8 月 10 日的《文汇报》上发表了《丘濬的劳动价值观点与货币学说》一文，指出丘濬具有朴素的劳动价值观，并在此基础上建立了一套金属主义货币学说，在反对纸币和通货膨胀的斗争中做出了贡献。[③]而叶世昌也成为新中国第一位研究丘濬经济思想的学者。

相形之下，台湾地区对丘濬及其著述的研究却颇为重视。早在 20 世纪五六十年代，即有相关的零星文章问世，70 年代以后逐渐专门化和规模化，而这主要得益于一个特殊群体的努力，即从大陆赴台的琼籍人士，如王梦云[④]、杨群、符骏、苏云峰等。他们怀着对家乡的无比热爱与眷念，以高度的文化自觉性和强烈的地方自豪感，为久负盛名的“海南

① 参见杨鸿烈《中国法律思想史》，中国政法大学出版社2004年版，第181—186页。

② 参见王会均《南溟奇甸 布衣卿相——明贤丘濬公研究》，载朱逸辉《丘濬海瑞评介集》，海南出版社2004年版，第210页。

③ 参见陈敏《丘濬研究述评》，硕士学位论文，东北师范大学，2008年，第8页。

④ 王梦云（1895—1994），府城（海南海口）人，琼州名士王国宪的高徒，海南书局的创办人，著名律师、法学教授兼国民党政要。1922年毕业于北平朝阳大学法律科，同年赴日留学，就读于东京日本大学法学院。1924年牵头创办海南书局，协助王国宪整理、辑印海南先贤文献，先后出版《白玉蟾全集》、丘濬《琼台类稿》和《大学衍义补》、海瑞《海忠介公备忘集》、王佐《鸡肋集》、邢宥《湄丘集》、唐胄《正德琼台志》以及王弘海《天池草》等著作。历任揭阳县长、广州地方法院推事、海口市民政科长、南京陆军学校政治教官、陆军步兵学校编译官、中央交通宪兵团军需处主任、国民政府军事委员会第一游击总司令部少将参议等职；长期从事律师工作，名望甚高；还曾执教上海大夏大学、海南大学等高校，任法学教授，著有《民法总则要义》《民法债篇》《民事诉讼法诠释》《法学通论》等。后离琼去台，为保存海南文化典籍、延续和发展民族传统文化不遗余力，功不可没。

双壁”[①] 整理遗作。经过四年的艰辛，终于将丘濬的《大学衍义补》《琼台诗文会稿》《世史正纲》《朱子学的》《家礼仪节》《成语考》和《投笔记》等七种遗著汇辑成集，于1972年自费出版了《丘文庄公丛书》，“为五百年少见之孤本、善本、珍本兼而有之完整古籍”。[②] 这也是自清末王国宪、冯骥声以来对丘濬遗作的第二次整理抢救工作，尽管该书只刊印了一千套，流传不广，但意义重大。1978年，他们又在台北成立了“中国丘海学会”，正式开启了对丘濬和海瑞的研究工作，先后创办了《中国丘海学会会刊》《丘海学术研究汇编》和《丘海季刊》等刊物，林光灏、王万福、吴缉华、杨群、温心园、詹尊泮、黎德劭、陈敦智等一大批研究者活跃其间，发表了数十篇有价值的文章，为推进丘濬研究工作的深入开展做出了积极贡献。这些成果成为改革开放后大陆学界重启研究工作的宝贵资源。[③]

此外，一些旅居香港的海南籍人士也在同一时期零星地发表过关于丘濬的文章，如陈恒升的《明儒丘琼山的思想概观》（1966年）、温心园的《略谈丘琼山与陈白沙之关系》（1969年）、迭民的《丘琼山传略及其民族主义思想》（1969年）以及黄芝的《书琼山丘氏朱子学的后》（1973年）。[④] 这些文章虽然已经切入到丘濬的思想领域，然其深度、广度和规模远不能与台湾的同期研究相提并论。

改革开放后，大陆学界也重新开启了对丘濬的研究工作。较早言及

---

① 即丘濬和海瑞，二人皆为海南海口人，因而被誉为“海南双壁”，至今海口市还有一条街名为“丘海大道”，就是为了纪念两位先贤。

② 杨群：《〈丘文庄公丛书〉辑后记》，载朱逸辉《丘濬海瑞评介集》，海南出版社2004年版，第85页。

③ 据笔者的不完全统计，20世纪后半期，台北的《畅流》《艺文志》《广东文献》《海南文献》《大陆杂志》《中国丘海学会会刊》《丘海学术研究汇编》《丘海季刊》《南风》等杂志先后刊发了65篇专门介绍和研究丘濬的文章，其中黎德劭14篇，王万福7篇，杨群6篇，詹尊泮4篇，林光灏、吴辑华、黄守汉、温心园、陈敦智各3篇，卓浩然、丘式如、李焯然、符骏、苏云峰、钟莲英、关照棋各两篇，王定华、吴乃宪、吴道南、钱穆、吴乾华、牟甲铢、王兴超、韩介光各1篇。参见王会均《南溟奇甸 布衣卿相——明贤丘濬公研究》，载朱逸辉《丘濬海瑞评介集》，海南出版社2004年版，第197—230页。

④ 参见王会均《南溟奇甸 布衣卿相——明贤丘濬公研究》，载朱逸辉《丘濬海瑞评介集》，海南出版社2004年版，第217—228页。

丘濬的是胡寄窗和叶世昌两位经济学者。他们分别于1981年和1983年经由上海人民出版社出版了各自的专著《中国经济思想史》和《中国经济思想简史》，书中都详细分析和阐释了丘濬的经济思想，揭开了大陆学界对丘濬经济思想研究的新篇章。1989年，中国经济财政出版社出版胡寄窗、谭敏合著的《中国财政思想史》，对丘濬的财政思想也进行了客观的评价。[①]不过，这三部书均非专门研究丘濬思想的学术成果，只是丘濬的思想与他们各自所研究的课题有所关联而已。

率先对丘濬进行专题研究的是以丘濬为荣的广东文化界。[②]1985年，广东人民出版社出版了《岭南历代思想家评传》丛书，其中就有丁宝兰所著的《丘濬评传》[③]。该书如今已经绝版，但却是改革开放后第一部专门研究丘濬的著述，在丘濬研究史上具有承前启后的作用。1986年，广东省琼山县政协文史编辑委员会专门在《琼山文史资料》上刊载了一期《邱浚海瑞两公专刊》，收录了黎国器的《邱浚年谱》、霍毅的《邱浚和他的〈大学衍义补〉》、陈英生的《邱浚的幼年故事》以及林明秋的《邱浚后裔谈邱浚》共4篇文章[④]。严格说来，这几篇文章算不得真正意义上的学术论文，仅仅是对人物及其主要作品的简要介绍，但却为后来的丘濬研究热做好了铺垫，拉开了序幕。

海南省成立后，研究丘濬的基地也从广州转移到海口。1990年，海口市创办了《海南史志》杂志，先后刊发了十余篇与丘濬有关的文章。这些文章的关注点主要有四个：一是丘濬的生平轶事与人品，如何文生的《琼州奇才——丘濬》(1990)，王桂云的《方志中所见之丘濬》(1991)，以及朱逸辉的《道德文章 炳若日星》(1996)；二是丘濬的文学才华与成就，如钟平的《谈丘濬诗联词曲的艺术情趣》(1992)，张怀平的《谈丘

① 参见陈敏《丘濬研究述评》，硕士学位论文，东北师范大学，2008年，第8—9页。

② 丘濬的家乡在今海南省海口市，而在1988年海南建省之前，该地长期隶属于广东省，丘濬也因此一直被视为广东人的骄傲。

③ 迄今为止，以《丘濬评传》命名的作品有三部：最早的便是广东人民出版社出版的丁宝兰先生的专著，此后还有何浩堃先生的一篇文章和新加坡国立大学李焯然先生的专著。

④ 分别参见琼山县政协文史编辑委员会《丘濬海瑞两公专刊》，琼山县政协文史编辑委员会，1986年第3期，第1—15、58—66、81—88、89—95页。

濬两首讽喻诗》(1993),陈波的《丘濬“投笔记”用韵考略》(1994),以及周伟民的《丘濬:社会转型期诗歌理念与诗歌创作近代化的先声》(1995);三是对丘濬著述的考证或介绍,如林诗泉、林书勇合写的《丘濬医学论著考》(1992),以及林冠群的《丘濬和他的〈大学衍义补〉》(1996);四是评价丘濬的政治智慧,如吴淑贞的《丘濬安边驭夷策略》(1994)。[①]与80年代的成果相比,这些文章的学术性和思想性都大有提高。

1997年,海南省文化历史学会在海南大学举办了“丘濬海瑞学术研讨会”,这是大陆学界研究丘濬其人其作的一次重大盛会,会后结集出版了《丘濬海瑞学术研讨会论文选集》,收录了关于丘濬的专论28篇,成为中华人民共和国成立后第一部研究丘濬的论文集。[②]2004年,海南出版社出版了由朱逸辉主编的《丘濬海瑞评介集》,荟萃了钱穆、王万福、黎德劭、杨群、苏云峰、温心园、朱逸辉、周伟民、周济夫、林冠群、朱鸿林、李焯然、吴辑华、赵靖、郑朝波等众多研究者的64篇文章。[③]该书还收录了丘濬所写的《〈大学衍义补〉自序》。这两次大型的学术交流活动大大丰富了丘濬研究的成果。

除广东和海南外,自20世纪80年代起,国内其他地区也逐渐开始关注和研究丘濬及其作品(主要是《大学衍义补》),但早期的成果仅限经济思想一域,如赵靖的《丘濬:中国十五世纪经济思想的卓越代表人物》(1981)、文浅父的《被遗忘的经济学家丘濬》(1981)、李普国的《论丘濬的经济思想》(1981)、吴申元的《丘濬经济思想初探》(1981)以及黄国强的《略论丘濬的经济思想》(1983)。[④]有必要特别指出的是,中国古人所谓的“经济”是“经世济民”“经邦济世”的简称,其范围包括但远远大于西方经济学上的“经济”。纵观中国古代思想史,丘濬的经济思

---

① 其中,《丘濬:社会转型期诗歌理念与诗歌创作近代化的先声》《丘濬和他的〈大学衍义补〉》《丘濬“投笔记”用韵考略》以及《丘濬医学论著考》四篇后来收录至《丘濬海瑞评介集》。参见朱逸辉《丘濬海瑞评介集》,海南出版社2004年版,第48—59,301—326,534—540,541—543页。

② 参见李焯然《丘濬评传》,南京大学出版社2011年版,前言第5页。

③ 参见朱逸辉《丘濬海瑞评介集》,海南出版社2004年版,目录第1—3页。

④ 参见李焯然《丘濬评传》,南京大学出版社2011年版,前言第3页。

想不仅体系博大，而且影响巨大，“在思想史上，丘濬的主要贡献是在经济理论方面。但他的经济思想又是和社会政治思想、哲学思想紧密结合，融为一体的……自明万历以后，中国出现了大量以‘经济’‘经世’命名的专著，如冯琦的《经济类编》，冯应京的《经世实用录》，黄训的《明名臣经济录》，陈子龙的《皇明经世文编》等。这类专著的出现，当然是同中国社会商品经济的发展有关，但值得注意的是，这些经济专著几乎无一不受丘濬的经济思想的影响”。[①]尽管如此，我国古代的经济思想毕竟有别于近代以来的西方经济学，后者是一套系统而严密的科学理论，有严格的学科界限和研究领域，不可将二者等量齐观，也不宜用“以西释中”的思路简单地加以对比评判。譬如《大学衍义补》中有这样一段话：“世间之物虽生于天地，然皆必资以人力而后能成其用，其体有大小精粗，其功力有浅深，其价有多少”[②]，称之为一种模糊的“劳动价值”观，或者视之为劳动价值理论的萌芽或雏形，均不为过。但是，如果仅凭这一句表述就推断丘濬是世界上最早提出劳动价值论的经济学家，比西方经济学家早 174 年提出该理论，这样的结论似乎就值得商榷了。毕竟，英国人配第和法国人安吉尔贝尔创立的是一套相对系统和成熟的科学理论，需要经过相当严谨而复杂的推导和论证方得成立，岂是寥寥数言就可以轻易做到的？再说，丘濬虽有丰富而先进的经济思想，但他还是不能算作“经济学家”，因为当时经济学这门学科根本没有建立，何来经济学家？因此，尽管结论令人振奋，但是如此“以西释中”，也很难经得住仔细的推敲和严格的拷问。

随着丘濬经济思想研究的展开，其他相关的问题也受到关注和重视，逐渐形成了对丘濬及其代表作《大学衍义补》的全方位研究，范围也从经济领域迅速扩展到文学、史学、政治、财税、管理、法律、教育、人才，乃至民族关系、图书典藏等诸多方面，相关的成果如雨后春笋般竞

---

① 何浩堃：《丘濬评传》，载朱逸辉《丘濬海瑞评介集》，海南出版社2004年版，第103页。

② （明）丘濬：《大学衍义补·卷二十七》，载《丘濬集》，海南出版社2006年版，第496页。

相问世，从数量上看可谓蔚为大观，其中仍以经济方面的论著最为丰硕，其次是教育、文学、政治、史学等方面。相形之下，学界对丘濬法律思想的研究比较匮乏，成果寥寥无几，比较有价值和代表性的文章如下：段秋关的《丘濬法律思想述评》和《丘濬法律思想述评（续）》、袁兆春的《析〈大学衍义补〉中的法律思想》以及与张秀军合写的《丘濬〈大学衍义补〉对中国封建正统法律思想的继承和发展》、何勤华的《简论丘濬的法律思想》、陈永正的《从〈大学衍义补〉看丘浚的法律思想》、毛晓燕的《丘濬法律思想初探》、陈应琴的《丘浚论刑何须有——“明刑弼教”在明代的理论解读》《丘浚论典狱之官》以及与曹迪合作的《丘浚“便民为本”立法思想的刑法观照》。[①]这些文章是国内学界最早从法学角度探索丘濬思想的典范，虽然研究的深度和广度还不足，但对后来的法学研究者而言，却是不可多得的参考和指导。

这一时期，也有极少数法学著述或教材关注丘濬《大学衍义补》中的法律思想。叶崇信主编的《中国学术名著提要·政治法律卷》中收录了袁兆春点评的《大学衍义补》一文，称《大学衍义补》“开创了我国古代比较法学研究的先例，……是研究中国政治法律制度和政治法律思想史的必读要籍。”[②]李光灿、刘国华主编的《中国法律思想通史》从法学角度在该书的第七章第三节首次对丘濬的法律思想做了专门论述，指出“通过丘濬的总结，封建法律思想的消极方面（如天命神权、纲常礼教等）更加消极，而其中的积极因素（如反对暴政、严格守法等）也更为突出。由此，我们不但窥知从西汉发展到明代的封建正统法律思想的概

① 以上论文分别参见段秋关《丘濬法律思想述评》及其续篇，《西北政法学院学报》1984年第4期和1985年第1期；袁兆春：《析〈大学衍义补〉中的法律思想》，《济南大学学报》1996年第4期；张秀军、袁兆春：《丘濬〈大学衍义补〉对中国封建正统法律思想的继承与发展》，《临沂师专学报》1998年第5期；何勤华：《简论丘濬的法律思想》，《法学论坛》2000年第2期；陈永正：《从〈大学衍义补〉看丘浚的法律思想》，《泉州师范学院学报》2002年第5期；毛晓燕：《丘濬法律思想初探》，《理论界》2006年第2期；陈应琴：《丘浚论刑何须有——“明刑弼教”在明代的理论解读》，《山东社会科学》2006年第5期；陈应琴：《丘浚论典狱之官》，《华南理工大学学报》2008年第12期；陈应琴、曹迪：《丘浚“便民为本”立法思想的刑法观照》，《云南行政学院学报》2009年第2期。

② 叶崇信：《中国学术名著提要·政治法律卷》，复旦大学出版社1996年版，第370页。

貌，而且得以探析它在封建社会后期的变化和发展”。[①]武树臣所著的《中国法律思想史》中也专门分析了丘濬《大学衍义补》中的法律思想，认为该书“阐释治国制刑之旨，总结立法审判经验，是研究古代法治和法律思想的重要文献”。[②]但是，总的说来，这些书籍均非专题研究丘濬及其《大学衍义补》，全书也不以丘濬及其《大学衍义补》为研究重点，不过是穿插其中，一带而过，对丘濬法律思想的总结既不全面，也不深入。

21世纪以来，国内一些高校也开始将研究的视角转向丘濬及其《大学衍义补》，由此产生了一批高水平的学位论文。其中，博士论文1篇，为南开大学郄军红的《丘濬〈大学衍义补〉治民思想研究》(2009年)；硕士论文17篇，分别来自福建师范大学、东北师范大学、海南大学、海南师范大学等八所高校，具体情况如下表：

表1　近年来以“丘濬”和“大学衍义补”为研究对象的硕士学位论文

序号	来源	作者	篇名	时间
1	福建师范大学	陈永正	《从〈大学衍义补〉试析丘浚思想》	2002年
2	东北师范大学	李月华	《〈大学衍义补〉中的天、君、臣、民观》	2004年
3	东北师范大学	刘雪晶	《明代“利”论中的君、国、民关系思想研究——以丘浚、李贽为例》	2005年
4	东北师范大学	方顺姬	《丘濬的“相业”研究》	2006年
5	东北师范大学	吕东波	《〈大学衍义补〉与明中期社会变迁》	2007年
6	东北师范大学	陈敏	《丘濬研究述评》	2008年
7	东北师范大学	院亚东	《丘濬教化与教育思想述论》	2011年
8	东北师范大学	秦晓政	《〈大学衍义补〉的历史意识与其事功关切》	2017年
9	华东师范大学	耿松	《〈大学衍义补〉研究》	2007年
10	安徽大学	刘志丹	《丘濬货币思想新论》	2012年
11	甘肃政法学院	连小娟	《丘浚慎刑思想研究》	2012年
12	青岛大学	牟聪	《丘濬〈大学衍义补〉法律思想研究》	2013年

① 李光灿、张国华：《中国法律思想通史（第三册）》，山西人民出版社2001年版，第507页。

② 武树臣：《中国法律思想史》，法律出版社2004年版，第214页。

续表

序号	来源	作者	篇名	时间
13	海南大学	赵侠	《〈大学衍义补〉法律思想研究》	2012 年
14	海南大学	于蓓蓓	《邱浚慎刑思想研究》	2013 年
15	海南师范大学	陈绵能	《明代丘濬的学术思想和成才原因研究》	2017 年
16	上海师范大学	张云	《丘濬的司法思想研究》	2016 年
17	上海师范大学	商雏清	《丘濬、黄宗羲法思想比较研究》	2017 年

经过梳理，我们不难概括出以下两点：首先，从数量上看，东北师范大学的研究成果最多，共 7 篇，超过总量的 40%。不仅如此，该校也是国内较早开始研究丘濬及其《大学衍义补》的高等学府，尤其值得一提的是该校的赵玉田教授，他不仅指导研究生撰写有关丘濬的学位论文，自己也颇有建树，发表了多篇相关学术论文，对推动丘濬的研究做出了突出贡献。[①] 其次，从内容上看，这些论文可以大体分为法学和非法学两类，且以 2012 年为分水岭，在此之前，研究者的视角多在法学领域之外，而在此之后则比较集中地转向以法学研究为主，这似乎也是看得见的一条线索和一大趋势。

除大量零散的单篇文章和相对系统的学位论文外，近年来，也有一些学者开始全面考察丘濬的生平、著述、思想、言行、政绩、影响乃至历史贡献，为这位先贤大儒著书立传，如吴建华的《明代经世儒臣丘濬》（2007）、唐启翠的《此生如痕——丘濬传》（2008）、吴建华与傅里淮合著的《丘濬》（2012），以及吴坤雄的《秀才丘浚》（2013）等。更加值得一提的是，2005 年，南京大学出版社发行了匡亚明先生主编的《中国思想家评传丛书》，这是“深受学术界推崇的大部头丛书，也是一项伟大的工

① 参见赵玉田《丘濬经世情怀与明中期社会变迁》，《古代文明》2007年第7期；赵玉田：《丘濬及其身后的“丘濬”》，《文史杂志》2010年第6期；赵玉田：《晚明“利玛窦现象”新解》，《贵州社会科学》2011年第8期；赵玉田：《丘濬教育理念与“成化时代”》，《海南师范大学学报》2012年第5期；赵玉田：《“成化时代”与明朝灭亡》，《贵州社会科学》2012年第8期。

程”[①]。其中，新加坡国立大学李焯然教授所著的《丘濬评传》亦赫然在列，该书于 2011 年再版，是系统研究丘濬的扛鼎之作，学术价值极高。

二　国外研究现状

丘濬的《大学衍义补》在明清两代不仅蜚声宇内，而且远播海外，尤其是对东亚的朝鲜、日本影响颇深，成为两国统治者的治国宝典。日本著名学者芦野德林（1695—1775）还仿照《大学衍义补・慎刑宪》（14 卷）的体例和内容，编写了一部《无刑录》（18 卷），总结阐发儒家的法思想，试图以此匡正幕府刑法的严酷之弊。

明治维新以后，日本逐渐从中华法系脱离出来，全面学习西方，政治和法律制度欧美化，并由此走上富国强兵的道路，包括《大学衍义补》在内的儒学著作自然也束之高阁无人问津。然而，随着时间的推移，尤其是经历了两次世界大战的洗礼，情况似乎又有了微妙的变化。1944 年，日本学者西田太一郎首先发表『儒教的财政思想の以类型：大学衍义补制国用お读む』一文，开始了对丘濬的研究。其后相继有今永清二的『丘濬思想とその界限に关する一考察』，荒木见悟的『丘琼山の思想』，田村实造的『丘濬と大学衍义补』，以及间野潜龙的『大学衍义补成立について』和『大学衍义补の正朝廷について』等成果面世。其中，间野潜龙教授的研究最为详尽和深入，在其专著《明代文化史研究》中收录了这后两篇文章。遗憾的是，天不假年，间野潜龙于 1981 年英年早逝。在此后至今的三十多年里，鲜有日本学者对丘濬做过系统的研究。[②]

此外，东南亚华人（尤其是海南人）聚集的地区偶尔也能见到介绍丘濬的文字。1979 年，泰国海南会馆为纪念其成立三十四周年，也发特刊登载了王万福的《丘琼山著作述要》；[③] 1995 年，新加坡善志社四十周

---

① 李焯然：《丘濬评传》，南京大学出版社2011年版，第367页。

② 参见李焯然《丘濬评传》，南京大学出版社2011年版，前言第4页。

③ 参见王会均《南溟奇甸 布衣卿相——明贤丘濬公研究》，载朱逸辉《丘濬海瑞评介集》，海南出版社2004年版，第216页。

年志庆也刊登了周伟民的《海南杰出的代表人物丘濬》。[①]

相形之下，西方学界对丘濬及其著述却鲜有关注，仅有少数华裔学者留心于此。最早研究丘濬的是吴辑华[②]和黄仁宇两位学者，他们参与了美国亚洲研究会（Association for Asian Studies）组织的“明代名人传记编撰计划”（Ming Biographical History Project），合力完成了《明代名人传》中《丘濬传》的编写工作，该书于 1976 年由哥伦比亚大学出版社出版[③]，由此开启了海外华人对丘濬的关注，成为后继的华人学者“从事丘濬研究的启蒙文章。”[④]

此后，更有朱鸿林和李焯然两位先生对丘濬及其著作做了更多系统而扎实的研究工作。首先，朱、李二人的博士论文均以丘濬为研究对象。朱鸿林的博士论文题目为“Ch'iu Chün(1421–1495) and the Ta–hsüeh yen–i bu: Statecraft Thought in Fifteenth–century China”(Princeton University, 1984)，而李焯然的博士论文题目为“Ch'iu Chün(1421–1495) and His Views on Government and History”(Australian National University, 1984)。其次，两人还发表了多篇相关的学术论文。朱鸿林的成果主要有三篇：《〈朱子学的〉的流传与评价》、《丘濬〈朱子学的〉与宋元明朱子学的相关问题》和《丘濬〈大学衍义补〉及其在十六七世纪的影响》，后统一收录至其所著《中国近世儒学实质的思辨与习学》书中[⑤]；李焯然则有《丘濬之史学——读丘濬〈世史正纲〉札记》《丘濬生卒年考》《关于丘濬生卒年的一点补充》《丘濬之史学》《大学与儒家的君主教育：论〈大学衍义〉

---

① 参见王会均《南溟奇甸 布衣卿相——明贤丘濬公研究》，载朱逸辉《丘濬海瑞评介集》，海南出版社2004年版，第226页。

② 事实上，早在20世纪60年代，吴辑华在台湾时就已经开始了对丘濬的研究，其早期的学术成果主要有《明代丘濬的生卒年》、《明代丘濬的生卒考》和《明史丘濬传补正》三篇。参见王会均《南溟奇甸 布衣卿相——明贤丘濬公研究》，载朱逸辉《丘濬海瑞评介集》，海南出版社2004年版，第224—225页。

③ 该文于1978年转载至台北《丘海学术研究汇编》第一集。参见王会均《南溟奇甸 布衣卿相——明贤丘濬公研究》，载朱逸辉《丘濬海瑞评介集》，海南出版社2004年版，第225页。

④ 李焯然：《丘濬评传》，南京大学出版社2011年版，前言第1页。

⑤ 参见朱鸿林《中国近世儒学实质的思辨与习学》，北京大学出版社2005年版，第120—184页。

及〈大学衍义补〉对〈大学〉的阐释与发挥》《丘濬〈大学衍义补〉对明代边防的检讨》《儒家思想的理想与实践——谈明代海南先贤丘濬与海瑞》《丘濬及其〈琼台类稿〉》以及《丘濬著述考》等多篇文章问世[①]，对丘濬的生平、思想与著述用力深厚，为他以后撰写《丘濬评传》奠定了坚实的基础。

21 世纪初，受南京大学出版社之邀，李焯然将自己多年来对丘濬的研究成果融为一体，完成了专著《丘濬评传》，使之成为该出版社隆重推出的《中国思想家评传丛书》中的一部分，这既弥补了国内学界对丘濬整体研究的不足，也为国内学子研究丘濬开启了方便之门。

第三节　研究目的与学术意义

一　研究目的

近代以来，强寇入关，国门洞开，中华民族面临亡国灭种的深层危机，陷入春秋战国以来第二次大变局。这场数千年一遇的民族大劫难在思想学术界激发了巨大的反响与回应，以“救世”和“启蒙”为主题的探索活动持续了整整一个世纪，先后请来了西方的“德先生（Democracy）”“赛先生（Science）”以及马克思列宁主义。以此为导向，经过旷日持久的英勇斗争，终于赶走了列强，收回了利权，实现了民族独立，并全方位地开始现代化建设。然而，直到今天，我们依然没有走出历史的大变局，中华民族的复兴大业尚未彻底完成，综合国力、人口素质、生活水平、社会保障等都有待提高，同时，周边关系日趋紧张，东海、南海等争端持续高热，维护国家安全，保障海洋权益，任重而道远。如何走出大变局，跳出“一治一乱”的历史周期律，仍然是一个值得深入研究的重大时代课题。

更加令人忧惧的是，随着科技的高度发展和经济的空前繁荣，享受着

---

① 参见李焯然《丘濬评传》，南京大学出版社2011年版，第336—337页。

现代文明的人们，精神世界却在一天天变得空虚颓废，物欲横流，道德沦丧，世风日下，乱象纷呈："腐败变质的食品，也敢卖；还没咽气的病人，也敢埋；自己喝得五迷三道，那车也敢开；明明里面住着人，那房也敢拆"[①]；更有甚者，一个有着数千年敬老爱幼传统的礼仪之邦，如今居然要全民讨论老人摔倒了要不要扶、什么情况下可以扶以及怎么扶可以将风险降到最低等问题。人们不禁要问：这个社会到底怎么了？世态如此悲凉，人情如此冷漠，我们的民族还有未来吗？我们的未来还有希望吗？

《管子·形势》云："疑今者察之古，不知来者视之往。"传统乃是一个民族的根和魂，为了救世和启蒙，我们曾弃之如敝屣；如今，整个民族已经开始品尝丧失根和魂的苦果了。严峻的现实似乎也在提醒我们：是时候静下心来认真反思我们对待传统的态度了！

作为一名70后，笔者对传统文化知之甚少。事实上，在那个极端漠视甚至仇视传统的特殊年代，孩子们正常的求知欲是很难得到满足的。国学功底浅薄，是我们这一代人身上难以抹去的时代烙印。选择明儒丘濬及其《大学衍义补》作为基础的研究文献，一方面是出于笔者对传统文化的热爱和对古人智慧的倾慕，另一方面也是基于前述的问题意识，困惑于中华法系畅行数千年而最终走向崩解的根源，希望通过系统地学习和探索以化解自己心中的一些谜团。因此，于我而言，这一次学术探研活动，不啻为一次难得的向古人学习的机会。希望通过这次系统的学习达成以下目的：第一，溯本求源，探究中华文明绵延不绝的根本原因，并深入思考古人选择"以道德代替法制"作为社会治理模式的内在理据；第二，追根问底，揭示中华法系大失败命运的深层原因，进一步考察思想界对这种"以道德代替法制"的巨大隐患是否有所察觉，以及为什么未能及时修正，几至酿成两千多年后的亡国灭种之祸；第三，深挖细查，厘清丘濬法思想的内在理路和基本框架，进而从内圣外王的角度发掘出丘濬法思想的结构体系，从而揭示西学东渐之前，中国古代法律思想的原貌和全貌。

---

① 易中天：《底线是最重要的》，《采写编》2012年第2期，第39页。

二　学术意义

尽管对研究对象的选定最终是基于研究者个人的兴趣或需要，不可避免地带有浓厚的主观主义色彩，但客观地讲，任何一项学术探索，都必然有其相应的理论或现实意义，只是探索的深浅与意义的大小不同而已。《大学衍义补》是丘濬晚年倾注十年心血凝结而成的鸿篇巨制，洋洋洒洒164卷（包括正文160卷、目录3卷以及补真氏前书1卷），约150万字，该书以儒家内圣学为理论指导和立论根基，全面系统地阐释了儒家外王学的治国理念和经世主张，丘濬本人的法律思想也蕴含其中。因此，从法理学的视角观之，丘濬的《大学衍义补》有着极其重要的研究价值。

首先，从理论上讲，丘濬的法律思想值得进一步深挖细琢。丘濬作为一代博学鸿儒，其思想博大精深，蕴含丰富，但目前国内外学人对其思想的研究重点集中在经济、教育和文化领域，法律方面的探索非常有限，且系统性研究明显不足，属于目前理论研究中的一个薄弱环节，应该引起高度关注和重视。其一，丘濬生前以“尤熟国家典故”著称于世，对明清两代和当时的东亚都具有不凡的社会影响力，其法律方面的见识和造诣必定非同寻常，可圈可点，值得后人为此付出努力，深入细致地加以发掘和梳理。其二，丘濬的代表作《大学衍义补》中有长达十数万字的“慎刑宪”一目，专门对法律问题进行了系统的论述，不仅在中明以后影响深远，而且远播海外，对中华法系的其他成员国尤其是日本产生了重大影响。该目集中体现了丘濬的法律思想，无疑是法学研究的重中之重。其三，中国古人崇尚“天人合一”理念，注重“融和合一”精神，因而做学问也以综合性研究为正朔，“不曾把文学、史学、宗教、哲学各别分类独立起来”[①]。法学研究亦然。丘濬的《大学衍义补》本着儒家“德主刑辅”的观念和逻辑专门研究“治国平天下”问题，德礼和政刑始终是两条并行不悖、横贯全书的主线，尽管有本末主次之别，但二者始

① 钱穆：《中国学术通义》，九州出版社2012年版，第5页。

终共生共存，缺一不可。因此，丘濬的法律思想必然遍及全书而非仅限于《慎刑宪》一目。其四，综观目前学界对丘濬法律思想的研究成果，基本上沿袭"以西释中"或"以今释古"的分析框架，即使不是现代人自说自话，也很难真正走进古人的内心世界和思想领域。相形之下，以"包举中国学术之全部"的"内圣外王"学说作为理论基础和立论框架，则更为契合古人的思维习惯和价值追求。有鉴于此，对丘濬《大学衍义补》中法律思想的研究还有更大的空间和更好的方法以待来者，本书的探索只是引玉之砖，希望更多的研究者投入其中，将这一课题持续深入推进。

其次，就现实来看，研究丘濬的法律思想也有补当前的法治建设。尽管中华法系早已崩解，秦汉以来历朝历代的法律也都随着时代的变迁而辉煌不再效力尽失，法律思想却不同，它凝聚着古圣先贤治国理政的理想与智慧，也承载着一个民族兴旺更替的艰难历程，无论是精华还是糟粕，对今天的法治建设都有值得借鉴和反思之处。正如孔子所言："择其善者而从之，其不善者而改之。"（《论语・述而》），丘濬的《大学衍义补》采用"引言＋按语"的形式撰写而成，在广泛征引"六经、诸史、百氏之言"的基础上，附以自己的见解（即"臣按"）。"臣所纂辑者，非臣之私意杜撰，无一非古先圣贤经书史传之前言往事也，参以本朝之制，附以一得之愚。"[①] 因此，该书不仅是丘濬个人智慧的结晶，也是历代古圣先贤思想菁华的凝聚，为中明以后历代帝王治国理政的必读教材，堪称传统儒家内圣外王之道的经典著述。古人云：以史为镜，可以知兴替。懂得承继传统，才能开创未来。因此，以"内圣外王"作为分析框架，去探究和分析丘濬的法律思想乃至一览西学东渐以前中国传统法律思想的全景，无疑是一次有益的尝试，对当前我国的法治建设亦有一定的现实指导意义。

---

① （明）丘濬《进〈大学衍义补〉奏》，载《丘濬集》，海南出版社2006年版，第3956页。

第四节　研究方法与本书结构

一　研究方法

研究方法是研究者从事研究活动的理论工具和重要凭借。方法得当，自然水到渠成，即使探索的过程异常艰难，只要持之以恒，终究有望实现研究目的；反之，如果方法不当，缘木求鱼，或者不讲方法，一味蛮干，则无论怎么投入或付出，必不可能达成所愿，不过是徒劳而已。本课题旨在探研明儒丘濬所著《大学衍义补》中的法思想，属于思想史的研究领域，虽然实地的考察也会有，比如去丘濬在海口的故居或墓冢瞻仰，了解他的生平事迹，探知他的内心世界；去海南省图书馆、国家图书馆等地查阅资料，搜集可能用得上的相关文献，等等，但这只是本书撰写前必要的准备工作，并非研究方法。因此，从方法论上讲，应当采用思想史的研究方法。

思想史的研究对象和范围非常广泛，以法律思想史的研究为例，有的以人物为中心，如孔子的法律思想研究、韩非的法律思想研究等；有的以流派为中心，如儒家法律思想史研究、法家法律思想史研究等；有的以时间为中心，如中国古代法律思想史研究、中国近代法律思想史研究等；有的以作品为中心，如《管子》法律思想研究、《商君书》法律思想研究等。研究的对象不同，方法也会各有侧重。以人物为中心的研究特别重视思想家个人的经历和内在特质，由此揭示其独特的法观念和法思想；以流派为中心的研究更加强调流派之别和门户之见，以突出该流派对法律的基本立场和观点；以时间为中心的研究尤其关注历史的分期和不同时代的不同特征，从而探知某一特定历史时期的法律思想；而以作品为中心的研究则非常讲究咬文嚼字，从文献本身入手，在字里行间搜寻作品所蕴含的法思想的精髓。本书兼有对人物（丘濬）和作品（《大学衍义补》）两方面的研究，因而在研究方法上也将尽可能两者兼顾，一方面以历史考察法解读丘濬其人，另一方面也以文献研读法分析《大学衍义补》其作。

首先，以历史考察法解读丘濬。丘濬乃五百多年前的古人，要了解他的法思想，必须首先认识这个人物，了解他的家世生平、志向抱负、学问道德、历史地位、后世评价等，这就需要通过运用历史考察法。不仅如此，本书意在将丘濬置于大航海时代来临前的15世纪的宏大背景之下来考察，这是大变局的前夜，整个世界历史将从传统向现代转型，中国和西方即将发生深刻而重大的变迁，此时中国的传统社会已经发展到最后阶段，明朝也走向了盛极而衰之路，统治者穷奢极欲醉生梦死，老百姓穷困潦倒流离失所，新生产关系的萌芽被扼杀，边患危机不断加剧，社会矛盾不断激化。身处其中的丘濬志存高远胸怀天下，以经世济民造福苍生为己任，谁知命运多舛，天不从愿，大半生屈居下僚，远离权力核心。无奈之下，他被迫另辟蹊径，将自己的一腔热血和全部抱负倾注在笔墨之间。更加可悲的是，丘濬的不幸遭遇并非他个人的悲剧，而是自孔子以来绝大多数读书人难以逃避的共同宿命。在这样的时代背景下，丘濬一方面只能接受和顺应现实，承认现世君主统治的合法性，另一方面他又不甘心无所作为，希望以帝王师的身份格君心之非，用儒家内圣外王的思想来规制现世的君主，将其改造为明君圣主，从而实现治国平天下的夙愿。这种由王而圣、由内而外的路径就是丘濬法思想的内在理路，他的整个法思想体系也是基于这样的理念建构而成。

其次，以文献研读法分析《大学衍义补》。《大学衍义补》是丘濬的代表作，该书自问世以来，版本众多，经过认真比较，笔者决定以海南出版社2006年出版的《丘濬集》为定准。这是目前国内最齐全最权威的丘濬作品集，其第一到五册即为《大学衍义补》，也就是本书的研究对象；第六到十册分别辑录了《世史正纲》《朱子学的》《家礼仪节》《琼台诗文会稿》《伍伦全备忠孝记》《成语考》等。笔者将重点研读本套书的前五册，也就是《大学衍义补》的全部内容。当然，由于本书的视角为法学，对于书中关于丘濬在经济、教育、文学、史学等领域的大量论述不妨草草略过，亦可根据需要结合相应的内容。此外，后五册中的内容也不可能毫无牵涉，尤其是古人擅于以诗言志、以史明志，因而《琼台诗文会稿》《世史正纲》等书也当有所涉猎。

为了尽可能准确地把握丘濬的法思想，在研读《大学衍义补》的过程中，笔者将始终忠实于原著，用作者的原话来解析其法思想，既不妄加推测，也不妄下结论。当然，即使是对待丘濬的原文，也须认真揣摩，反复斟酌，尽可能将其法思想的本来面目呈现出来，否则亦难免差之毫厘，谬以千里。比如丘濬的法思想体系到底由哪些部分构成，套用当前学界通说所讲的律令格式或者少数学者所主张的礼乐政刑两种观点，似乎都有一定的道理，因为《大学衍义补》书中本来就不乏这样的用语。但是，从逻辑上讲，如果两种理解都可行的话，反而是有问题的，因为正确的答案只有一个，要么是这二者之一，要么两者都不是而另有其解。事实上，经过多次研读后，笔者以为，这两种理解都不够宏大，不足以支撑丘濬的法思想体系，因为丘濬所尊崇的是尧舜之道，其法思想体系亦由此建构，号称“二帝三王以来传心经世之遗法”①，具体包括心法（即传心之法）和治法（即经世之法）两部分。其中，心法正君，重在修己以内圣，治法正臣民，旨在安人以外王。心法与治法并举，才能实现丘濬梦寐以求的内圣外王理想。因此，心法和治法才是构成丘濬法思想体系的两大支柱，而礼乐政刑、律令格式虽然属于丘濬法思想的范畴，但都是下位概念，礼乐政刑是治法的具体内容，而律令格式则更加等而下之，仅为刑的表现形式。由此可见，本书对丘濬法思想的梳理和解析应当从心法和治法两方面入手，这样的写作体例既有别于西学东渐以来的现代法律思想研究，也与学界通说对中国古代法思想的分析和解读不同。这是本书的一大特色，或者说是丘濬法思想的特色，也是《大学衍义补》中法思想的特色。

文献研读需要深入思考和认真对比，去粗取精，去伪存真，才能准确理解作者在字里行间表达的真实意思。当然，这也是研读文献的基本要求，否则就不可能提炼出真正属于作者的思想观点。此外，研究者的视野还不能仅仅停留于文献本身讲了什么，还应当关注文献没有提到但

---

① （明）丘濬：《大学衍义补·序》，载《丘濬集》，海南出版社2006年版，第4049—4050页。

未必并不重要的地方。换言之，不能一味地死读文献，陷入文献的泥潭不能自拔，必要的时候，应当跳出文献，在字里行间之外去寻求解释。比如要想证明丘濬心中固守的理念是“天下为公”而不是“天下为家”，他毕年生追求的理想是“大同”而不是“小康”，其实并不难，因为《大学衍义补》通篇都是对唐虞二帝的讴歌、赞美和推崇，几乎到了“言必称尧舜”的地步，而“尧舜之道”也正是丘濬用以建构其法思想体系的指导思想和理论基础。不言而喻，这些都能在书中找到丘濬的原文作为采信的依据。然而，做学问不能仅仅停留在知其然的表面，还应当深入内里，追本穷源，探知其所以然的原因。作为一名传统的儒者士大夫，丘濬为什么特立独行地坚持大同的理想而放弃小康的追求？为什么在家天下的格局已经延续数千年的情况下仍然坚定地秉持天下为公不为私的理念？为什么在三皇五帝、二帝三王这些备受后世膜拜的远古圣王中独取尧舜而排除其他的三皇三帝和三王？这就牵涉到一个深层次的问题，那就是如何正确地理解和定位丘濬这位思想家？换言之，他内心到底更加服膺于孔孟还是程朱？其思想的渊源到底来自原始儒学还是宋明理学？这些问题，有的可以在丘濬的书中找到直接的证据，有的则未必能找到对应的解答，只能在文献之外去求证。因此，除了知道文献里面有什么，还要知道文献里面没有什么，将两方面的因素有机地结合起来思考和分析，才能找到令人信服的答案。

需要强调的是，对本书而言，研读文献始终是最基础且最重要的工作，即使是在对丘濬个人进行历史考察的过程中，研究者所依凭的仍然是大量的文献资料。通过查阅不同版本的丘濬年谱、丘氏族谱、地理方志、明史、明实录等资料以及有关丘濬的大量评介性文章或研究性论著，上自官修史书，下至野史杂记，只要与其身世、逸闻、人品、学问、思想、著作等诸方面相关，都须广泛涉猎和学习，从中梳理出有价值的信息，并在此基础上开始构思和写作。不仅如此，丘濬生前还撰写了大量的诗文杂记，汇辑为《琼台诗文会稿》，内容庞杂，思想丰富，是了解丘濬内心世界的第一手资料，不可不予以高度重视。把所有这些相关资料搜集起来认真研读琢磨，然后形成笔者自己的观点和思维脉络。因此，文献研读法无疑是贯穿始终的一种方法。这也是本书研究方法的一大特色。

二 本书结构

本书以《大学衍义补》为基础研究文献，在儒家内圣外王理论的框架下去考察和发掘明儒丘濬的法思想。然而，正如纪伯伦所言："思想是天空中的鸟，在语言的笼里，也许会展翼，却不会飞翔。"仅靠一大堆文字资料去了解古人的所思所想，其难度之大可想而知。但是，在可资鉴用的资源相对丰富的前提下，笔者以为，只要肯花足够的功夫，真正将自己置身于思想家所生活的特定时代，了解其家世生平、胸怀志向、兴趣爱好、思想情感，尽可能准确地把握他的世界观、人生观和价值观，并在此基础上用被研究者自己的话语来解读其观点，应该还是有望相对客观地揭示出他的思想精髓，得出较为可信的研究成果。怀着这样的信念，笔者开始了漫长而艰辛的探索，最终决定从以下六个方面撰写本书的正文部分：

第一，明儒丘濬及其《大学衍义补》。这一部分主要从人物和作品两方面来解读丘濬。首先，用历史考察法将丘濬的家世与生平、学问与著述、德行与功业梳理出来，并进行必要的分析评价，将丘濬作为15世纪明朝冠绝一时的理学名臣、忧国忧民的思想家形象准确而清晰地勾画出来，使人印象深刻，为进一步解读其思想做铺垫。其次，从成书背景、著书渊源、主要内容和历史地位四个方面阐释丘濬的代表作《大学衍义补》，从中梳理出儒家内圣外王思想从《礼记·大学》到真德秀的《大学衍义》再到丘濬的《大学衍义补》的三次系统性阐发，分析《大学衍义补》的历史地位和重要作用，为下文揭示丘濬法思想的内在理路奠定基础。

第二，丘濬法思想的内在理路与基本框架。本部分承上启下，旨在从总体上梳理和勾画出丘濬法思想的内在理路和基本框架。首先，从内在理路来看，丘濬打破了传统儒家"由圣而王"的思维模式，不再寄希望于圣人主动降世君临天下，而是主张立足现实，走"由王而圣"的路径，有目的地对已经稳坐大宝之位的君主进行教导和改造，将其培养为

“圣人”，这就是丘濬的王圣思想。当然，对于现世君主而言，要想超凡入圣，成为真正意义上的“王圣”，还需要沿着正确的道路付出艰辛的努力，其具体的路径就是由内而外，严格按照儒家三纲八目的要求去进行。其次，从基本框架来看，丘濬的法思想自始至终贯穿着尧舜之道这一主线，并在这条主线上串联了天、圣、君、民四大主体，其中，天与圣是虚拟的主体，君与民为现实的主体。丘濬从民本思想出发，指出天、圣、民三大主体之间存在着天然的和谐关系，天圣民三点一线，正好与尧舜之道这条主线重合，而君则是这条主线上唯一不和谐的因素，因而需要以尧舜之道加以规束，修身养性，尽可能做到与天、圣、民三者相协调，从而实现修己以内圣，安人以外王。为此，丘濬建构了以心法和治法为两大支柱的一整套社会治理规则体系。

第三，丘濬的心法思想。心法，也即传心之法，旨在修己以内圣，是二帝三王口耳相传的修身要诀，也是历代君主在传统儒家思想的指导下治国理政基本观念、基本原理和基本准则的经验汇总。心法是丘濬法思想体系中的主导部分，统摄并指导治法，因而尽管所占的分量不多，然其基础性和重要性不言而喻。从表现形式上看，心法为不成文法，没有明确的条文规定。但是，丘濬继承和总结了前代儒者的研究成果，认为心法的精髓和要义就隐藏在儒家经典《尚书》中。这样的观点也反映在《大学衍义补》的众多卷帙中，概括起来，主要有以下五点意思：（一）正心以修身，立德以成圣；（二）准天以为治，准尧以为法；（三）存仁义之心，行仁义之政；（四）以絜矩之心，行絜矩之政；（五）守一定之法，任通变之人。

第四，丘濬的治法思想（上）。治法，也即经世之法，旨在安人以外王，是古圣先王遗留下来的一整套治世良法，包括礼、乐、政、刑四大门类。治法是丘濬法思想的主要内容，《大学衍义补》专论治国平天下，因而治法也是全书的主体，所占的比重非常大。有鉴于此，本书计划分上、下两部分完成对丘濬治法思想的阐释。本部分侧重于梳理治法的内容和功能。从内容上看，礼乐政刑四者都是相互独立的体系，其中，礼有文仪，亦有数义；乐有本末，亦有正邪；政有大小，亦有善恶；刑有体用，亦有情义。而从功能上看，礼乐政刑四者既相互配合又各有其用，礼以安上治民；乐以移风易俗；政以施仁安民；刑以辅政弼教。

第五，丘濬的治法思想（下）。本部分继续发掘丘濬的治法思想，重点介绍治法的效力与运行。首先，在丘濬看来，治法既有时间效力，也有空间效力；既有对人效力，也有对事效力。具体而言，治法的时间效力起于尧舜而至于万世；空间效力行于中国而止于蛮荒；对人效力详于中华而略于夷狄；而对事效力基于养民而达于治教。其次，从动态运行的角度考察，丘濬在立法、执法、司法、守法四个方面都有自己的观点，分别提出了人君代天出命的立法要诀、人臣致君泽民的执法要领、奉法而不奉意的司法要义，以及责上而不责下的守法要求。

第六，丘濬的法历史观。本部分意在对丘濬的法思想进行归纳总结。丘濬在书中两次提出治法的运行规律为“以善治，以不善终”，称之为“古今一律”。这样的断言背后，必然有其原因分析和解决办法。概言之，丘濬认为后世之所以不如古，既有人的责任，也有法的问题，当然，归根结底还是人的责任。那么，如何才能恢复古治呢？丘濬提出的解决办法主要有三点：一须君臣相得；二须礼乐为本，三须后继有人。

最后，对丘濬的法思想进行总结，并有针对性地呼应导论提出的一些问题，简要发表个人观点，写出结语。

第二章　丘濬与《大学衍义补》

第一节　丘濬其人

我国古代以“丘濬”二字留名于世的历史人物有两位：一位是北宋中期的丘濬，字道源，号迂愚叟，歙州黟县（今安徽黟县）人，生卒年不详，宋仁宗天圣五年（1027）进士，曾任句容县令、饶州军事推官、滁州判官等职，官至殿中丞，享年八十一岁，著有《洛阳贵尚录》（10卷）、《牡丹荣辱志》（1卷）、《观时感事诗》（1卷）、《天一遁甲赋》（1卷）、《霸国环周立成历》（1卷）以及《征蛮议》（1卷），其作品大多散佚无存，仅《牡丹荣辱志》流传迄今；另一位是明代中前期的丘濬，字仲深，号深庵、玉峰，广东琼山（今海南海口）人，生于明成祖永乐十九年（1421），卒于明孝宗弘治八年（1495），明代宗景泰五年（1454）进士，授翰林院编修，后累官至武英殿大学士，加少保，兼户部尚书，享年七十五岁，代表作有《朱子学的》（2卷）、《家礼仪节》（8卷）、《世史正纲》（32卷）、《大学衍义补》（164卷）、《琼台吟稿》（12卷）以及《琼台类稿》（52卷）等，是有明一代卓越的政治家、思想家、诗人、剧作家，明孝宗弘治中兴的股肱之臣。

历史上的两位丘濬都曾高中进士，为官数十载，且都有作品传世，因此均可称得上博学鸿儒、时代精英。不过，从史料上看，宋丘濬的信息零散而匮乏，其生平事迹未曾记载于正史，仅杂录于个别方志或笔记之中，个人著作也少有遗存，留给世人一个神秘模糊的影子，“俨然是神仙般的人物"[①]，很难捕捉到他的庐山真面；而明丘濬的资料则林林总总多如牛毛，其生活轨迹、道德文章、功过是非乃至逸闻趣事，不仅见诸《明孝宗实录》《国朝列卿记》《名臣录》《明史》等正史，也广泛流传于各类野史、杂记、方志、族谱、年谱、传记、传奇等文字，更兼丘濬自己也是著作等身，其作品经过多次整理、辑录、编纂而流传甚广。因此，相形之下，明丘濬的形象不仅真实可靠，而且更加丰满完整。

颇有意思的是，笔者在学习和翻检明丘濬的著作时，意外地发现了一首题为《庆成宴上口占》的七律，诗曰："我是再生丘道源，夙生功行简穹玄。长春仙侣同宗派，琼琯真人契世缘。光岳气钟生福地，星辰班近听钧天。红云紫气通明殿，侍坐玉皇香案边。"[②]这意味着前后相距四百余年的两位丘濬并非没有任何交集。在诗中，作为后辈的明丘濬不仅以"再生丘道源"自谓，而且还将宋丘濬与丘处机[③]（即长春仙侣）和白玉蟾[④]（即琼琯真人）两位道长相提并论，极力渲染出一种逍遥自在的仙风道骨之气，表明他不仅对前朝的丘濬有所了解，而且还心存好感，甚至还有意无意地表达出了对这位同名前辈的一丝仰慕和艳羡。

由此可见，我国历史上曾经出现了两位赫赫有名的"丘濬"：一个属宋，一个归明；一个崇道，一个尊儒；一个模糊，一个清晰；一个飘逸，一个厚重，但都各有所成而留名青史，值得后世学习和研究。本书所要探研的便是这位"再生丘道源"——明儒丘濬。

---

① 周小山：《宋人丘濬生平、著述考》，《中国典籍与文化》2012年第3期。

② （明）丘濬：《庆成宴上口占》，载《丘濬集》，海南出版社2006年版，第3926页。

③ 丘处机（1148—1227），登州栖霞（今山东登州）人，字通密，道号长春子，拜全真道祖师王重阳为师，与马钰、谭处端、刘处玄等并称全真七子，全真龙门派创始人之一，宋末思想家、政治家、文学家，遗有《大丹直指》《摄生消息论》《蹯溪集》和《鸣道集》等著作。

④ 白玉蟾（1134—1229），琼山五原（今海南琼山）人，原名葛长庚，字白叟、如晦等，号海琼子、海蟾、云外子等，世称紫清先生，师从道教南宗四世祖陈楠，是金丹派南宗的创派人，"南宗五祖"之一，著有《道德宝章》（又称《老子注》）、《海琼集》《金华冲碧丹经秘旨》《海琼白真人语录》《罗浮山志》等。

一　家世与生平

丘濬（1421—1495），字仲深，号深庵、玉峰，家住广东琼山府城西厢下田村，[①]故又称琼台先生或琼山先生，谥号文庄，后世尊为“丘文庄公”。

有必要交代一下的是，丘濬身后，其姓与名在写法上皆发生了一些不正常的异变：“丘”写作“邱”，是清雍正三年（1725）为了避讳孔子之名而改[②]；“濬”写作“浚”，则是民国以后汉字简化运动的结果。因此，在清中期以降的诸多典籍和文章中，丘濬的姓名就被“邱濬”、“邱浚”或“丘浚”几种写法取而代之，甚至他在海南的故居和墓冢至今仍使用“丘浚”字样。对此，有人不以为意，理由是“丘”与“邱”同源、“濬”与“浚”同义，况且姓名对人而言不过是一个代号，怎么写都没关系。其实不然。姓名何止是个代号，它还承载着人格与尊严，故而才有所谓“大丈夫行不更名坐不改姓”之说。在笔者看来，后人随意篡改古人的姓名，既是历史的错讹，也是对先人的不敬。出于对历史和先贤的尊重，同时也是为了保持全书在文字表达上的前后一致，无论所引原文采用哪种写法，从本章开始，将一律恢复使用丘濬的真名实姓。

根据海南丘氏族谱记载：丘氏的本原祖系西周的开国元勋姜太公尚，因受封于齐之营丘，其三子穆公（一作印公）以封地为姓而成为丘姓一族的开姓祖。此后，丘氏后裔生生不息，世代繁衍，散居全国乃至世界各地。海南丘氏主要有三支，分别于宋、元、明三代先后从内地入琼，

---

① 下田村，又名朱桔里、学士庄，今改名为金花村，隶属海南省海口市府城镇。“金花”之名源自丘诗《梦题下田村居》：“有人问我家居处，朱桔金花满下田。”参见丘濬《梦题下田村居》，载《丘濬集》，海南出版社2006年版，第3874页。非同寻常的是，在明代，该村先后诞生了海南历史上三位杰出人物：丘濬、海瑞和许子伟。“一里出三贤”，成为一时之美谈，千古之佳话。

② 一说雍正之母名丘，因此雍正降旨改“丘”为“邱”实为避母亲名讳，所谓避孔丘讳不过是一个冠冕堂皇掩人耳目的借口而已。参见杨群《〈丘文庄公丛书〉辑后记》，载朱逸辉《丘濬海瑞评介集》，海南出版社2004年版，第83页。

丘濬即为元末迁居海南的均禄公一脉。

均禄公乃丘濬曾祖，字朝章，号硕庵，福建晋江人，生卒年无考，元朝末年为都元帅府奏差，后被派往广东琼山任职，为海北海南道廉防司照磨[①]。任期届满后，因躲避战乱而落籍琼岛，定居于府城西厢下田村，由此开创出海南丘氏的一支。然而，再往上溯，方知福建晋江并非均禄公的祖籍，其先祖本是中原地区有名的世家大族，丘濬谓之“海外闻家”[②]。永嘉年间（307—313），政治黑暗，中原大乱，百姓流离失所，纷纷渡河南下，到生产力水平非常落后而政治环境相对安定的南蛮之地（闽粤）避难求生。这就是中国历史上第一次因战乱而引发的大规模移民潮，史称“永嘉南迁”[③]。不久，西晋灭亡，晋室亦南迁，是为东晋。在此背景下，以林、黄、陈、郑、詹、丘、何、胡为代表的中原八大姓氏也举族南渡以求自保，最终流落福建，沿江而居，因怀念晋朝故土，遂以“晋江”命名所居的河流。四百年后的唐开元六年（718），政府始在此设县，但仍沿用“晋江”旧称。[④]这就是民间口耳相传的“八姓入闽”。《三

① 关于丘濬曾祖均禄公的基本履历与具体官职，比较可信而完整的解释出自丘濬《先兄临高县医学训科公圹志》中提供的信息，文中称：“公讳源（指兄长丘源），字伯清，其先闽之晋江人。徙于琼，世居郡城西门外之下田村。为海外闻家，在元再世，为海北海南道廉防司照磨。曾祖考讳均禄，仕元都元帅府奏差。”参见丘濬《先兄临高县医学训科公圹志》，载《丘濬集》，海南出版社2006年版，第4506—4507页。需要说明的是，均禄公所担任的“奏差”“照磨”等官职，在元朝均属于低级文官。

② （明）丘濬：《先兄临高县医学训科公圹志》，载《丘濬集》，海南出版社2006年版，第4506页。

③ “北人南迁”是中国历史上人口迁移的一大特点，究其缘由有二：一是政府行为，典型的如秦始皇远征百越，首次将岭南纳入中国版图，设置南海、桂林、象郡进行有效管辖，并迁徙大量军民到当地与越人杂居，共同开发和建设岭南；二是战乱使然，中国历史上最大的三次移民潮分别源自晋永嘉之乱、唐安史之乱与宋靖康之乱。据此分析，我国历史上的人口南移现象既有政府行为，也有民间行为，既有主动移民，也有被动移民，但无论是哪一种情形的北人南迁，都在客观上推动了中华民族的大融合，促进了南方经济的大发展，有利于国家分久必合的统一大势，并最终导致国家经济重心的南移。

④ 参见唐启翠《此生如痕——丘濬传》，南方出版社、海南出版社2008年版，第3—5页。

山志》有云："永嘉之乱，衣冠南渡，始入闽者八族。"[①]丘濬的先辈们作为背井离乡的客家人自此在福建晋江安顿下来，直到元朝末年因躲避战乱而再次南迁。

就这样，在一千多年的岁月长河里，丘濬的先辈们由中原而晋江，由晋江而琼州，因战乱而被迫辗转迁徙，最终避难于孤悬海外的荒岛海南。丘濬家族的两次南迁，乃是中国历史上"北人南迁"大背景下的一个缩影，与家喻户晓的"走西口""闯关东"同属被动移民，其本质是一部饱含血泪的逃难史。有着此类经历的人，不可避免地会产生既珍爱新家又眷恋故土的"移民心态"。这样的情结经过代代相传，自然也会延续到子孙后裔。[②]

均禄公单传一子，名普（1369—1436），字思贻，精通医术，任琼州临高县医学训科[③]，是为丘濬的祖父。思贻公丘普亦单传一子，名傳（1395—1427），字子芳。子芳公丘傳英年早逝，未得功名，生子丘源（1419—1476）、丘濬。两度迁徙之后，丘氏家道中落，门户单薄，远祖的荣耀与辉煌早已烟消云散，留下的只是凄凉与孤苦。丘濬后来在《可继堂记》中回忆起自己的祖父，谈及当年的辛酸，悲苦之情跃然纸上："先祖平生止一子，上无伯叔，旁无兄弟群从，推而远之，亦无宗族，茕茕然仅二孙存。上系宗祀之重，如一丝之引千钧也。"[④]

---

① 《三山志》，又名《长乐志》，宋孝宗淳熙九年（1182）成书，初为40卷，后人增订2卷，共42卷。该书体宏记博，"上穷千载创建之始，中阅累朝兴革之由"，分地理、公廨、版籍、财赋、兵防、秩官、人物、寺观、土俗九大类，详细记载了当时福州所辖12县的历史、自然、社会、人文等情况，是福州第一部地方志，也是我国较早的郡志之一。作者梁克家（1128—1187），福建晋江人，绍兴三十年（1160）状元。"三山""长乐"均为福州别称。

② 丘濬身上即充满着醇厚而浓烈的移民情结：一方面他内心非常仰慕北方的中原文化，对自己不幸而生于孤悬海外的琼岛而深感自卑，因而常自称"荒陬孤生""远方下士"；另一方面他又对生养自己的故土和人民怀有无比热爱和眷恋之情，写下了很多讴歌、赞美和思念海南老家的名作，如《南溟奇甸赋》《槐荫书屋记》《藏书石室记》《学士庄记》《可继堂记》等，更有《感寓》《梦题下田村居》《题学士庄堂四壁景》《学士庄》《思归偶书》、《辛亥思归偶书》《思家》等大量脍炙人口的诗词流传至今。

③ 明代各府、州、县皆设有一名专司医学的官员，在府称正科，在州称典科，在县则称训科，均有官职无俸禄。丘濬的祖父和兄长都曾长期担任琼州临高县的医学训科。

④ （明）丘濬：《可继堂记》，载《丘濬集》，海南出版社2006年版，第4365页。

永乐十九年（1421）十一月初十日，丘家的第二个孩子丘濬诞生，为这个两代单传的家庭平添了无限喜悦和希望。不幸的是，七岁那年，父亲丘傅因病离世，养家糊口和教育子嗣的重担便沉重地压在年迈的祖父和年轻的寡母肩上。祖父丘普宅心仁厚，乐善好施，以高超的医术和高尚的德行闻名乡里；对丘濬兄弟教导有方，更寄予厚望，曾经嘱咐二孙发愤图强，"一日先祖坐堂上，兄与濬皆侍，公谓兄源曰：'尔主宗祀，承吾世业，隐而为良医，以济家乡可也。'谓濬曰：'尔立门户，拓吾祖业，达而为良相，以济天下可也'"。[①]母亲李氏（1396—1470）为澄迈贡生李奕周之女，知书识礼，贤淑坚韧，有孟母风范。祖父、母亲的美德与教诲令兄弟二人如沐春风，受益匪浅，并自觉践履，终身不违，立志成为"良医""良相"以光宗耀祖，报效家国。

丘濬早慧，两岁启蒙，六岁能诗，七岁入小学。他聪敏好学，过目成诵，对他人的刁难应对如流，出口成章。尤其不同寻常的是，丘濬小小年纪便心怀天下，志存高远，"岂是巨灵伸一臂，遥从海外数中原"[②]，其胸襟之博大、抱负之远大以及气魄之宏大，由此可见一斑！因此，坊间关于他的趣闻轶事不胜枚举，广为流传，当地人誉之为"琼州神童"。然而好景不长，十六岁那年，仁德慈爱的祖父也撒手人寰，家计更加艰难。年长两岁的哥哥丘源主动承担起家庭的重任，使丘濬得以心无旁骛，继续求学深造，"濬自入郡庠，领乡荐，游太学，官朝著，所赖以守世业，承宗祀，奉母氏，得以无内顾忧而尽心职业者，有吾兄在尔"。[③]

为了完成祖父的遗愿，也为了实现自己的理想，丘濬十七岁开始"习举子业"[④]，为参加科举求取功名做准备。正统四年（1439），十九岁的丘濬"补郡庠弟子员"，成为琼州府学的一名学生。正统九年（1444），丘濬二十四岁，"举乡试第一"，以优异的成绩高中"解元"，荣登广东考区榜

---

① （明）丘濬：《可继堂记》，载《丘濬集》，海南出版社2006年版，第4365页。

② （明）丘濬：《五指参天》，载《丘濬集》，海南出版社2006年版，第3864页。

③ （明）丘濬：《先兄临高县医学训科公圹志》，载《丘濬集》，海南出版社2006年版，第4508页。

④ 也即考中秀才，这是明代读书人求取功名必须跨越的第一步阶梯。

首。三年后的正德十二年（1447），丘濬第一次离开家乡，远赴北京参加会试，不料却名落孙山。他没有气馁，旋即入读太学。又三年，再次落第，继续留守太学苦撑苦读。[①]景泰五年（1454）终于得偿所愿，金榜题名，名列进士二甲第一，也就是“传胪”。是年丘濬三十有四，从“解元”到“传胪”，他整整奋斗了十年。期间，丘濬与崖州金百户之女成婚，夫妻恩爱，相敬如宾。然而上天似乎并没有垂怜这位品学兼优的大才子，连续两度科场失利的打击之后，紧接着，丘濬深爱的发妻金氏也于正统七年（1451）不幸病逝。幼年丧父、少年丧祖、青年丧妻，加上屡试不第，丘濬心中的哀痛与苦闷可想而知。这份姗姗来迟的功名虽不足以平复其内心巨大的创痛，但总算实现了自己和家人多年的夙愿，多少令人欣慰。之后，丘濬被选入翰林院，位列十八庶吉士之首，从此步入仕途。“官翰林也，岁有常禄，而又日给食”[②]，有了微薄但稳定的俸禄，丘濬终于结束了清苦的北漂生涯，在京师安顿下来，继而续弦生子，过上了较为安定的家庭生活。[③]但他并未就此故步自封，耽于享乐，而是充分利用翰林院的藏书优势博极群书，“及选为庶吉士，读书秘阁，自六经诸史、九流笺疏之书，古今词人之诗文，至医、卜、老、释之说，靡不探究”。[④]

翰林院为国家养才储望之所。明代官场奉行“非进士不入翰林，非翰林不入内阁”的潜规则，庶吉士即被视为“储相”，也就是未来的

---

① 明朝科考实行乡试、会试和殿试三级递进制度。按惯例，会试落榜的举人作为地方官的后备人选通常被暂时充任地方教谕，然后逐级提升。这也是当时很多读书人在屡考不中的现实面前被迫做出的无奈选择，与丘濬同被誉为海南双璧的海瑞即是在两次会试失利后做了地方教谕，进而步入仕途的。丘濬接连两次参加会试皆屈居乙榜，本可以放弃科考，接受地方教谕之职，再徐图发展，但这无疑会与他“达而为良相”的夙愿渐行渐远，因此尽管知道后果难料前途未卜，但他还是毅然决然地选择继续留读太学，以退为进，做最后一搏。

② （明）丘濬：《愿丰轩记》，载《丘濬集》，海南出版社2006年版，第4355页。

③ 丘濬的原配夫人金氏早逝，未有生育。三十六岁时，始娶继室吴氏，生三子二女。不幸的是，次子丘昆（1467—1478）和三子丘仑（？—1475）幼年早殇，长子丘敦（1460—1490）年三十而卒；另有两个女儿（名字与生卒年不详）分别嫁给冯颢、岑英。为了传递香火，绵延子嗣，丘濬六十岁时再纳侧室唐氏，生幼子丘京（1488—？）。

④ （明）何乔新：《光禄大夫武英殿大学士文庄丘公神道碑文》，载《丘濬集》，海南出版社2006年版，第5047页。

宰相。[①]丘濬作为十八庶吉士之首，意味着已经获得了翰林官的预备资格，如果进展顺利，步步高升，将来极有可能入主内阁，参知政事，实现自己经世济民的宏愿，亦可告慰九泉之下的祖父。然而，现实总是难如人意。从景泰五年（1454）入选翰林到弘治八年（1495）卒于任上，丘濬在官场行走四十余年[②]，历经景泰、天顺、成化、弘治四朝，长期担任翰林院编修或出任皇帝的经筵讲官，大部分时间游离于权力中枢之外，官品低且无实权，难以施展其雄才大略。丘濬壮志难酬却不怨天尤人，每天按部就班地上朝、回家，家庭朝廷两点一线，生活简单平淡，却也充实舒适。紧张而繁忙的工作之余，丘濬始终手不释卷，笔不辍耕，将满腔热血和满腹经纶挥洒于文墨中，写下了大量传世佳作，真可谓失之桑榆，收之东隅。不仅如此，由于安静守成，“立朝不干名誉，介然以清节自励”[③]，远离权力斗争与人情是非，丘濬的仕途反而出奇的顺遂和难得的清净，不曾卷入凶险的纷争与惨烈的杀戮，这在波诡云谲乌烟瘴气的明代官场实为一大奇迹，也是丘濬个人与家庭的一大幸事。[④]

成化十三年（1477），五十七岁的丘濬始晋升为翰林院学士，不久又升任国子监祭酒。六十岁加礼部侍郎，仍掌国子监事。又十年，成化二十三年（1487），《大学衍义补》书成，丘濬将此书进献给新继位的孝

---

① 明太祖朱元璋为了加强皇权，摆脱相权的牵制，洪武十三年（1380）借胡惟庸案罢中书省，废宰相，由皇帝直接领导六部，内阁大学士协理政务，因此明代的内阁大学士在名义上亦被视为宰相（无实权）。

② 成化五年（1469），丘母李太夫人去世，次年丘濬回海南老家为母丁忧，守制三年，成化九年（1473）始免丧复职。

③ 朱为潮、徐淦等：《民国琼山县志》，海南出版社2004年版，第1510页。

④ 丘濬晚年入阁主政，不幸卷入与吏部尚书王恕之间的纠葛与纷争，造成比较严重的后遗症，甚至直接影响到丘濬身后的声名。客观地说，丘、王之争原因极其复杂，关涉到个性、学养、资历、名位以及政治见解、私人恩怨等诸方面，孰是孰非很难分清，但孝宗皇帝显然更加信赖和倚重丘濬，所以结果是王恕辞职，丘濬留任。这一事件在丘濬殁后被人为地扭曲放大，丘濬的性格、人品亦受到诟病，《治世馀闻》《守溪长语》以及《明史》《四库全书》等对丘濬的评价皆有失公允，一定程度上抹黑了丘濬的真实形象。参见苏云峰《丘濬：一位来自海南的布衣卿相》，载朱逸辉《丘濬海瑞评介集》，海南出版社2004年版，第114—121页；赵玉田：《丘濬及其身后的“丘濬”》，《文史杂志》2010年第6期，第52—54页。

宗皇帝,“帝称善，赉金币，命所司刊行。特进礼部尚书，掌詹事府事”。[①] 弘治四年（1491),《宪宗实录》成，加太子太保，不久进陛文渊阁大学士，入内阁司制诰典机务，“尚书入阁者自濬始”。[②] 丘濬终于登上了权力和荣誉的巅峰，实现了祖父早年“达而为良相”的遗愿，进入到国家政权的决策中心，有机会施展平生抱负以平治天下了。

然而，无论是家族的光耀，还是个人的殊荣，这一切似乎都来得太晚了。此时的丘濬年逾古稀，老弱多病，更兼接连遭遇家庭变故，慈母、仁兄与三位爱子相继离世。[③] 幼年丧父、中年丧妻、老年丧子，人生的三大不幸，丘濬无一幸免，甚至有过之而无不及，尤其是三个儿子的早殇，丘濬一方面沉浸在白发人送黑发人的莫大哀痛中不能自拔，另一方面也为丘家子嗣凋零后继乏人而深深忧惧。此外，丘濬早年离家，数十年漂泊在外，如今晚景凄凉，身心俱疲，倍加思念故乡，牵挂远在万里之遥的老妻稚子，“不堪老去思归切，清梦时时到海南”。[④] 孝宗皇帝的信任与重托，丘濬感激涕零，但实在力不从心，难堪重负。他多次递交辞呈，恳请皇帝恩准他致仕归田，均未获准。他只好强撑病躯，勉力而为，继续尽忠报国。期间，因丘濬身体过于虚弱，尤其是罹患眼疾，右眼失明，孝宗皇帝特别关照，免他朝参之苦。[⑤] 弘治七年（1494），丘濬再次晋升，加少保，改任户部尚书、武英殿大学士，仍兼太子太保。

弘治八年（1495）二月初四，一代大儒丘濬在北京与世长辞，享年七十五岁，“讣闻，天子嗟悼，辍朝一日，赙宝钞一万贯，赠特进左柱国、太傅，谥文庄。”[⑥]

---

① （清）张廷玉：《明史》，中华书局1974年版，第4809页。

② （清）张廷玉：《明史》，中华书局1974年版，第4809页。

③ 成化五年（1469），丘母李太夫人仙逝；成化11年（1475），三子丘仑早夭；成化12年（1476），兄丘源去世；成化14年（1478），二子丘昆殇；弘治三年（1491），长子丘敦卒。

④ （明）丘濬：《岁暮偶书》，载《丘濬集》，海南出版社2006年版，第3908页。

⑤ 《明史·丘濬传》记载：“（弘治）六年，（濬）以目疾免朝参。”参见（清）张廷玉《明史》，中华书局1974年版，第4809页。

⑥ （清）焦映汉：《丘文庄公传》，载《丘文庄公丛书》，丘文庄公丛书辑印委员会1972年版，卷首语。

二　学问与著述

丘濬从小以身许国，以“达而为良相”的祖训自期，希望有朝一日入主内阁，尽忠报国，因此特别专注于读书穷理。他敏而好学，嗜书如命，“家贫无书，尝走数百里借书，必得乃已”[①]，少年时期便以《五指参天》《题梅诗》《浊海歌》等佳作以及“应与凤凰为近侍，敢同鹦鹉斗聪明”等名句崭露头角，闻名琼海。[②]长大以后，为了实现自己匡时济世平治天下的理想，更是殚精学问，刻苦攻读，“自六经、诸史、九流、笺疏之书，古今词人之诗文，下至医、卜、老、释之说，靡不深究发之。文章雄浑壮丽，四方求者沓至，碑、铭、志、序、记、传、词、赋之作，流布远迩”[③]，成为冠绝一时的学问大家。明代《理学名臣录》赞曰：“国朝大臣，律已之严，理学之博，著述之富，无有出其右者。”[④]

丘濬博学多闻，著作等身，但从总体上看，其作品主要有两大类：一类是其任职期间参与编纂的官修文献，如《寰宇通志》《英宗睿皇帝实录》等；另一类则是其工作之余独立撰写的个人著述，如《世史正纲》《大学衍义补》等。

（一）参与编纂的官修文献

从景泰五年（1454）选入翰林院到弘治八年（1495）病逝任上，丘濬先后参与了五项国家级重大修史工程，合作完成了两部地理总志（《寰宇通志》和《大明一统志》）、两部编年史（《英宗睿皇帝实录》和《宪宗纯皇帝实录》）和一部通史（《续资治通鉴纲目》），共计 890 卷。

1.《寰宇通志》。《寰宇通志》是一部综合性的官修地理总志，该书于景泰五年（1454）开始编纂，成于景泰七年（1456），凡 119 卷，由文渊阁大学士陈循，东阁大学士高穀，以及翰林院学士萧镃、彭时和商辂

---

① （清）张廷玉：《明史》，中华书局1974年版，第4808页。

② 参见（明）蒋冕《琼台诗话》，载《丘濬集》，海南出版社2006年版，第5160–5163页。

③ （明）雷礼《国朝列卿纪（一）》卷11，载周骏富《明代传记丛刊·名人类⑦》，明文书局1991年版，第764—765页。

④ （明）黄佐《嘉靖广东通志·琼州府》，海南出版社2006年版，第481页。

等担任总裁和编纂。丘濬时为庶吉士，被安排参与纂修工作，并因编纂有功而擢升为翰林院编修。

2.《大明一统志》。该书于天顺二年（1458）开始编纂，吏部尚书李贤为总裁，翰林院学士彭时、吕原为副总裁，丘濬被任命为该书的纂修。天顺五年（1461）书成，由李贤进献给英宗，并上呈丘濬代写的《进〈大明一统志〉表》。

3.《英宗睿皇帝实录》。该书工程浩大，于宪宗初年开始编纂，由会昌侯孙继宗任监修官，吏部尚书李贤、翰林学士陈文和彭时为总裁。丘濬当时刚刚升任侍讲学士，被任命为修纂。该书完成于成化三年（1467），丘濬因编纂有功，被擢升为翰林院侍讲。

4.《续资治通鉴纲目》。这是明中期由官方敕修的宋元两代的史书，记载了自宋太祖建隆元年（960）至元顺帝至正二十七年（1367）共408年的历史，凡27卷，乃续接朱熹《资治通鉴纲目》而作，其写法与体例皆与前书相仿。该书编纂过程曲折而漫长，丘濬于成化八年（1472）为母丁忧服阙免丧后奉旨参编，书成后被擢升为翰林院学士。

5.《宪宗纯皇帝实录》。该书纂修工作始于弘治元年（1488），结束于弘治四年（1491），由英国公张懋任监修官，吏部尚书刘吉、礼部尚书徐溥和翰林院学士刘健为总裁管。丘濬当时因进献《大学衍义补》有功，特进礼部尚书掌詹事府事，被任命为副总裁，并兼总纂修。书成后，因编撰有功而升为文渊阁大学士，开始入阁辅政。

（二）独立完成的个人著述

丘濬的个人著述不仅形式多样、内容博杂，而且数量庞大、版本众多。根据历代学者的梳理和考证，其流传至今的作品总量高达20多种、300多卷，除由官方或其弟子、子嗣在其生前刊刻出版外，更多的则是在其身后由官方或私人多次重编、选辑、翻印而传诸后世，并随着中外文化的交流而远布海外。限于篇幅，本书仅将其个人著作简介如下，从中可以管窥一代大儒盖世才华之大观。

1.《朱子学的》（2卷）。这是一本指导青年学子为学的书，大约成书于天顺七年（1463）[①]，为丘濬仿《论语》体例对朱熹言论加以编选而成，全书分上下两卷，凡二十篇，于成化四年（1468）初版，正德三年（1508）和万历三十四年（1606）再版，后收入《四库全书》。此外，还有1653年日本的刊本。

2.《家礼仪节》（8卷）。该书以朱熹《家礼》为基础，参酌司马光的《书仪》以及程颢、程颐和张载等人的著述，结合当时社会的现实需要进行增删而成，书中在每一则之下附以己见。该书首刊于成化十年（1474），在明代广受好评，被多次刊印。

3.《世史正纲》（32卷）。这是一部简明的中国通史，仿效朱熹《通鉴纲目》和吕祖谦《大事记》，以直接明了的叙述方法记录了从秦始皇二十六年（前221）统一到明洪武元年（1368）前后1589年的历史，旨在“严华夷之分，立君臣之义，原父子之心。”[②]该书完成于弘治元年（1688），是正统儒家思想在史学上的集中体现，胡应麟对其有高度评价，称：“《春秋》之后有朱氏，而《纲目》之后有丘氏。”[③]清初被列为禁书，并惨遭毁版。《四库全书》对其只存目，不著录。

4.《大学衍义补》（164卷）。这是丘濬最主要的代表作，以宋真德秀《大学衍义》为前提和依据，并仿其体例，补其遗漏，遂名之曰《大学衍义补》。该书正文160卷，补真氏前书1卷，目录3卷，凡164卷，是丘濬耗时十年的心血之作，也是丘濬身后历代帝王治国理政的圣经宝典。作为本课题的研究对象，本书将对其做详细介绍，此不赘述。

5.《琼台先生文集》（卷数与内容不详）。此书由丘濬长子丘敦及其弟子蒋冕[④]合编、礼部右侍郎程敏政作序，于弘治二年（1489）刊印，是

---

① 因为书末有丘濬天顺七年的后序，对全书的编排体例做了阐释，称“上编既言敬矣，而下编又专以仁礼为一编，何也？孔门教人，以仁为先，求仁之要，由礼而入，言礼则敬在其中矣”。参见李焯然《丘濬评传》，南京大学出版社2011年版，第281页。

② （明）丘濬：《〈世史正纲〉序》，载《丘濬集》，海南出版社2006年版，第2518页。

③ （明）胡应麟：《少室山房笔丛》，上海书店出版社2001年版，第136页。

④ 蒋冕（1462—1532），字敬之，一字敬所，号湘皋，广西全州人，成化二十三年进士，弘治、正德及嘉靖前期的重要政治人物，官至内阁首辅大学士，有《湘皋集》《琼台诗话》等传世。

丘濬诗文类作品的最早合集，现已无存。

6.《琼台吟稿》(10卷)。此为丘濬的诗集，由其弟子蒋冕于弘治三年（1490）刊印，共收录丘濬诗作705首。

7.《琼台类稿》。有52卷本[①]和70卷本两部，前者于弘治五年（1492年）由两广总督闵珪辑录刊刻，卷前有程敏政和何乔新写的序；后者由吴廷举于正德十二年（1517）辑录而成，是丘濬最完整的文学类作品总集，但编印质量较差，错漏不少。

8.《琼台会稿》(12卷)。嘉靖三十二年（1553）由郑廷鹄根据《琼台类稿》和《琼台吟稿》辑录而成，另有1609年和1613年两种重刊本，后者卷前有黄佐和丘濬七世孙丘尔穀所写的序。

9.《琼台诗文会稿重编》(24卷)。该书又名《重编琼台会稿》，由丘濬的七世孙丘尔穀、丘尔懿兄弟于天启元年（1621）在丘敦1490年刊本的基础上合编而成，书中有叶向高、周延儒、陈熙昌和编者丘尔穀所写的序，并收录了丘濬其他作品中的几篇序。《四库全书》称该书"菁华具在，足以括濬之著作矣"。[②]该书在清代曾多次重印，并收入《四库全书》。

10.《丘文庄公集》(10卷)。该书出自《丘海二公合集》(16卷)，由时任海南分巡雷琼兵备道的焦映汉于康熙四十七年（1708）编写，卷前有焦映汉和贾棠的序。乾隆十八年（1753），琼山乡绅吴位和等重编《丘文庄公集》(10卷)。同治十年（1871），丘氏可继堂再次将丘濬与海瑞的作品重新汇集，名为《丘海二公文集合编》。

11.《琼台集》(70卷)。同治三年（1864），由罗学鹏根据《琼台类稿》(70卷）编辑而成，广东顺德罗氏春辉堂编印，后收录于《广东文献初集》。后有重印，另题为《丘文庄公琼台集》。

此外，比较有名的丘濬作品还有《平定交南录》、《群书钞方》、《本草格式》(2卷)、《成语考》(2卷)、《伍伦全备记》(4卷)、《投笔记》(4

① 一说为49卷。参见李焯然《丘濬评传》，南京大学出版社2011年版，第281页。

② （清）永瑢、纪昀等：《钦定四库全书总目》卷170，载《文渊阁四库全书》（第四册），台湾商务印书馆1982年版，第510页。

卷)、《举鼎记》(2卷)等。

通过以上的罗列，丘濬学识之渊博、著述之丰富及其影响之深远自不言而喻。他一生命运多舛，壮志难酬，长期得不到升迁和实职，“一生仕宦，不出国门；六转官阶，皆司文墨”。[①]这样的结果无疑是丘濬生平最大的遗憾，与他孜孜以求的治国宏愿相去甚远。然而，塞翁失马，焉知非福？以今天的眼光看来，丘濬作为一名国家公职人员，能够在繁忙的工作之余心无旁骛地钻研学术，裒然为一代文宗，为后辈子孙留下如此丰厚的文化遗产，除却非凡的才智、顽强的毅力以及数十年如一日的持身守节外，恐怕也与他长期专司文墨，拥有一个相对安宁的工作环境不无关系。因此，从这个意义上讲，丘濬又是幸运和幸福的，尽管他的才华和抱负未能在当时当世得以施展和实现，但终究还是流传千古，泽被后人了。

值得注意的是，上述所列并不足以涵盖丘濬作品的全部，理由如下：

首先，由于保存不善，很多文稿在丘濬生前就已遗失无存，不可能传承下来。仅诗文一项，遗失的就不是一个小数目。据丘濬弟子蒋冕在《琼台诗话》中云：“先生平生作诗几于万首，然得之甚易而遗忘亦易，且又多不存稿。故今稿中所载，不过千百之一二而已。凡遇人求题，即细书于纸尾，或失其稿，别作一篇与之，及寻得旧稿，乃与新作夐不相似。其为文也，亦然。”[②]于今观之，实乃一大憾事。

其次，有的作品丘濬生前尚未完成，因而未能付梓刊刻，久之失传，典型的如《庄子直解》[③]。

---

① 原文出自丘濬《进〈大学衍义补〉表》。此表进呈于成化二十三年（1487），丘濬时年六十七岁，从翰林院庶吉士到国子监祭酒兼礼部侍郎，已经六次升迁，此后又有三次晋升：成化二十三年（1487），升礼部尚书，掌詹事府事；弘治四年（1491），加太子太保，升文渊阁大学士；弘治七年（1494），升少保兼武英殿大学士、户部尚书。因此，至弘治八年（1495）病逝任上，丘濬一生实为“九转官阶，皆司文墨”，而明孝宗于弘治八年三月在《特赐谥策文》中称丘濬“官八转而至三孤”的说法亦有出入。

② （明）蒋冕：《琼台诗话》，载《丘濬集》，海南出版社2006年版，第5161—5162页。

③ 关于丘濬《庄子直解》一书的记载有两种不同的说法：一是明人何乔新在为丘濬所做的墓志铭中称该书“未成”，二是今人王会均称该书在蒋冕《丘文庄行状》中有著录。参见（明）何乔新《光禄大夫武英殿大学士文庄丘公神道碑》，载《丘濬集》，海南出版社2006年版，第5049页；王会均：《南溟奇甸 布衣卿相——明贤丘濬公研究》，载朱逸辉《丘濬海瑞评介集》，海南出版社2004年版，第208—209页。

以上两项皆由于丘濬自身的主观不慎或客观不能造成，属于相对简单的内因。此外，还有一项不可忽视的更为复杂的外因，那便是丘濬身后国内国际局势的剧烈动荡，而这也是最具灾难性的破坏因素。恰好就在丘濬故去的15世纪末，也即明政府厉行海禁的同时，欧洲人开辟了新航路，发现了新大陆，迎来了大航海时代。16世纪以后，无论是中国，还是整个世界，都发生了惊天巨变。五百年来，在地球的西方，先后崛起了葡萄牙、西班牙、荷兰、英国、法国、德国等多个世界级大国；而在地球的东方，我们这个曾经如日中天不可一世的老大帝国却盛极而衰，一步步走向末路穷途。在人类社会从古代向近现代转型的宏大背景下，丘濬所处的明朝于17世纪中期被以夷变夏的满清贵族强势摧毁覆灭，代之而起的清朝又在入关主政两百年后受东西方列强肆意凌辱宰割，沦为半殖民地半封建社会，且这样的状态一直持续到20世纪中期，苦难而顽强的中华民族才终于突出重围，赢得胜利，走向复兴。丘濬身后五个多世纪的风雨历程中，我国的传统文化典籍屡遭劫难，丘濬的作品自然也难逃重重厄运，很多都已毁损甚至散佚，如《琼台先生文集》《本草格式》《举鼎记》等。无数知名和不知名的仁人志士与时代精英挺身而出，前赴后继，自觉抢救、保护和整理这些宝贵的文化遗产，才使我们今天有幸系统而全面地学习和研究这位冠绝一时的儒学宗师。个中情由与曲折经历，着实令人唏嘘感慨。①

进入21世纪后，国内文化界和出版界对业已整理成集的丘濬著述重新进行认真细致的勘校工作。2002年，内蒙古人民出版社出版了由朱逸辉、劳定贵、陈多余、朱逸勇、张昌礼等在《四库全书》基础上历时四年校注的《琼台诗文会稿》（24卷）。2006年，海南出版社出版了由周伟民、王瑞明、崔曙庭、唐玲玲等历时六年点校的《丘濬集》（10册），全面收录了丘濬的《大学衍义补》《世史正纲》《朱子学的》《家礼仪节》《琼台诗文会稿》《伍伦全备忠孝记》《举鼎记》《投笔记》和《成语考》等著

① 参见杨群《〈丘文庄公丛书〉辑后记》，载朱逸辉《丘濬海瑞评介集》，海南出版社2004年版，第82—85页。

作，这是晚清以来学界对丘濬遗著的第三次系统整理工程，其搜集作品最完整，点校方法也最科学。他们的辛勤付出为今天的后学诸生带来了莫大的便利。

三　德行与功业

儒家论人，以德为先，亦以德为重。德行修养是考察和评价一个人修身水平高低的首要也是主要的指标。丘濬作为一名典型的儒者，自小至老谨遵圣训，学术文章与立身处世皆一本于道，将儒家谋道不谋食、忧道不忧贫的精神贯彻始终，矢志不渝。《嘉靖广东通志·琼州府》对丘濬高风亮节的人品德行留下一大段感人肺腑的话：

> （濬）自筮仕至位极人臣，凡四十余年，而自处无异韦布，产业仅能卒岁，第宅不逾齐民。在都城，市屋于苏州巷南，规模卑陋，聊庇风雨，始终未尝少拓，人到于今呼为丘阁老巷。所得俸馀即充官费，绝无赢馀。在阁尤严慎，虽微至日供，餕剩酒肉即散惠舆从，不入私家。及卒，南归，行装自钦赐白金、绮币外，惟图书数万卷而已。[①]

与丘濬同时代的黄瑜[②]，是最早对其人品学识进行综合评鉴的学者，在其《双槐岁钞》第十卷中录有《丘文庄公言行》一文，开篇即称丘濬平生“不可及者有三”。原文如下：

> 弘治乙卯春二月戊午，少保丘公薨于位，概其平生，不可及者有三：自少至老，手不释卷，其好学一也；诗文满天下，绝不为中官[③]作，其介慎二也；历官四十载，俸禄所入，惟得指挥张淮一园而

① （明）黄佐：《嘉靖广东通志·琼州府》，海南出版社2006年版，第479页。

② 黄瑜（1425—1497），字廷美，广东香山人，自称双槐老人，景泰七年（1456）举人，官至惠州府长乐县知县，代表作《双槐岁钞》。其孙黄佐（1490—1566）为明代大文豪，是岭南儒学的集大成者。

③ 中官，即太监、宦官。

已，京师城东私第，始终不易，其廉静三也。[①]

黄瑜的“三不可及”论客观公允，可信度极高，为后世学者所认可，晚明杰出的思想家焦竑[②]在其《玉堂丛语》中几乎原样照录了这一段评论：

> 世称丘文庄不可及者三：自少至老，手不释卷，好学一也；诗文满天下，绝不为中官作，介慎二也；历官四十载，仅得张淮一园，邸第始终不易，廉静三也。[③]

对比前后两段“三不可及”论，不难看出，焦竑《玉堂丛语》的评论几乎是对黄瑜《双槐岁钞》原文的直接转引，“不可及”“好学”“介慎”“廉静”四个关键词及其先后顺序均未做任何改动，仅在首尾两处出现了些微变化。段末对丘濬府邸的表述虽做了文字上的调整，其含义实无半点不同，唯有开头这“世称”二字值得玩味：从《双槐岁钞》原文可以看出，对丘濬的“三不可及”论是作者黄瑜自己的观点，而百年后的焦竑在引用这段话时却增加了“世称”二字，表明不仅他自己信服这样的评判，而且当时的人们对这一评价也是普遍认可的。由此可见，丘濬“好学”“介慎”与“廉静”的优秀品质是举世公认的，类似的评语在其他文献中也比比皆是，因为丘濬不仅学冠朝野，而且位极人臣，名望甚高，在他身后，从皇帝、士大夫到亲朋、后嗣乃至普通学者，都曾对他的人品做过评鉴，大量的资料足以相互印证。

当然，也有个别文献质疑甚至诋毁丘濬的为人，不过并非全盘否定

---

① （明）黄瑜：《双槐岁钞》，上海世纪出版股份有限公司、上海古籍出版社2012年版，第152页。

② 焦竑（1540—1620），字弱侯，号漪园、澹园，江宁（今江苏南京）人，祖籍山东日照，晚明著名思想家、文学家、史学家和考据学家。神宗万历十七年（1589）状元，官翰林院修撰，后曾任南京司业，其著作甚丰，代表作有《澹园集》（正、续编）、《焦氏笔乘》《焦氏类林》《国朝献徵录》《国史经籍志》《老子翼》《庄子翼》等，《玉堂丛语》是其撰写的一部史料笔记。

③ （明）焦竑：《玉堂丛语》，中华书局1981年版，第227页。

黄瑜的“三不可及”论，毕竟“好学”与“廉静”纯属丘濬的个人私德，与他人关涉不大，且证据确凿，无懈可击；而“介慎”则不然，它直接取决于丘濬的人际关系，在很大程度上受制于外部环境而非个人私德，可谓公说公有理，婆说婆有理，因而大有文章可做。其始作俑者便是《明孝宗实录》第九十七卷的记载，称丘濬与吏部尚书王恕有隙，心生嫉恨，暗中挑唆御医刘文泰攻讦王恕，而明孝宗又极力袒护丘濬，对此置之不问，所以人们“自是皆不直濬矣”，且丘濬恃才放旷，“议论颇僻，至以为范仲淹为矫激，秦桧何以为得宜”。[①] 以此为凭，稍后的《治世馀闻》[②]和《守溪长语》[③]对丘濬皆有类似甚至更为夸大的不实之辞，将丘濬刻画成一个心胸狭隘、嫉贤妒能、阴险狠毒的人，甚至为了升官发财，不

① 《明孝宗实录》，全称《孝宗敬皇帝实录》，共224卷，起自成化二十三年（1487）八月，迄于弘治十八年（1505）五月。正德元年（1506）始修，由大学士刘健、谢迁等首修，大学士李东阳、礼部侍郎焦芳等续修。正德四年（1509）修成。由于焦芳与宦官刘瑾勾结，该实录的编纂质量大打折扣，史称“凡所褒贬，多挟恩怨”。据《明孝宗实录》卷九十七记载：“（濬）与吏部尚书王恕不协。御医刘文泰之讦恕也，时议汹汹，谓濬嗾之。文泰下狱，词果连及濬。濬亦抗疏自辩。上置不问，然人自是皆不直濬矣。濬博洽多闻，虽僻事俚语，类多谙晓。为文章雄浑畅达，下笔衮衮数千言，若不经意而精采逸发。所著有《家礼仪节》《世史正纲》行于时，顾论议颇僻，至以范仲淹为矫激，秦桧和议为得宜，识者盖不能无憾云。”参见《明孝宗实录（三）》卷97，载《钞本明实录》（第十册），线装书局2005年版，第535页。

② 《治世馀闻》是一部记录明孝宗弘治年间事迹的书，作者不详，《四库全书》疑其为陈洪谟所著。陈洪谟（1476—1527），字宗禹，自号高吾子，武陵人，弘治九年进士，官至兵部左侍郎。《治世馀闻》称：“琼台丘公濬学博貌古，然心术不可知，人谓阴主。御医刘文泰讦奏三原王公令人毁传事，可见其概矣。尝与同寅刘阁老不协，刘作一对书之门，曰：‘貌如卢杞心尤险，学比荆公性更偏。’时论颇以为然。”参见（明）黄佐《嘉靖广东通志·琼州府》，海南人民出版社2006年版，第480页。

③ 《守溪长语》，又名《守溪笔记》，明王鏊撰。王鏊（1450—1524），字济之，号守溪，晚号拙叟，吴县（今江苏苏州）人，成化十一年探花，授编修，正德时官至户部尚书、文渊阁大学士，明史有传。《守溪长语》称：“丘濬阁老，琼州人，于子史无所不闻，而尤熟于国家典故，议论高奇。人所共贤，必矫以为非；人所共否，必矫以为是。能以辩博济其说。亦自恃其才，故对人语滚滚不休，人不敢难者。论秦桧曰：‘宋家至是，亦不得不与和亲。南宋再造，桧之力也。’论范文正，则以为生事。论岳飞，则以为亦未必能恢复。其最得者，绝元不与正统，许衡不当仕于元，亦前人所未发也。性好著述，虽老，手不释书。性刚褊，不苟取。亦恬于仕进。年七十犹滞于学士。孝宗即位，乃进《大学衍义补》，得尚书。时李广幸于上，因之得入内阁。与同僚争，每事欲有纷更。时王恕有重望于天下，濬每憎之。会刘文泰劾恕，或以为濬嗾之也。以是，尤为众所贬。”参见（明）黄佐《嘉靖广东通志·琼州府》，海南人民出版社2006年版，第481页。

惜卑躬屈膝讨好贿赂宦官的无耻之徒，完全颠覆了丘濬的真实形象。如此以讹传讹，到了清代，原本就对丘濬华夷之辨颇有成见的满清统治者，更是借此抹黑丘濬的人品。《明史·丘濬传》中即有“顾性褊隘”“议论好矫激”等说法，但总体评价尚可，未失公允；至《四库全书》编纂之时则达到极致，不仅将《世史正纲》彻底毁版，而且在《朱子学的》《家礼仪节》《世史正纲》《重编琼台会稿》《大学衍义补》等条目下歪曲事实，大放厥词，对丘濬进行人身攻击，直称其人“不足重”[①]。

诚然，丘濬并非完美无瑕的圣人，他和我们普通人一样，也有性格上的弱点，如迂阔、固执、好辩、冲动等，说他“对人语衮衮不休”[②]，以致“尝与刘健议事不和，至投冠于地”。[③]这些情况都属实可信，但这恰好也是他为人刚正不阿的具体表现。同僚何乔新指出：“公（指丘濬）性刚直，与大臣议论所未安，必反覆辩论。言官论事，亦以是非诘之，不肯媕娿取悦。”[④]毋庸置疑，丘濬虽然不乏性格和脾气上的毛病，但其为人光明磊落，正道直行，“抱直道以终身兮，矢不负乎尼父”[⑤]，从未有过任何道德上的瑕疵和污点，那些以此为柄，称丘濬为人“不直”的说法显然失之偏颇。至于说他心术不正、狭隘偏私、玩弄阴谋等，则不过是王恕等人的一面之词，岂可轻易采信？再说丘濬自己也曾上疏“自辩”，并得到孝宗皇帝的认可和支持，且当时的人们对此亦有明断，如黄瑜《双槐岁钞》称“人以教讦议公，公实不知也。”[⑥]不幸的是，丘濬去世后，由于奸邪当道[⑦]，子虚

① （清）永瑢、纪昀等：《钦定四库全书总目》卷93，载《文渊阁四库全书》（第三册），台湾商务印书馆1982年版，第52页。

② （明）黄佐：《嘉靖广东通志·琼州府》，海南出版社2006年版，第481页。

③ （清）张廷玉：《明史》，中华书局，1974年版，第4809页。

④ （明）何乔新：《光禄大夫武英殿大学士文庄丘公神道碑文》，载《丘濬集》，海南出版社2006年版，第5049页。

⑤ （明）丘濬：《后幽怀赋》，载《丘濬集》，海南出版社2006年版，第4454页。

⑥ （明）黄瑜：《双槐岁钞》，上海世纪出版股份有限公司、上海古籍出版社2012年版，第153页。

⑦ 据说将丑化丘濬的谣言写入《明孝宗实录》的人就是时任该实录总裁管的礼部侍郎焦芳，此人“粗陋无学识，性阴狠”，与臭名昭著的大宦官刘瑾沆瀣一气，肆意诋毁孝宗朝的正直官员。参见赵玉田《丘濬及其身后的“丘濬”》，《文史杂志》2010年第6期。

乌有之事被添油加醋地写入正史，以致“丘濬身后，衍生出另一幅面孔的‘丘濬’来”。[①] 对此，作古多年的丘濬已无法“自辩”，更无力矫正。然而，公道自在人心，谣言止于智者。这些有意无意地贬抑根本无损丘濬的形象，也无伤其大雅，任何一个具有独立思考能力的人在认真阅读丘濬的作品和其他相关文献后都会做出公正的评判，断不会轻信这类谣传。

谈到丘濬为了仕途通达而取悦甚至行贿太监一说，更是不值一驳。丘濬一生清贫自守，廉洁奉公：府邸四十年不易，聊避风雨；产业仅能卒岁，俸禄若有赢馀即充官费；餕剩酒肉分发给仆从，绝不私留；死后除皇帝钦赐的财物外，只留下数万卷图书。如此谋道不谋食的清廉之人，怎么可能“恬于仕进”？又怎么可能为求高官厚禄而可耻地向不入流的宦官求情献媚？何乔新在丘濬的墓志铭中称，丘濬“文章雄浑壮丽，四方求者沓至；碑碣志序记赋之作，流布远迩。然非其人，虽以厚币请之，不与”[②]；黄瑜“三不可及”中的“介慎”一条，也特别强调丘濬“诗文满天下，绝不为中官作”。实难想象，一个有着如此秉性和脾气的人会为了一己之私而与阉宦之流沆瀣一气！更何况，丘濬晚年多次请求致仕归田，“公无岁不求归，前后凡十三疏，上皆不允”[③]，足见其绝非留恋官场贪求富贵之人。

事实上，丘濬的耿介正直在当时朝野上下是有口皆碑的，其中，尤以他不畏皇权，竭力为于谦[④]平冤昭雪之事最为振奋人心，也最具社会影响力。成化元年（1465），丘濬时年四十四岁，为翰林院侍讲学士，从五品，职位很低。在奉命编修《英宗皇帝实录》的过程中，对如何评判

---

① 赵玉田：《丘濬及其身后的“丘濬”》，《文史杂志》2010年第6期，第53页。

② （明）何乔新：《光禄大夫武英殿大学士文庄丘公神道碑文》，载《丘濬集》，海南出版社2006年版，第5047页。

③ （明）何乔新：《光禄大夫武英殿大学士文庄丘公神道碑文》，载《丘濬集》，海南出版社2006年版，第5049页。

④ 于谦（1398—1457），字廷益，号节庵，浙江钱塘（今杭州）人，祖籍河南考城（今商丘市民权县），永乐十九年（1421）进士，宣德初授御史，后历任江西巡按、兵部右侍郎、河南山西巡抚、兵部尚书。土木之变后，力排众议，扶持新帝，固守北京，组织了著名的“北京保卫战”，挽大厦于将倾。天顺元年（1457），英宗复位，授意发起夺门之变的武将石亨等人诬告于谦谋逆，将其杀害。《明史》称赞于谦“忠心义烈，与日月争光”。于谦与岳飞、张煌言并称“西湖三杰”。

被明英宗以“叛逆罪”处死的大臣于谦的问题上，编撰人员之间产生重大分歧，有人提议应当把于谦的“不轨之迹”写入历史。这显然是某些谄媚之徒为了迎合上意，为明英宗遮丑而故意施出的损招。这样的主张一旦得到响应，后果将不堪设想，因为每个人心里都清楚，于谦是被冤枉的，写出他的“不轨之迹”，其实就意味着让于谦在死后继续背负“谋逆”的不白之冤。这对于谦来说是极不公平的，同时也有悖客观事实。可是，秉笔直书吧，又会有损明英宗的形象，谁敢以卵击石冒犯天威呢？两难之际，大多数人为求自保，都选择了沉默。唯有丘濬挺身而出，仗义执言，他说：“己巳之变，微于公，天下不知何如。武臣挟私怨，诬其不轨，是岂可信哉？”于是，“众以为然，功过皆从实书之。”[①]这件事清楚地表明丘濬尊重事实、捍卫真理、不畏强权、不计个人得失的优秀品质，同时也彰显了他的随机应变和足智多谋。

于谦一案，表面上看是受石亨等武将的诬陷所致，其实背后真正的罪魁祸首正是当时的最高统治者明英宗。他在土木之变后被俘，而临危受命的于谦虽然力挽狂澜，组织北京保卫战保住了江山社稷，但却没有及时救驾勤王，反而竭力扶持新帝，置英宗的个人安危于不顾，致使堂堂一国之君在塞北苦寒之地被敌方羁押了整整一年，颜面和尊严统统扫地不说，还差点儿丢了皇帝宝座，英宗对于谦能不心存芥蒂以至切齿痛恨吗？因此，夺门之变后，重登大宝的明英宗自然不可能容纳于谦，必将睚眦相报，置之死地而后快。

历史总是惊人的相似，尤其是在专制社会，类似的惨剧总是反复不断地再现和重演。这种具有普遍规律性的历史教训，丘濬在《世史正纲》中早有揭示。他在点评汉宣帝的过失时曾有感而发，称：“自古人臣为国除弊政、销隐祸，而世主不以为功，而反以为罪者多矣。”[②]这一句断语，用在于谦和明英宗身上，可谓恰如其分，毫发无差。而在归纳岳飞遇难

① （明）何乔新：《光禄大夫武英殿大学士文庄丘公神道碑文》，载《丘濬集》，海南出版社2006年版，第5047页。

② （明）丘濬：《世史正纲》卷5，载《丘濬集》，海南出版社2006年版，第2617页。

的根源时，丘濬更是锋芒毕露，入骨三分。他说："岳飞之死，世皆以为秦桧矫诏杀之，而此特笔帝下飞于狱何？高宗非幼弱昏昧之主，桧非承其意，决不敢杀其大将；藉使桧矫其诏以杀飞，则必高宗之为。"[①] 于谦、石亨和明英宗的关系，与当年的岳飞、秦桧和宋高宗何其相似！能够将岳飞案分析得如此透辟，丘濬对于谦案背后的真相必然也是洞如观火。何况，土木之变（1449）到夺门之变（1457）期间，丘濬正好在京城，是事件的亲历者，还曾亲自参加北京保卫战，对当时的情况自然了如指掌。不过，为了说服众人照实记录，还于谦的清白于千秋万代，同时也为了息事宁人，避免引起不必要的口舌之争，他并没有把矛头直接对准明英宗，而是选择了为尊者讳，巧妙地用一句"武臣挟私怨"轻松化解了当时的僵局，赢得了大家的一致认可。这一招"四两拨千斤"，看似轻描淡写，实则举重若轻，且成效显著，一举多得：既保证了实录的真实性，也保全了英宗皇帝的颜面；同时，石亨等人的罪恶昭彰于世，于谦的冤情也大白天下。窥一斑而知全貌，丘濬的勇气和智慧的确非同凡响，令人叹服！

据文献记载，丘濬还曾在弱冠之年（22岁左右）写过一篇《许文正公论》[②]，对元儒许衡[③]做了惊世骇俗的评价，其结果是"耆儒硕师初见，甚骇之，已而又大深服，以为先儒未有言及此者。"[④] 许衡虽为前朝大儒，但明朝的开国君主朱元璋特别推崇他，尊他为正统儒学的继承者，并得以从祀孔庙，接受后人的祭拜。[⑤] 这在古代已是至高无上的荣誉，加之有明太祖的权威庇佑，许衡在明朝的声望和地位可想而知，几乎无人敢对

---

① （明）丘濬：《世史正纲》卷27，载《丘濬集》，海南出版社2006年版，第3167页。

② 据检索，该文既未收录至《琼台诗文会稿》，也未收录至《丘濬集》，或许早已失传也未可知。

③ 许衡（1209—1281），字仲平，号鲁斋，怀庆路河内（今河南焦作）人，金末元初著名理学家、教育家。许衡一生仕元，长期担任国子监祭酒，用儒家经典教化元统治者；参与政务，曾向忽必烈上疏治国纲要五项建议，并被一一采纳；精通天文、历算，晚年领太史院事，与郭守敬一起修成《授时历》。许衡德行高尚、博学多才，被誉为"元朝一人"。

④ （明）黄佐：《嘉靖广东通志·琼州府》，海南出版社2006年版，第474页。

⑤ 参见李焯然《丘濬评传》，南京大学出版社2011年版，第15—16页。

他质疑，给他差评。然而丘濬基于儒家“严华夷之辨”的观点，对身为汉人的许衡甘心侍奉异族的行为深感不耻。在他看来，元蒙的建立乃是开天辟地以来最严重的一次夷狄乱华之祸，“而华人之逞者，又为之指示弥缝，所以其毒尤甚，其祸尤惨”。① 许衡就不幸而充当了这种不光彩的角色。正是由于许衡这样的“华人之逞者”认贼作父，为敌谋划，才导致国家民族遭受更加深重的灾难，“夷狄不用中国人，其为害不深，而其所以深为中国害者，用中国之人也”。② 因此，丘濬认为，许衡仕元无异于为虎作伥，助纣为虐，不仅是其个人品性上的一大污点，也是整个华夏族的奇耻大辱，“为一世计，则许子固不为无功矣；为万世计，则许子岂得无罪哉？”③ 丘濬对许衡的批评，在今天的人们看来是有失公允的，甚至带有极端的民族沙文主义色彩。但是在当时的人们看来，丘濬的华夷观乃是直接秉承儒家的正统思想，是无可挑剔的，因而并无任何不妥。说他惊世骇俗，实际上是指他敢于冒天下之大不韪，挑战最高统治者的权威。王鏊《守溪长语》指责丘濬恃才放旷，议论高奇，总是跟大家唱反调，尤其不可容忍的是他对许衡仕元的非议，称“其（指丘濬）最得者，绝元不与正统，许衡不当仕于元，亦前人所未发也”。④ 其实，华夷之辨自古就有，之所以说前人和包括王鏊本人在内的后人都未曾指责许衡不当仕于元，并非他们不赞同或反对华夷之辨的理论，而是因为许衡的背后有明太祖的支持，所以无人敢言而已，否则就不可能出现“耆儒硕师初见，甚骇之，已而又大深服”的情形了。

当然，丘濬的耿介率直乃是性格使然，绝非一时一事的应景作秀，而是一生一世的行事风格，已经成为一种习惯或品质深深地融入其骨髓和血脉，贯穿于他的整个人生。同时，我们还要认识到，丘濬这样做并

---

① （明）丘濬：《大学衍义补》卷144，载《丘濬集》，海南出版社2006年版，第2252页。

② （明）丘濬：《大学衍义补》卷149，载《丘濬集》，海南出版社2006年版，第2335页。

③ 李焯然：《丘濬评传》，南京大学出版社2011年版，第16页。

④ （明）黄佐：《嘉靖广东通志·琼州府》，海南出版社2006年版，第481页。

不是不忠君。恰恰相反，他固守君臣伦理，以忠君爱国自命，君为臣纲的道理他不仅完全接受，而且终身践行。丘濬不是李贽，也不是黄宗羲，他有书生意气，但并不叛逆，也不反对君权，甚至高度赞赏并衷心拥护明太祖废丞相以加强皇权的举措，称“惟我太祖高皇帝，革前代中书省而设六部，罢丞相而设尚书侍郎，以分掌朝廷之政，盖得周公之心于千载之上，举明王之典于三代以前，可谓卓冠百王，而足以垂法于万世矣”。[①]溢美之词，无以复加。但是，丘濬并不愚忠，他很清醒，也很睿智。在他的价值体系里，“君”并不是臣子尽忠的唯一目标，在君之上，还有“天”，还有“道”，甚至还有“法”，还有“民”。正是基于这样的认识，他才敢发“前人所未发”；也正是由于他敢“发前人所未发”，他才会被一些人诟病为“矫激”“褊隘”。然而，仔细想想，这不正是丘濬的伟大之处吗？作为思想家，丘濬明显超越了当时社会盛行的宋明理学的境界，直承孔孟，为往圣继绝学，难能可贵地坚持并发扬了原始儒学从道不从君的精神，其见识与胸怀岂是那些詈骂、诋毁他的人可堪比拟的？！

丘濬虽以学者立身，但他心中最宏大的抱负并非与笔墨打交道，而是治国平天下。丘濬以祖父“达而为良相”的遗训终身自勉，期望有朝一日经世济民建功立业。然而，事与愿违，命运似乎跟丘濬开了一个极其残酷的玩笑。在他豪情万丈年富力强之时，却怀才不遇默默无闻，得不到朝廷的赏识和重用，根本没有施展平生才华的机遇和舞台，“莫试莅政临民之具，徒怀爱君忧国之志”[②]；而当他终于位极人臣重权在握有机会大显身手的时候，却已经年老体衰身心俱疲力不能及了，“一生辛苦事经纶，待得时来志已湮”，只得“强曳病躯循壁走，老来无复旧精神”，[③]再

① （明）丘濬：《大学衍义补》卷1，载《丘濬集》，海南出版社2006年版，第49—50页。

② （明）丘濬：《进〈大学衍义补〉表》，载《丘濬集》，海南出版社2006年版，第4001页。

③ 这两句诗均出自丘濬的《朝退偶书》，全诗如下：“一生辛苦事经纶，待得时来志已湮。乾鹊结巢宁为几，春蚕作兰自缠身。相逢谩说明朝话，自分甘为此世人。强曳病躯循壁走，老来无复旧精神”。参见（明）丘濬《朝退偶书》，载《丘濬集》，海南出版社2006年版，第3923页。

美好的宏图大志也难以实现了。明末著名首辅大臣、东林党巨擘叶向高[①]对丘濬政治上的不幸遭遇深深惋惜，称他“衰暮登庸，设施未究，经济之志，徒托之著述，而功业不无少让于此”。[②]这样的结局的确令人扼腕，而对“以经济自负”的丘濬本人而言，更是抱憾终身，遗恨千古。

不过，话也说回来，丘濬并非没有立下任何功业。首先，丘濬有过多年担任经筵讲官和国子监祭酒的经历，其教化的对象既有高高在上的皇帝、太子，也有广大的莘莘学子和普通的黎民百姓。作为一名务实的教育家，丘濬笃信儒学经典《大学》“自天子以至于庶人，一是皆以修身为本”的理念，他所撰写的《朱子学的》《家礼仪节》《世史正纲》以及《大学衍义补》等著述，很大一部分功能就是为了醇厚世风，辅君善俗，让全国上下人人都受到教育的熏陶和润化，“无一人而不化，无一地而不到，无一日而或间”。[③]所以，《明史》对何乔新“公在位，务以宽大启上心，忠厚变士习”[④]的评语深以为然，几乎是一字不落地原文抄录，其评价不可谓不高。

其次，丘濬入仕以来，长期委身下僚，少有出人头地建功立业的机会，但他一如既往地倾心国运民瘼，关注国计民生。据《道光琼州府志》记载，天顺七年（1463），丘濬时年四十三岁，还是一位名不见经传的翰林院编修，但他在政治上已经初露锋芒，成功地解决了当时朝廷的两大难题：一是提出《奏免专防黎贼寇》，奏请皇帝免除海南卫官军远调大陆参加防备之苦，同意其专门负责海南治安，既为家乡官兵解除了思乡之愁，也大大提高了边防效率，“上嘉纳之，至今琼南军卫尸祝焉”[⑤]；二是条列《两广用兵事宜》，对多年未决的两广用兵提出著名的“逐”与“困”

① 叶向高（1559—1627），字进卿，号台山，福建福清人，万历十一年进士，明后期重臣，曾于万历、天启年间两度出任内阁首辅大臣。他善于决断大事，担任首辅期间，为皇帝出谋划策，调节君臣关系，对遏制阉党魏忠贤的势力起了重要作用；同时，他还举荐贤良，平定倭寇，并粉碎了荷兰侵略者霸占台湾的图谋。

② （明）叶向高：《丘文庄公集序》，载《丘濬集》，海南出版社2006年版，第3678页。

③ （明）丘濬：《大学衍义补》卷67，载《丘濬集》，海南出版社2006年版，第1045—1046页。

④ 参见（明）何乔新《光禄大夫武英殿大学士文庄丘公神道碑文》，载《丘濬集》，海南出版社2006年版，第5048页。

⑤ （清）张岳崧：《道光琼州府志》，海南人民出版社2006年版，第1461页。

相结合的平寇方略，“英宗嘉叹，付所司举行”。[①] 为母守丧期间（1469—1472），丘濬在家乡也干了两件值得称道的大事：一是为方便府城老家的后生小子借书读书，特建“藏书石室”，并著《藏书石室记》，以勉励那些有志于问学的读书人[②]；二是为当地人民化解纠纷，排除水患，结束了“民不得耕，四十余年”的惨状，使“禾苗有年”“岁取十千”，受到众人的景仰，故刻石碑以纪念之。[③] 入阁以后（1491—1495），丘濬在其位而谋其政，与明孝宗君臣相得，励精图治，提出了很多建设性的意见和建议，他的《乞储养贤才奏》《论厘革时政奏》《请昧爽视朝奏》《乞严禁自宫人犯奏》等都是针砭时弊的应时之作，旨在补偏救弊，匡时济世。从时间上看，丘濬辅佐明孝宗只有八年，身居相位不过短短四年，但他对“弘治中兴”的开启和奠基之功却不可小觑，更不容抹杀，“孝陵十八年之治平实自公启之”[④]，他因此也被冠以“中兴贤辅”的美誉，可谓实至而名归。

综上所述，无论是学术文章还是道德人品，丘濬在当时都堪称出类拔萃首屈一指。儒家所追求的立德、立功、立言之“三不朽”事业，丘濬出色地完成了德、言两项，而功业稍逊。其实，这已经非常了不起了。在中国历史上，真正实现“三不朽”的人屈指可数[⑤]，何况造化弄人，很多事情原本也不是丘濬主观上想做就能做且能做到的，因而不宜也不应苛责于他。凭着立德、立言两大成就，加上“好学”“介慎”和“廉静”这“三不可及者”，历史必然不会罔顾丘濬的存在，必然会给他应有的一席之地，“理学名臣”“经世儒臣”“当代通儒”“一代文宗”“中兴贤辅”等桂冠，都是时人对丘濬由衷的敬佩和赞美。不仅如此，人们还如数家珍般地将唐宋以来岭南地区的杰出人物排列起来，合称为“岭南四

---

① （清）张岳崧：《道光琼州府志》，海南人民出版社2006年版，第1461页。

② 参见（明）丘濬《藏书石室记》，载《丘濬集》，海南出版社2006年版，第4356—4358页。

③ 参见林巨兴《略论丘濬人品及贡献》，载朱逸辉《丘濬海瑞评介集》，海南出版社2004年版，第183—184页。

④ （明）叶向高：《丘文庄公集序》，载《丘濬集》，海南出版社2006年版，第3678页。

⑤ 据说中国历史上真正称得上儒家“三不朽”的人只有两个半：儒学创始人孔子和陆王心学的集大成者王阳明，曾国藩因立德和立言两方面均有不足，所以仅算半个。

杰”[①]“海南三杰”[②]或“海南双壁”，而无论哪一种排列组合，其中皆必有丘濬，可见其人之不凡。已故国学大师钱穆对丘濬推崇备至，盛赞其“不仅为琼岛之大人物，乃中国史上第一流人物也”。[③]今天的后生晚辈对丘濬也无比景仰，将政治家、思想家、经济学家、历史学家、教育家、法学家、文学家、剧作家、诗人、学者，甚至典藏家、军事理论家等一大堆光鲜亮丽的头衔敬献给这位五百年前的先贤。然而，誉之所至，谤亦随之。即使好评如潮，也难免恶评相伴，《明史・丘濬传》不就留下了“褊隘”“矫激”“不直”等“污点”吗？因此，称赞也好，诋毁也罢，都是他者的视角和观点，话语权掌握在别人手里，或誉或谤，皆不足为怪。

有鉴于此，笔者更想知道丘濬对自己的评判。可巧的是，《丘濬集》中收录了丘濬晚年所写的一份自我鉴定，题目曰：《自赞》。从标题上不难看出，丘濬对自己是完全认可的，甚至多少有点儿溢于言表的自信和自足。在赞文的末尾，丘濬用寥寥数语对自己的一生作了如下点评：“奋自岭海，登乎馆阁，虽不能为一世之人龙，敢自咤为一方之鸡鹤。方之于人，固不能知。求之于己，亦足以自乐也已矣。”[④]真可谓恬淡适己，不卑不亢，评说由人，问心无愧。

我想，这才是真实的丘濬，一个真正的儒者。

不错，这就是真实的丘濬，一个真正的儒者。

第二节　《大学衍义补》其书

一　成书背景

丘濬生活的15世纪是人类历史上一个重要的分水岭，意味着旧时代

---

① 指唐之张九龄，宋之余靖、崔与之和明之丘濬。

② 指邢宥、丘濬和海瑞。

③ 钱穆：《〈丘文庄公丛书〉序》，载朱逸辉《丘濬海瑞评介集》，海南出版社2004年版，第80页。

④ （明）丘濬：《自赞》，载《丘濬集》，海南出版社2006年版，第4487页。

挥之即去而新时代招之即来。这个世纪之初，在世界的东方，出现了郑和舰队七下西洋的空前盛况。这是我们这个东方大国留给世界的最后一抹辉煌，中华帝国的强盛与繁华就此定格。之后，中国人远涉重洋的脚步戛然而止，直到四五个世纪之后，才有人陆续走出国门，不过不再是对外弘扬国威，而是踏踏实实地求学问道以期“师夷长技以制夷”。这个世纪之末，在世界的西方，则有了哥伦布一行的伟大发现。从此，大批西方人鱼贯而出，足迹踏遍了世界的每一个角落。所到之处，大肆搜刮洗劫当地的财富，奴役压迫当地的人民。从此，世界沦为征服者的天堂和被征服者的地狱，东方曾经的富庶与繁华、西方曾经的贫穷与落后都一去不复返，二者戏剧性地倒换了一下角色，这样的格局至今尚未发生本质的变化。一言以蔽之，15 世纪意味着改变世界的大航海时代即将到来，东西方的命运即将发生戏剧性逆转。15 世纪以后，无论是中国还是世界，都同时进入一个新的历史大变局之中，经过五百多年的风云变幻，最终演变成我们今天看到的格局。换句话说，15 世纪正好是这个大变局的前夜。

巨变前夕的中国，总体上依然保持着祖祖辈辈流传下来的固有传统，日出而作日落而息的田园农耕生活，君君臣臣父父子子的宗法等级秩序，德主刑辅礼法结合的社会治理模式，一切都秉承数千年世代相传的祖宗成法有条不紊地延续着。当时的明王朝正处在上升时期，继续维持着天朝上国的表面风光，先后出现了永乐盛世、仁宣之治和弘治中兴三个清平治世，仓廪充实，百姓安居，社会稳定，可谓辉煌再现，不逊汉唐。然而，细加审视就会发现，整个帝国的机体内部正在悄然生变。

首先，这一时期我国局部地区尤其是东南沿海已经开始出现新的资本主义生产关系的萌芽。这是从传统自然经济母体内部孕育出来的一股新生力量，与自给自足的农耕文明条件下形成的生产关系有着本质区别。它来自封建社会的母体，同时又是该母体的反动，如果发育正常，它终将冲破藩篱，挣断束缚，脱离母体而独立。这种新型生产关系的具体表现就是商品经济异常活跃，人们的商业意识和从商愿望极其强烈，经商致富，蔚然成风。丘濬虽然不是经商之人，但他敏锐而清醒地洞察到了这一新的社会风气，加之经常有人慕名求他写字题词，因而直接或间接地结识了徽、苏、杭、粤一带的商贾人士，对当时的商业发展有了更加直观的认知。在一次应朋友之请，为其所持诗卷题写的序文中，丘濬指出："今夫天下之人，不为商者寡矣，士之读书，将以商禄；农之力作，将以商食；而工、而隶、而释氏、而老子之徒，孰非商乎？吾见天下之人，不商其身而商其志者，比比而然。"[①]同时，丘濬也曾目睹苏杭地区的商业繁荣景象，有感于淮安、西湖一带的"人烟之盛"，留下了这样的诗句："十里朱楼两岸舟，夜深歌舞几曾休。扬州千载繁华景，移上西湖咀上头。"[②]这是15世纪中国社会洋溢出的一线生机。遗憾的是，这一线生机却不幸而被封锁在重重黑暗之中，难见光明，无以为继，最终落得个胎死腹中的悲惨结局。[③]

其次，明王朝的车轮在惯性支配下沿着传统社会的既定轨道继续向前运行的同时，数千年专制政体的沉疴流弊也随之积淀下来，大大小小的奸邪与黑恶势力沉渣泛起，不断生发扩散，并且相互勾连，集结汇聚，形成一股污浊而强大的逆流，在帝国上空呼风唤雨，兴风作浪。而自明太祖废丞相、设厂卫以后，君主专制也得到前所未有的巩固和强化，完全失去制度上的约束和牵制，"敲剥天下之骨髓，离散天下之子女，以奉我一人之淫乐"。[④]皇权成为滋生一切腐败和罪孽的元凶首恶，多少人间灾祸皆因它而起，或承它之意，或假它之名。天顺八年（1464），英宗去世，新即位的明宪宗没收宦官曹吉祥的地产作为皇帝、后宫及诸王的庄

---

① （明）丘濬：《〈江湖胜游诗〉序》，载《丘濬集》，海南出版社2006年版，第4077页。

② （明）丘濬：《夜泊淮安西湖咀》，载《丘濬集》，海南出版社2006年版，第3834页。

③ 当然，也有观点认为，即使明朝中后期出现的这种新型生产关系得到健康发展，中国也不可能自发地转化为西方那样的资本主义经济模式，如美国学者彭慕兰所著的《大分流：欧洲、中国及现代世界经济的发展》一书就持此说。

④ （明清）黄宗羲：《原君》，载《黄宗羲全集》，浙江古籍出版社1985年版，第2页。

田，称“皇庄”。[①]皇庄的设立奏响了明代大规模土地兼并的序曲。普天之下，莫非王土，富有天下的皇帝居然带头兼并土地，王公、贵族、官吏、地主甚至得势的太监、家奴，莫不上行下效，趋之若鹜，兼并之风迅速蔓延全国。《明史·食货志》称：“明时，草场颇多，占夺民业。而为民厉者，莫如皇庄及诸王、勋戚、中官庄田为甚。”[②]疯狂的土地兼并吞没了大量无以抗衡的中小地主和没落家庭，成百上千万计的农民丧失土地，沦为无家可归的流民。民为邦本，本固则邦宁，而今邦本既失，根基撼动，大厦岂能不倾？国祚岂能长久？

有明一代，纲纪废弛，朝政不修，除二祖和孝宗勤于政事外，最高统治者大多荒政怠政，或沉迷神仙佛道以求长生不老，或纵情声色享乐以图一时之欢，长期消极怠工，不务正业，嘉靖、万历甚至数十年不上朝[③]，国家大事转托给一群蝇营狗苟见利忘义的奸佞小人。加之皇帝猜忌大臣，疏远外朝，亲近内廷，致使阉党得势，群小乱政。为谋私利，他们狐假虎威，内外勾结，媚上欺下，颐指气使。一时之间，宦官擅权，佞臣当道，腐败丛生，冤案迭起，朝廷上下一片乌烟瘴气。在这样的政治氛围中，正直耿介之士自然受到排斥打压，“死谏”“死战”的文臣武将惨遭虐杀和灭族。为求自保，绝大多数官员只得噤若寒蝉，在其位不谋其政，尸位素餐，形同摆设，成化年间甚至还出现过“纸糊三阁老”“泥塑六尚书”[④]的奇葩组合。更有甚者，明代宦官地位急剧上升，很

---

① 明代“皇庄”的始设时间历来有两种说法：一种认为早在永乐年间（1403—1424）即已出现，另一种则认为于天顺八年（1464）由明宪宗始建。《明史·食货志》称：“宪宗即位，以没入曹吉祥地为宫中庄田，皇庄之名由此始。”参见（清）张廷玉《明史》，中华书局1974年版，第1887页。本书采此说。

② （清）张廷玉：《明史》，中华书局1974年版，第1886页。

③ 最典型的就是明世宗嘉靖皇帝（在位45年）和明神宗万历皇帝（在位48年），两位帝王主政期间均长达近半个世纪，但大部分时间都不理朝政，长期处于荒政怠政的状态。

④ “纸糊三阁老”和“泥塑六尚书”，是指明宪宗时期的三位内阁首辅和六部尚书。其中，“纸糊三阁老”是指万安、刘珝和刘吉，而“泥塑六尚书”则是指尹旻（吏部）、殷谦（户部）、周洪谟（礼部）、张鹏（兵部）、张蓥（刑部）和刘昭（工部）。由于当时皇帝不问政事，大太监汪直专权，三位首辅和六部尚书都要看他的脸色行事，所以被人们戏称为“纸糊三阁老”“泥塑六尚书”。

多人对此艳羡不已，明知做宦官既伤自身，又绝后嗣，偏偏甘愿净身为奴者有如飞蛾扑火，始终络绎不绝。然而，宫里的需求毕竟有限，并非人人都能如愿。于是，一些不达目的誓不罢休的无耻之徒竟然不顾国家禁令[①]，处心积虑地使出狠招，私自净身以求入宫。弘治五年（1492），竟然发生了以康某为首的一千多自宫人因当不成太监而聚众滋事追打办事官员的咄咄怪事。丘濬愤怒地指出："今净身人敢于宫阙之前，聚众至千，各持木石赶打执政大臣，兹岂小变哉！考之史册，自古所未有也。"[②]可以说，这是自秦汉以来中国政治最黑暗最腐朽的时代，表明专制皇权已经发展到极限，其弊端也暴露无遗，并且被无限放大，因而为祸甚巨。

屋漏偏逢连夜雨。就在明朝内部空虚、武备松弛之际，北方的蒙古、东南的倭寇，不断伺机侵扰，形成南北夹击之势，边患危机随之陡然升级。正统十四年（1449），蒙古瓦剌部首领也先大举南犯，明英宗在宦官的怂恿下未做充分准备就贸然亲征，结果酿成土木之变的惨祸。明军死伤无数，尸横遍野，惨不忍睹，随行大臣除个别侥幸逃脱外，其余全部战死，英宗自己也束手就擒，成为也先的囊中之物。瓦剌军大获全胜，挟英宗为人质，一路高歌猛进，直逼北京。大明江山危在旦夕，朝堂之上乱作一团，不知所措，若不是兵部尚书于谦独撑大局，力主社稷为重君为轻，并组织军民誓死保卫京师，亡国之祸焉能避免？！这一时期，东南倭寇的活动也异常猖獗，其恶行也远比太祖、成祖之时更为暴虐。据史书记载：正统四年（1439），倭寇入侵浙东，所到之处，大肆烧杀抢掠，残害当地百姓，"官庾民舍焚劫，驱掠少壮，发掘冢墓；束婴孩竿上，沃以沸汤，视其啼号，拍手笑乐；得孕妇卜度男女，刳视中否为胜负饮酒，积骸如陵"。[③]沿海居民的苦难可想而知。

① 宫刑是我国古代一种非常残酷的刑罚，明太祖洪武二十八年已经明令禁止，称："朕起兵至今四十余年，灼见情伪，惩创奸顽或法外用刑，本非常典。今嗣止颁《律》与《大诰》，不许用黥刺、剕、劓、阉割之刑。臣下敢以请者，置重典。"参见（清）张廷玉《明史》，中华书局1974年版，第52页。

② （明）丘濬：《乞严禁自宫人犯奏》，载《丘濬集》，海南出版社2006年版，第3993页。

③ （清）谷应泰：《明史纪事本末》，中华书局1977年版，第844页。

国难当头，民不聊生，醉生梦死的统治者却熟视无睹依然故我，他们肆意搜刮，挥霍无度，奢靡之风大行其道。上有所好，下必甚焉，全国上下贪腐泛滥，浊气熏天。丘濬在朝为官四十余年，且入仕前因科考失利两度留读太学，前后半个世纪的宦海沉浮，他对明帝国繁华表象背后的诸多弊政早已了如指掌，并且忧心如焚。然而，作为一名来自海南边陲的贫寒士子，丘濬既无显赫的家世，也无强大的靠山，又不愿攀附显贵或走旁门左道，因此纵有满腹经纶，满腔热忱，也只能徒唤奈何，“匡时有术无施处，旦夕惟焚一炷香”。①

苦闷与彷徨之余，笃信“天下之大，其本在于一身”的丘濬，与历朝历代中规中矩的文人士大夫一样，把自己修齐治平的全部理想寄托在皇帝一人身上，希望他能够重振朝纲，上顺天意，下应民情，还人间一个清平盛世，“臣愿皇上体上天仁爱之深，念祖宗基业之大，端一身以立天下之本，清一心以应天下之务，上畏天怒，下畏民怨，中畏人言，谨好尚而不流于异端邪见，谨用度而不至于耗国害民，谨任用而不失于偏听独任，振朝纲于颓靡之余，复风俗于和平之旧”。②《大学衍义补》便是在这样的时代背景下应运而生的。

成化二十三年（1487）十一月，就在新皇明孝宗登基之初，丘濬倾耗十年之功终于完成了《大学衍义补》这部卷帙浩繁的巨著，并将其作为一份贺礼敬献给这位有志于治平之道的少年天子。孝宗阅后大喜，称“览卿所纂述，考据精详，论述该博，有补于政治，朕甚嘉之”③，并下令由福建布政司著书坊官费刊行此书，广布天下。

二　著书渊源

在《大学衍义补·自序》中，丘濬陈述了自己撰写该书的缘由。

---

①（明）丘濬：《甲午岁舟中偶书》，载《丘濬集》，海南出版社2006年版，第3842页。

②（明）丘濬：《论厘革时政奏》，载《丘濬集》，海南出版社2006年版，第3971页。

③（明）丘濬：《进〈大学衍义补〉奏》，载《丘濬集》，海南出版社2006年版，第3957页。

当先皇帝[①]在御之日开经筵，即缀班行之末，亲睹儒臣以真氏之书进讲。陛下[②]毓德青宫，又见宫臣之执经者日以是书进焉。臣于是时盖已有志于是。既而出教大学，暇日因采六经、诸史、百氏之言，汇辑十年，仅成此书，用以补真氏之阙也。缮写适完，而陛下嗣登大宝，盖若有待言者。[③]

根据这段陈述，我们可以捕捉到以下三条重要信息：第一，宋儒真德秀的《大学衍义》在明代备受重视，为皇帝和太子的必修课程；第二，早在担任宪宗朝的经筵讲官时，丘濬就萌发了为《大学衍义》补写续文的念头；第三，《大学衍义补》的写作历时十年，正好是丘濬担任国子监祭酒的十年，即成化十三年（或十四年）到成化二十三年[④]。

《大学衍义》与《大学衍义补》均为儒学经典《大学》的推衍之作，是宋明时期应运而生的两部理学名著。前后相继，形同姊妹，犹如一棵树上先后结出的两枚瑰丽的硕果，前者出自宋儒真德秀，后者成于明儒丘濬。它们所共同推衍的《大学》则是传统儒家一切学问的本源与根基，被誉为“六经之总要”“万世之大典”，可见《大学》一书在儒家内圣外王理论体系中的核心地位，而这也正是丘濬殚精竭虑完成《大学衍义补》的内在渊源。

---

① 即明宪宗朱见深。

② 即明孝宗朱祐樘。

③ （明）丘濬：《〈大学衍义补〉原序》，载《丘濬集》，海南出版社2006年版，第6页。

④ 周伟民、唐玲玲认为，丘濬《大学衍义补》的撰写时间始于成化十五年（1479），理由是：“丘濬《大学衍义补》写成于成化二十三年（1487）十一月，推上十年，即为成化十五年（1479）。”此说明显有误，因为无论怎么算，即使从1479年1月1日起算，到1487年12月30日止，其间最长亦不过九年，而并非十年。丘濬本人在《自序》中讲到“既而出教大学，暇日因采六经、诸史、百氏之言，汇辑十年，仅成此书”，这里的“出教大学”应当是指他出任国子监祭酒。丘濬于成化十三年因祭酒一职空缺，被推荐为祭酒，直到成化二十三年因进献《大学衍义补》有功，升任礼部侍郎，期间担任国子监祭酒正好十年有余，而这十年应该就是他撰写《大学衍义补》的十年。参见周伟民、唐玲玲《丘濬年谱》，载《丘濬集》，海南出版社2006年版，第5116—5131页。

《大学》原为《小戴礼记》[①]中的一篇，包括经文和传文两部分，与《中庸》《礼运》齐名，是《礼记》中的经典名篇。据说其经文乃孔子所作，曾子分释其义以为十传，传之后世，为初学者进入圣学殿堂的唯一正确法门。《大学》的经文很短，只有205个字，全文如下：

> 大学之道在明明德，在亲民，在止于至善。知止而后有定，定而后能静，静而后能安，安而后能虑，虑而后能得。物有本末，事有终始，知所先后，则近道矣。古之欲明明德于天下者，先治其国；欲治其国者，先齐其家；欲齐其家者，先修其身；欲修其身者，先正其心；欲正其心者，先诚其意；欲诚其意者，先致其知；致知在格物。物格而后知致，知致而后意诚，意诚而后心正，心正而后身修，身修而后家齐，家齐而后国治，国治而后天下平。自天子以至于庶人，壹是皆以修身为本。其本乱而末治者，否矣。其所厚者薄，而其所薄者厚，未之有也。[②]

这篇短小凝练、字字珠玑的经文，将传统儒家修身、齐家、治平、平天下的理想和抱负以及古人为学的目的、内容、方法和步骤讲得清清楚楚明明白白，《大学》因此而被誉为“儒者全体大用之学”。北宋理学家程颢、程颐二先生见之，如获至宝，指出：“《大学》，孔氏之遗书，而初学入德之门也。于今可见古人为学次第者，独赖此篇之存，而《论》《孟》次之。学者必由是而学焉，则庶乎其不差矣。”[③]及至南宋，理学的

① 《礼记》为传统儒家的重要经典之一，有《大戴礼记》和《小戴礼记》两部，为西汉著名经学家戴德（即大戴）和戴圣（即小戴）叔侄分别选编而成。据《隋书·经籍志》记载：“汉初，河间献王又得仲尼弟子及后学者所记一百三十一篇献之，时无传之者。至刘向考校经籍，检得一百三十篇，向因地第而叙之。而又得《明堂阴阳记》三十三篇、《孔子三朝记》七篇、《王史氏记》二十一篇、《乐记》二十三篇，凡五种，合二百十四篇。戴德删其烦重，合而记之，为八十五篇，谓之《大戴记》。而戴圣又删大戴之书，为四十六篇，谓之《小戴记》。”参见（唐）魏征等《隋书》，中华书局1973年版，第925页。

② 李学勤主编：《礼记正义》，北京大学出版社1999年版，第1592页。

③ （明）丘濬：《大学衍义补》卷77，载《丘濬集》，海南出版社2006年版，第1201页。

集大成者朱熹将《大学》经文的内容概括为“三纲领”和“八条目”（简称“三纲八目”）。所谓三纲领，就是“明明德”“新民”和“止于至善”；八条目则是指“格物”“致知”“诚意”“正心”“修身”“齐家”“治国”和“平天下”。三纲中的“明明德”就是内圣的功夫，其具体内容和步骤对应八目中的“格物”“致知”“诚意”“正心”和“修身”；“新民”则是外王的功夫，对应“齐家”“治国”和“平天下”；“明明德”“新民”的完美结合就是“止于至善”。《大学》的“全体大用”正是体现为内圣与外王、明明德与新民的完美统一。朱熹的三纲八目说正式将《大学》提升到了内圣外王学（简称“圣王学”）的高度，《大学》由此也被认为是第一部系统阐释儒家内圣外王理论的经典著作。

与此同时，朱熹还将《大学》和《中庸》从《礼记》中抽取出来，单独成书，与《论语》《孟子》合称“四书”，作为儒学的基本读物。加上孔子删订和编写的《诗经》《尚书》《礼记》《周易》和《春秋》五经[①]，后人统称为“四书五经”。四书五经作为传统儒学的圣经宝典，构成了我国传统思想文化的核心内容，而《大学》又是核心中的核心，并被奉为四书之首，成为天下士子的启蒙读物。自此以后，历代科举考试的出题范围皆不出四书五经之内。

朱熹进一步指出：“《大学》是一个腔子，要填教他实。”又说：“今且熟读《大学》作间架，却以他书填补去。”[②]所谓“腔子”，所谓“间架”，其实就是框架。朱熹认为，《大学》所勾画的“三纲八目”只是一个巨大的理论框架，需要后人撰写大量的其他著作来填实，使这一理论更加具体而丰满。为此，他还亲力亲为，率先为《大学》作《章句》《或问》各一卷，以解析其义，“择焉而精，其在章句；语焉而详，其在或问乎。所谓析之极其精而不乱，合之尽其大而无余。”[③]先河一开，后世的文人学者

---

① “五经”原为“六经”，因孔子晚年整理删订的《诗》《书》《礼》《易》《乐》《春秋》六部典籍而得名，但后来《乐经》佚失，所以只剩下五经。

② （明）丘濬：《大学衍义补》卷77，载《丘濬集》，海南出版社2006年版，第1202页。

③ （明）丘濬：《大学衍义补》卷77，载《丘濬集》，海南出版社2006年版，第1203页。

纷纷效仿，相关的著述也滚滚而来源源不绝。[①]因此，丘濬感慨万端，称“朱子有功于圣门非止一端，然其最大者，在《大学》一书”。[②]诚哉斯言！而在蔚为壮观的《大学》衍生品中，真德秀的《大学衍义》和丘濬的《大学衍义补》最为经典，也最负盛名，两书珠联璧合，相得益彰，儒家的内圣外王、《大学》的三纲八目由此得到系统而完整的阐释与发挥。

真德秀（1178—1235），福建浦城人，南宋后期著名理学家、政治家，本姓慎，因避宋孝宗讳改姓真，初字实夫，后改字景元、希元，号西山，学者尊称为西山先生，庆元五年（1199）进士，开禧元年（1205）中博学宏词科，宋理宗时擢升礼部侍郎、直学士院，后被劾落职，知泉州、福州；端平元年（1234）再次入朝，任户部尚书，改翰林学士、知制诏，次年拜参知政事，旋卒，谥文忠。真德秀为官清廉，政绩卓著，且生性耿直，于时政多有建言，奏疏不下数十万字，更有《大学衍义》

---

① 据《四库大辞典》统计，自南宋以至民国800年间，为《大学》填实框架的书籍可谓浩如烟海数不胜数，如《大学疏义》（1卷，元金履祥撰）、《大学指归》（2卷，明魏校撰）、《大学管窥》（1卷，明廖纪撰）、《大学千虑》（1卷，明穆孔晖撰）、《大学稽中传》（3卷，明李经纶撰）、《大学注》（1卷，明蔡悉撰）、《大学新编》（5卷，明刘元卿撰）、《大学古本旁注》（1卷，明王守仁撰）、《大学杂言》（1卷，明刘宗周撰）、《大学直解》（2卷，清王建常撰）、《大学讲义》（1卷，清朱用纯撰）、《大学翼真》（7卷，清胡渭撰）、《大学古本说》（1卷，清李光地撰）、《大学疏略》（1卷，清张沐撰）、《大学正业》（1卷，清恽鹤生撰）、《大学辨业》（4卷，清李塨撰）、《大学证文》（4卷，清毛奇龄撰）、《大学通》（8卷，清田种玉撰）、《古本大学集说》（3卷，清王䜣撰）、《大学指掌》（1卷，清周际华撰）、《大学还旧》（1卷，清王廷植撰）、《大学俟》（1卷，清陈运熔撰）、《大学古义说》（2卷，清宋翔凤撰）、《大学问答》（1卷，清赵承恩撰）、《大学臆解》（1卷，清张承华撰）、《大学补释》（1卷，张承华撰）、《读大学记》（1卷，清范泰衡撰）、《大学臆说》（2卷，清苏源生撰）、《大学节训》（1卷，清吕调阳撰）、《大学纬注》（1卷，清钟颖阳撰）、《大学参证》（2卷，清沈辉宗撰）、《大学阐要》（1卷，清张恩霨撰）、《大学补遗》（1卷，清章钧撰）、《大学申义》（3卷，清左钦敏撰）、《礼记大学篇古微》（3卷，清易顺豫撰）、《大学示掌》（1卷，清汤自铭撰）、《大学总论》（1卷，清唐圻撰）、《大学俗话》（5卷，清查体仁撰）、《大学质语》（1卷，清胡德纯撰）、《大学谊诂》（1卷，民国马其昶撰）、《大学述义》（1卷，民国徐绍桢撰）、《古本大学分科详释》（9卷，民国廖袭华撰）、《大学发微》（2卷，民国刘次源撰）以及《大学三纲八目箴》（1卷，朝鲜柳崇祖撰）、《大学义疏》（1卷，日本西师意撰），等等。由此可见，朱熹之后，研习《大学》之风何其昌盛。参见李学勤、吕文郁主编《四库大辞典》，吉林大学出版社1996年版，第547—622页。

② （明）丘濬：《大学衍义补》卷77，载《丘濬集》，海南出版社2006年版，第1203页。

（43卷）一书名垂青史，为确立理学的正统地位立下了汗马功劳，博得“小朱子”之美名，与同时代的魏了翁[①]一南一北并称于世。

真德秀对《大学》的贡献突出地表现在以下三个方面：首先，最早将《大学》从儒者之学上升为帝王之学。尽管《大学》经文中即言“自天子以至于庶人，壹是皆以修身为本”，但自二程子发现该书的重要价值，到朱熹将其从《礼记》中独立出来，《大学》的主要功能仅限于为初学者进德修身提供正确的入门方法，是历代读书人初入圣学拾级而上的必由之路，也是传统儒家立身处世修己治人的基本准则，并未将其作为封建帝王治国理政的专门学问。而真德秀则首次明确指出：“《大学》一书，君天下者之律令格例也。本之则必治，违之则必乱。”[②]并宣称：“为人君者不可以不知《大学》，为人臣者不可以不知《大学》。为人君而不知《大学》，无以清出治之源；为人臣而不知《大学》，无以尽正君之法。”[③]在《大学衍义》中，真德秀详细论述了“帝王为治之序”和“帝王为学之本”，并更深层次地发掘出《大学》在国家治理方面所起的重要作用，称“《尧典》诸书，皆自身而推之天下，至于先之以格物、致知、诚意、正心，而后次之以修其身，则自《大学》始。发前圣未言之蕴，示学者以从入之涂，厥功大矣”。[④]自此以后，《大学》开始朝着帝王之学的方向发展，真德秀亦成为将《大学》从儒者之学提升到帝王之学的第一人，他所撰写的《大学衍义》也成为元、明、清三代皇帝和储君的必读书籍，被后世帝王奉为修己治人的圣经宝典。

其次，系统阐释了《大学》的一纲六目，完整地推衍出儒家的内圣学理论。儒家学说讲究内外、本末、体用、理事、知行，主张“为政在人，取人以身，修身以道，修道以仁”（《中庸·第二十章》），将个人身

① 魏了翁（1178—1237），字华父，号鹤山，邛州蒲江人，南宋著名理学家、政治家，庆元五年（1199）进士，官至资政殿大学士，嘉熙元年（1237）卒，享年60岁，赠太师、秦国公，谥文靖。著有《鹤山先生大全文集》（109卷）、《九经要义》（263卷）、《周礼集义》《古今考》等。

② （宋）真德秀：《大学衍义》，华东师范大学出版社2010年版，第1页。

③ （宋）真德秀：《大学衍义》，华东师范大学出版社2010年版，第1页。

④ （宋）真德秀：《大学衍义》，华东师范大学出版社2010年版，第15页。

心的修为与家国天下的治理紧密地结合起来，《大学》的三纲八目其实就是这种内圣外王思想的逻辑延伸。其所谓“体”“内”“本”“理”“知”，属于内圣的范畴，也即《大学》三纲中的明明德以及八目中的格致诚正修；其所谓“用”“外”“末”“事”“行”，则属于外王的范畴，也即三纲中的新民以及八目的齐治平；而内圣与外王的完美结合就是三纲中的止于至善，正如梁启超后来所总结的那样，“做修己的功夫，做到极处，就是内圣；做安人的功夫，做到极处，就是外王”。[①] 真德秀对此理论深信不疑，他说：“臣闻圣人之道，有体有用。本之一身者，体也；达之天下者，用也。尧舜禹三王之为治，六经、《论语》《孟子》之为教，不出乎此。而《大学》一书，由体而用，本末先后，尤明且备。”[②] 他进而指出，《大学》作为全体大用之学，“其所谓格物、致知、诚意、正心、修身者，体也；其所谓齐家、治国、平天下者，用也。人主之学，必以此为据依，然后体用之全，可以默识矣”。[③] 正是基于这样的认识，真德秀在《大学衍义》中详细推衍了明明德一纲和格致诚正修齐六目，完成了传统儒家内圣之学的系统阐发，同时也涉及了外王理论的齐家部分，这在儒学发展史上可谓前无古人，居功至伟。

最后，逻辑严密，结构严整，开创了“衍义体”这种新型的经典诠释模式。从结构看，真德秀《大学衍义》以“帝王为治之序”和“帝王为学之本”为纲，“格物致知之要”“诚意正心之要”“修身之要”和“齐家之要”为目，目之下又有子目，子目之下还有细目，如“格物致知之要”一目下有“明道术”“辨人才”“审治体”和“察民情”四个子目，而“明道术”这一子目之下又有“天理人心之善”“天理人伦之正”“吾道源流之正”“异端学术之差”以及“王道霸术之异”五个细目。由纲到目再到子目、细目，如此层层推进，步步深入，且环环相扣，可谓纲举而目张，宛如一棵大树，从树根到树干，再到树枝和树叶，都一目了然一览无余，全

① 梁启超：《儒家哲学》，岳麓书社2010年版，第3页。

② （宋）真德秀：《大学衍义》，华东师范大学出版社2010年版，第3页。

③ （宋）真德秀：《大学衍义》，华东师范大学出版社2010年版，第3页。

书的思路和脉络变得非常清晰而自然，足见真德秀思维之缜密，逻辑之严谨。在撰写每个纲目之下的具体内容时，真德秀总是先引经据典，将相关经典文献、历史事件以及先儒言论依次条列出来，然后附以自己的见解，以“臣按”的方式进行阐释、发挥、评价和总结，“每条之中，首之以圣贤之典训，次之以古今之事迹，诸儒之释经论史有发明者录之，而公之说亦附见焉”。[①]这种“引言＋按语”式的新型经典诠释体例为真德秀首创，后人称之为“衍义体”。与注疏、章句等传统的解经模式不同，衍义体摒弃了逐字逐句解释经典的做法，更加着眼于从宏观的角度把握经典的整体框架，挖掘其精神内涵，从而阐发其经世致用的价值，具有鲜明的现实功利性。在论证方法上，衍义体奉行“以义求经”的原则，首先确立诠释目的和诠释框架，然后根据义理去经典文献中寻找论据，按照先引言后按语的顺序来推衍和发挥儒家经典的义蕴；且引经据典时也基本遵循先经后史再加诸子之言的思维路径，“积极推进经典与经典、经典与历史、经典与圣贤之间的对话”。[②]可谓层次清晰，逻辑严密，论证有序，不仅具有极强的说服力，而且可以让读者对所论问题的历史演变有一个完整的认识，这对元明清三代和东亚[③]的学术研究产生了深远影响。

当然，《大学衍义》也并非尽善尽美，无懈可击。事实上，该书最大的缺憾就在于只推衍了《大学》三纲八目的一部分，“顾其所衍，止于格致诚正修齐，而治平犹阙”。[④]换言之，它偏重于阐发儒家的内圣学（明明德）理论，而忽略了外王学（新民）的建构，强调了理、本、体等精神内涵，而缺失了事、末、用等外王功效，理论性太强，而实践性不足，致使《大学》这一全体大用之学未能止于至善，这是《大学衍义》一书最明显

① （宋）真德秀：《大学衍义》，华东师范大学出版社2010年版，第775页。

② 朱人求：《衍义体：经典诠释的新模式》，《哲学动态》2008年第4期，第69页。

③ 衍义体在东亚诸国备受推崇，尤其是对同属儒教文化圈的朝鲜、日本和越南三国影响较大，不仅官方大量刊刻和发行《大学衍义》与《大学衍义补》，而且还有不少学者仿照这种体例撰写著述，典型的如朝鲜李彦迪（1491—1553）的《中庸九经衍义》（29卷）、日本山崎嘉（1618—1682）的《朱易衍义》（3卷），以及越南黎贵惇（1726—1784）的《书经衍义》（3卷）。参见朱人求、王玲莉《衍义体在东亚世界的影响极其衰落》，《社会科学战线》2011年第3期。

④ （明）丘濬：《〈大学衍义补〉原序》，载《丘濬集》，海南出版社2006年版，第3页。

的结构性缺陷。其次，该书对儒家内圣理论的系统阐发虽已思虑周全面面俱到，但智者千虑，必有一失，难免会有挂一漏万之处。一个小小的不易察觉的疏忽就在于："诚意正心之要"一目只条列了"崇敬畏"和"戒逸欲"两个子目，缺少了对善恶之端（也就是丘濬所谓的"几微"）的审察和把握，而"善者，天理之本然；恶者，人欲之邪秽。所谓崇敬畏者，存天理之谓也；戒逸欲者，遏人欲之谓也。然用功于事为之著，不若审察于几微之初，尤易为力焉。"[①]这一大一小一明一暗两处缺漏，细致而缜密的丘濬在担任经筵讲官时就已洞悉于心，并立志续写一书以补真氏之阙；出任国子监祭酒后，随即付诸行动，利用闲暇时间，广泛搜集和查阅各种文献资料，"稽圣经，订贤传，翙取无遗；纪善行，述嘉言，搜求罔弃"[②]，终于将《大学衍义》未及阐发的"治国平天下之要"一目完整地推衍出来，并在卷首特意为真氏"诚意正心之要"增补了"审几微"一个子目。"真氏前书，本之身家以达之天下。臣为此编，则又将以致夫治平之效，以收夫格致、诚正、修齐之功，因其所余而推广之，补其略以成其全。故题其书曰《大学衍义补》云。"[③]前有真氏之《衍义》，后有丘濬之《衍义补》，三纲八目的巨大框架终于得到了完整而系统的推衍，《大学》的全体大用由此也得以全面呈现。由此可见，《大学衍义》和《大学衍义补》不啻为儒家内圣外王理论发展史上的两座高峰。

从《礼记·大学》到《大学衍义》再到《大学衍义补》，儒家的内圣外王之道经过孔子夯实基础搭建框架，再由真、丘二人为之详细推衍全面填实，前后2000多年的不懈努力，这座博大精深的理论大厦终于得以全线竣工完美收官。诚然，如此恢宏浩大的旷世工程绝非孔、真、丘三人之力可以成就，西汉经学家的载录传承，程朱理学家的发掘提炼，以及此后一大批知名与不知名的文人学者前赴后继孜孜不倦的阐释发挥，都起到了不可忽视的重要作用。因此，从根本上讲，这项了不起的系统工程，实乃

① （明）丘濬：《大学衍义补》卷首，载《丘濬集》，海南出版社2006年版，第13页。
② （明）丘濬：《进〈大学衍义补〉表》，载《丘濬集》，海南出版社2006年版，第10页。
③ （明）丘濬：《〈大学衍义补〉原序》，载《丘濬集》，海南出版社2006年版，第5页。

儒学创始人孔子及其传承者合力打造而成，是集体智慧的结晶。

三　内容概要

丘濬自小熟知《大学》，有自己的见解。在丘濬看来，《大学》在四书五经中地位特殊、意义重大，堪称儒学的根基、核心和灵魂，其他经典都是为了阐释和填实它。他说："是知儒者之书，莫切要如《大学》一书。小学由是而入德，大学本是以为教。圣人之道，帝王之道，皆不出乎是焉。是则《易》也，《书》也，《诗》也，《春秋》与《礼》也，《论》《孟》之与《中庸》也，皆所以填实乎《大学》一书。"[①] 他早年写过七首《应制》诗，其第四首云："古今治平理，《大学》一编书。万事行无弊，终身用有余。"[②] 这是青年时代的丘濬对《大学》的基本评价，也是他后来撰写《大学衍义补》的立论基础。从这个意义上说，《大学衍义补》并非丘濬十年蹴就，而是其一生的心血之作，"臣自幼殚力竭神以为此书"[③]，"竭平生之精力，始克成编"[④]；同时也是他的集大成之作，"臣之精力，尽于此书"[⑤]，"臣平生所见，不外此书"。[⑥] 该书长达150万字，足足为丘濬全部著述的一半。毫不夸张地说，这部鸿篇巨制凝聚了丘濬全部心血、全部智慧乃至全部希望。

作为真德秀《大学衍义》的续补，丘濬直接继承了真氏前书的基本框架和撰写体例。他对所著《大学衍义补》的框架结构有非常完整而清晰的概括，自言："臣不揆愚陋，窃仿德秀凡例，采辑五经、诸史、百氏之言，补其阙略，以为治国平天下之要。立为十二目：曰正朝廷，曰正百官，曰固邦本，曰制国用，曰明礼乐，曰秩祭祀，曰崇教化，曰备规制，曰慎刑宪，曰严武备，曰驭夷狄，曰成功化。又于各目之中，分为条件，凡

---

① （明）丘濬：《大学衍义补》卷77，载《丘濬集》，海南出版社2006年版，第1210页。

② （明）丘濬：《应制》，载《丘濬集》，海南出版社2006年版，第3771页。

③ （明）丘濬：《欲择〈大学衍义补〉中要务上献奏》，载《丘濬集》，海南出版社2006年版，第3967页。

④ （明）丘濬：《进〈大学衍义补〉表》，载《丘濬集》，海南出版社2006年版，第4001页。

⑤ （明）丘濬：《进〈大学衍义补〉奏》，载《丘濬集》，海南出版社2006年版，第3956页。

⑥ （明）丘濬：《欲择〈大学衍义补〉中要务上献奏》，载《丘濬集》，海南出版社2006年版，第3968页。

一百十有九，共为书一百六十卷，补前书一卷，目录三卷，总一百六十四卷，名之曰《大学衍义补》。”[①]对比真德秀《大学衍义》的纲目结构，不难看出，丘濬在这段文字中所称的“目”准确的理解应该是“子目”才对，因为《大学衍义补》的“治国平天下之要”直接对应《大学衍义》中的“格物致知之要”“诚意正心之要”“修身之要”和“齐家之要”四目。换言之，“治国平天下之要”乃是一目，而非一纲。相应地，“正朝廷”“正百官”“固邦本”“制国用”等十二项自然应当界定为“子目”而不是“目”。以此类推，丘濬在各目之中所分的“条件”，则应当对应《大学衍义》中的细目。因此，从结构上看，《大学衍义补》一书的谋篇布局清晰而简单，仅有“治国平天下”一目和“审几微”一子目。其中，“治国平天下之要”为正文，160卷，包括“正朝廷”“正百官”“固邦本”“制国用”“明礼乐”“秩祭祀”“崇教化”“备规制”“慎刑宪”“严武备”“驭夷狄”以及“成功化”十二子目，各子目之下又含若干细目，共119个细目，基本上遵循先总后分的原则对子目的内容详加阐释；“审几微”为前言，1卷，因补真氏“诚意正心之要”之阙而附于卷首，分“谨理欲之初分”“察事几之萌动”“防奸萌之渐长”与“炳治乱之几先”四个细目。加上目录3卷，全书共164卷。此外，丘濬在写作手法上也完全秉承真氏“引言＋按语”的形式，广泛征引古圣先贤经书史传之前言往事，然后结合本朝实际，附以一己之得，“审而择之，酌古准今，因时制宜，以应天下之变，以成天下之务”[②]，赢得了孝宗“考据精祥，论述该博”的高度赞赏。

谈到“审几微”与“治国平天下之要”之间的内在联系，丘濬亦有强调：“而其大要，则尤在于审察其几微之先焉。易曰：‘惟几者，故能成天下之务’，此臣妄意著书之本指也。”[③]由此可见，丘濬将“审几微”置于卷首，并非只是为真氏“诚意正心之要”补阙，更是为了将其作为统摄《大学衍义补》全书的灵魂和指归，“由是以制事，由是以用人，由

① （明）丘濬：《进〈大学衍义补〉奏》，载《丘濬集》，海南出版社2006年版，第3955页。
② （明）丘濬：《进〈大学衍义补〉奏》，载《丘濬集》，海南出版社2006年版，第3956页。
③ （明）丘濬：《进〈大学衍义补〉奏》，载《丘濬集》，海南出版社2006年版，第3956页。

是以临民，尧舜之君复见于今，泰和之治不在于古矣”。[①]因此，虽然“审几微”只有短短的一卷，但却以一敌百，成为正文一百六十卷“治国平天下之要”的指导思想，在整部书中的地位和作用非同小可。这样的结构安排也表明了丘濬对修齐治平问题的通盘考虑和全方位把握：“先其本而后末，由乎内以及外，而终归于圣神功化之极，所以兼本末，合内外，以成夫全体大用之极功也。”[②]其起点在“审几微”、重点在“治国平天下”，而终点在“成功化”。因此，该书虽名为《大学衍义》的补篇，但绝不是真氏的附庸或注脚，而是卓然独立，自成体系，后人赞之曰：“自谨几微至成功化，本末内外，罔不毕赅，可以接圣贤之传，可以赞帝王之治，实与西山真氏同为《大学》功臣。”[③]

与真德秀偏重阐发《大学》修身为本的理念不同，丘濬更加重视挖掘《大学》经世致用方面的价值。他说：“臣惟《大学》一书，儒者全体大用之学也，原于一人之心，该夫万事之理而关系乎亿兆人民之生；其本在乎身也，其则在乎家也，其功用极于天下之大也。圣人立之以为教，人君本之以为治，士子业之以为学而用以辅君。是盖六经之总要，万世之大典，二帝三王以来传心经世之遗法也。”[④]又说：“《大学》之教，既举其纲领之大，复列其条目之详，而其条目之中，又各有条理节目者焉。”[⑤]据此，他将“治国平天下之要”一目分为十二个子目，除“成功化”只有一个细目外，其余子目之下均含有六至十六个细目。这些子目和细目的形成及其先后次序的确定都须经过严格而审慎的甄别，“其序不可乱，其功不可阙。阙其一功，则少其一事；欠其一节，则不足以成其用之大；而体之为体，亦有所不全矣。”[⑥]基于这样的通盘考虑，按照董仲舒“正心以正朝廷，正朝廷以正百官，正百官以正万民，正万民以正四方”的顺序，丘濬将卷首和正文所包含的子目、细目详细勘分如下。

---

① （明）丘濬：《大学衍义补》卷首，载《丘濬集》，海南出版社2006年版，第15页。

② （明）丘濬：《〈大学衍义补〉原序》，载《丘濬集》，海南出版社2006年版，第5页。

③ （清）彭鹏：《特建丘文庄公祠碑文》，载《丘濬集》，海南出版社2006年版，第5052页。

④ （明）丘濬：《〈大学衍义补〉原序》，载《丘濬集》，海南出版社2006年版，第4页。

⑤ （明）丘濬：《〈大学衍义补〉原序》，载《丘濬集》，海南出版社2006年版，第4页。

⑥ （明）丘濬：《〈大学衍义补〉原序》，载《丘濬集》，海南出版社2006年版，第4页。

表2　　　　丘濬《大学衍义补》之目、子目与细目

目	子目	细目				卷数
诚意正心之要	审几微	谨理欲之初分	察事几之萌动	防奸萌之渐长	炳治乱之几先	1
治国平天下之要	正朝廷	总论朝廷之政	正纲纪之常	定名分之等	公赏罚之施	4
		谨号令之颁	广陈言之路			
	正百官	总论任官之道	定职官之品	颁爵禄之制	敬大臣之礼	8
		简侍从之臣	重台谏之任	清入仕之路	公诠选之法	
		严考课之法	崇推荐之道	戒滥用之失		
	固邦本	总论固本之道	蕃民之生	制民之产	重民之事	7
		宽民之力	愍民之穷	恤民之患	除民之害	
		择民之长	分民之牧	调民之瘼		
	制国用	总论理财之道	贡赋之常	经制之义	市籴之令	16
		铜楮之币	山泽之利	征榷之课	傅算之籍	
		鬻算之失	漕挽之宜	屯营之田		
	明礼乐	总论礼乐之道	礼仪之节	定律之制	王朝之礼	18
		郡国之礼	家乡之礼			
	秩祭祀	总论祭祀之礼	郊祀天地之礼	宗庙飨祀之礼	国家常祀之礼	13
		内外群祀之礼	祭告祈祷之礼	释奠先师之礼		
	崇教化	总论教化之道	设学校以立教	明道学以成教	本经术以为教	18
		一道德以同俗	躬孝悌以敦化	崇师儒以重道	谨好尚以率民	
		广教化以变俗	严旌别以示劝	举赠谥以劝忠		
	备规制	都邑之建	城池之守	宫阙之居	囿游之设	15
		冕服之章	玺节之制	舆卫之仪	历象之法	
		图籍之储	权量之谨	宝玉之器	工作之用	
		章服之辨	胥隶之役	邮传之置	道途之备	
	慎刑宪	总论刑制之义	定律令之制	制刑狱之具	明流赎之意	14
		详听断之法	议当原之辟	顺天时之令	谨详谳之议	
		伸冤抑之情	慎眚灾之赦	明复雠之义	简典狱之官	
		存钦恤之心	戒滥纵之失			
	严武备	总论威武之道	军伍之制	宫禁之卫	京辅之屯	29
		郡国之守	本兵之柄	器械之利	牧马之政	
		简阅之教	将帅之任	出师之律	战陈之法	
		察军之情	遏盗之机	赏功之格	经武之要	

续表

目	子目	细目				卷数
治国平天下之要	驭夷狄	内夏外夷之限	慎德怀远之道	译言宾待之礼	征讨绥和之义	14
		修攘制御之策	守边固圉之略	列屯遣戍之制	四方夷落之情	
		劫诱穷黩之失				
	成功化	圣功神化之极				4
总计	13	123				161[①]

明代是我国封建社会的后期。随着明初统治者废丞相、置内阁、设厂卫等系列举措的实施，解除了相权的牵制，皇权得到前所未有的巩固和加强，君主专制中央集权的治理模式发展到秦汉以来的极限，臣与民完全沦为君的家奴。绝对权力导致绝对腐败，此时帝王的奢靡腐化与荒政怠政也达到了历史以来的最高峰，所谓的君已经堕落为“天下之大害”，是导致群小乱政、民生凋敝、社会动荡和国运衰颓的根本原因。丘濬对君主制的认识显然达不到黄宗羲的高度和深度，事实上，他不仅未能认识到君主制的危害，反而对君主抱有莫大的幻想，并把国家的长治久安、社会的稳定和谐以及人民的幸福安乐统统寄托在一个圣明天子的身上。当然，作为杰出的思想家，丘濬在明王朝的鼎盛时期已经敏锐地洞察到帝国面临的内忧外患和深层危机，同时也清晰到认识到商品经济对提高人民生活水平和增加国家财政收入等方面的重要性。因此，可以说，丘濬身上兼具保守和先进两种特质，而正是这两种特质的奇特组合促成了《大学衍义补》的横空出世。

从字面上看，《大学衍义补》中作者的立场似乎是摇摆的、矛盾的，一方面他坚持儒家的民本思想，希望君能够真正履行自己的职责为民服务。他说：“‘民为邦本，本固邦宁’之言，万世人君所当书于座隅，以铭心刻骨者也”[②]；又说：“所谓‘君以民存，亦以民亡’此二言者，为人

① 《大学衍义补》全书共164卷，除卷首1卷和正文160外，另有目录3卷。

② （明）丘濬：《大学衍义补》卷13，载《丘濬集》，海南出版社2006年版，第248页。

上者，宜常书于座右，以为朝夕之儆，以必丹书之戒焉。”[①]从这一个角度看，丘濬是主张“民贵君轻”的，提倡民为君之本，民是目的，而君是手段。但是，另一方面，他又不断强化并无限抬高君主的地位和作用，认为天下之大，其本在君，将天下臣民的生死存亡全部系于君主一人身上。这样一来，君又反过来成了民之本，一变而为目的，而民则沦落为手段。整部《大学衍义补》都反映出作者在“君本”和“民本”之间左右摇摆，飘忽不定。但是，对于君与民到底孰轻孰重的问题，丘濬心里其实是有答案的：当然是民，且只能是民！首先，翻遍全书，从“审几微”到“正朝廷”再到“成功化”，除了反复声称君的至尊之位外，几乎时时处处都在约束和规范君的思想和行为，明确其义务和责任；其次，书中充盈着浓厚的民本气息，更有“固邦本”一节，突出地放在“正朝廷”和“正百官”之后，并一口气罗列了“蕃民之生”“制民之产”“重民之事”“宽民之力”“愍民之穷”“恤民之患”“除民之害”“择民之长”“分民之牧”以及“调民之瘼”等十项具体措施要求君予以贯彻落实。由此可见，“君轻民贵”才是丘濬内心的真实主张。此外，丘濬以“固邦本”一词取代了董仲舒所提出的“正万民”一词，这个看似不经意的变更，本身也是其民本思想的重要体现。不言而喻，在当时特定的政治背景下，明目张胆地宣扬民贵君轻的思想，风险巨大，后果不堪设想。[②]为了让皇帝接受自己的观点，真正以百姓的利益为重，丘濬小心而谨慎地在“君本”和“民本”之间寻求平衡，将“尊君”与“重民”糅为一体，表面上提倡君本，强调君主在人间秩序中的至尊地位，但同时又抬出“天”来约束君，强调君主只有遵从天道，勤政爱民，才能永保君位，“人君居圣人大宝之位，当体天地生生之大德，以育天地所生之人民，使之得所生聚，然后有以保守其莫大之位焉”。[③]如

---

① （明）丘濬：《大学衍义补》卷81，载《丘濬集》，海南出版社2006年版，第1264页。

② “民贵君轻”的观点首倡于先秦时期的孟子，其原文为“民为贵，社稷次之，君为轻”（《孟子·尽心下》），但这一观点在秦以后随着君主专制的加强，已无人敢公开倡导；到了明代，太祖朱元璋更是对此言论极端憎恶，不仅下令将孟子逐出孔庙，剥夺其配享资格，而且还做出了强制删书的暴行，命翰林院学士对《孟子》一书进行删节，剔除了85条所谓的“非臣子言”（约占全书内容的三分之一），并严禁科举考试以被删除的条文命题。

③ （明）丘濬：《大学衍义补》卷1，载《丘濬集》，海南出版社2006年版，第40页。

此安排，可见丘濬的良苦用心。

总之，《大学衍义补》是丘濬为了实现自己经世济民的远大抱负而苦心孤诣撰写的一部伟大著作。作者秉承传统儒家的民本思想，站在封建君主的立场上，教导君主如何谨理欲、审几微，如何理朝政、任贤能，如何固邦本、制国用，如何发挥德、礼、政、刑的治国功能，以及如何加强军队和国防建设，防止内乱与外患，最后实现治国平天下的终极理想。全书结构严谨，逻辑严密，考据精祥，论证有力，成功地获得了明孝宗及后世帝王的一致认可，成为中明至晚清历代帝王治国理政的圣经宝典，也是天下臣子和读书人必读书籍之一。早在成书之时，孝宗皇帝便下令官费刊行；此后又有多次刊刻历史，万历皇帝还亲自为之作序，称该书“揭治国平天下新民之要，而后体用具备，成真氏之完书，为孔、曾之羽翼，有功于《大学》不浅”。[①]清乾隆四十六年（1781），《大学衍义补》得以全文录入《四库全书》，其理由是“濬学本淹通，又习知旧典，故所条列，元元本本，贯串古今，亦复具有根柢”。[②]由此观之，诚如朱鸿林先生所指出的那样，“我们可以有根据地说，明代同样部头的非文学性书刊中，以此书流传最广和刊行最频”。[③]

四　历史地位

如前所述，真德秀的《大学衍义》与丘濬的《大学衍义补》同为《大学》的衍生品，且朱熹之后八百年间，为《大学》填实框架的作品多如牛毛浩如烟海，但也只有真、丘二人的著作相得益彰，能够相提并论，备受推崇，“修己治人之道莫备于《大学》，西山《衍义》、琼山《衍义补》则旁通而曲畅之者也”。[④]真氏《衍义》重点推衍儒家的内圣学，是理论型的

① （明）丘濬：《〈大学衍义补〉原序》，载《丘濬集》，海南出版社2006年版，第3页。

② （清）永瑢、纪昀等：《钦定四库全书总目》卷93，载《文渊阁四库全书》（第三册），台湾商务印书馆1982年版，第52页。

③ 朱鸿林：《丘濬〈大学衍义补〉及其在十六七世纪的影响》，载朱鸿林《中国近世儒学实质的思辨与习学》，北京大学出版社2008年版，第169页。

④ （清）陆世仪：《思辨录辑要》卷4，海南出版社2006年版，第40页。

经世之作；丘濬《衍义补》则主要阐发其外王学，为实践型的经世之作。两书一体，严丝合缝，儒家内圣外王的理论大厦得以全面落成。因此，二者各有千秋，并驾齐驱，实为《大学》的两翼。且《大学衍义》并不专衍内圣之学，也有“齐家之要”以拓展外王之功用；《大学衍义补》也不独阐外王之学，亦有“审几微”以弥补内圣之不足。从这个意义上讲，两书均可称得上是体用兼备，独立成篇。然而，无论是思想境界、学术价值还是对后世的影响，丘濬的《大学衍义补》显然都更胜一筹。

首先，《大学衍义补》的思想境界远在《大学衍义》之上。从思想渊源上讲，真德秀和丘濬都直接承继程朱理学一脉，但真氏更加重视人君的内在修养，其思维局限于内圣和理论层面，只重点阐发了儒学之道、理、体、本、知的一面，而于对应的器、事、用、末、行的一面则语焉不详或点到即止；而丘濬既以内圣理论为根基，又冲破了性理之学的藩篱，更加强调人君的外在作为以及君臣上下的合作共事，将儒家外王事功和制度建设的方方面面完整而充分地开拓出来，真正做到了“合内外、兼本末”，也真正契合了《大学》作为全体大用之学的本质和主旨。从著书目的来看，真德秀撰写《大学衍义》旨在格君心之非、清出治之源，给宋理宗作道德提升，是纯粹的帝王之学，指导历代皇帝和储君修身养性尚可，很难进一步推广开去。丘濬虽然也强调格君心之非和清出治之源，但他的胸襟更博大，视野更开阔，更有大局观念和全局意识，因为他心里不仅装着皇帝一人，更牵挂着天下苍生，“人君一人身居天下之中，一身至小也，天下至大也”。[①]因此，其著书旨趣和胸怀境界皆在真德秀之上。简言之，《大学衍义》不过是忠直之臣讲给君王一人的“悄悄话”，只求引起皇帝个人的重视，从而启沃上心；《大学衍义补》则是丘濬在家国情怀的驱使下，给皇帝、众臣以及所有胸怀天下的有识之士发出的一封“公开信”，其目的不仅在于启沃上心，向明孝宗敬献为治之策，更重要的还在于全面调动人心，号召君臣一心，上下合力，保证整个国家机器的正常运转，使中央和地方各级政府的功能和作用得以全面发挥，最终达到圣神功化之极。

---

① （明）丘濬：《大学衍义补》卷首，载《丘濬集》，海南出版社2006年版，第18页。

其次，《大学衍义补》的学术价值亦在《大学衍义》之上。真德秀开创的衍义体不仅为丘濬所接受和继承，也深刻影响了元明清三代的经典诠释风格，但这主要是一种研究方法上的创新，属于“术”的范畴；而丘濬则引领并开启了中明至清初声势浩大的实学风潮，成为该学派当之无愧的开山鼻祖，这是价值追求上的创新，属于“学”的范畴。用古人的观点来评判，理所当然是学高于术。真、丘二人在学术造诣上的差异与悬殊自不待言，然究其成因，主要源于各自对待儒学的态度。传统儒学自先秦到宋明，经历了原始儒学和宋明新儒学两个阶段（或两个时期），前者以孔孟思想为主导，是儒学的源起，后者以程朱理学和陆王心学为代表，是儒学的流变。而中国的学术思想早在先秦发源时期就臻于成熟，秦以后始终停滞不前，“中国文化在其绵长之寿命中，后一大段（后两千余年）殆不复有何改变与进步”。[①] 因此，尽管宋明新儒学是传统儒学发展的第二期，且对先秦儒学多有阐发，但总体上并未超越前圣的思想框架，反而有所倒退，甚至开始走向反动。从表面上看，真德秀和丘濬都深受朱熹影响，对他推崇备至，但真氏视域偏狭，只见树木，不见森林，不过是“依门傍户，不敢自出一头地，盖墨守之而已”[②]，而丘濬则始终保持清醒的头脑，坚持“审而择之”的原则。《大学衍义补》摘引古圣先贤之言以朱熹为最多，达546处，几乎是孔孟之和的两倍，足见丘濬对朱子之学的服膺，但他并不迷信和盲从，显示出难能可贵的科学精神。尤其是对朱熹理学的核心思想，也就是“存天理、灭人欲”这样的极端道德观，丘濬显得格外审慎，书中不仅没有大力宣扬这种思想，甚至很少直接使用“存天理、灭人欲”字样；[③]

---

① 梁漱溟：《中国文化要义》，世纪出版集团、上海人民出版社2011年版，第9页。

②（清）黄宗羲、全祖望：《西山真氏学案》，载黄宗羲、全祖望《宋元学案》，中华书局1982年版，第2696页。

③ 朱熹认为：“圣人千言万语只是教人‘存天理、灭人欲’”，鼓吹“学者须是革尽人欲，复尽天理，方始为学”（《朱子语类》卷四）；而对于何为“天理”“人欲”的问题，朱熹留下了如下对话：“问：‘饮食之间，孰为天理，孰为人欲？’曰：‘饮食者，天理也；要求美味，人欲也。’”（《朱子语类》卷十三）由此可见，“存天理、灭人欲”是朱熹思想的核心和精髓，且这一思想主要是用来规范和约束普通人的行为，并非专门针对帝王或统治者。丘濬对这样的极端思想显然是有所保留的，据笔者统计，《大学衍义补》中直接使用“存天理”三字的地方仅有两处，而“灭人欲”三字则从头到尾都未曾出现过。

且朱熹“存天理、灭人欲”的制约对象主要是民，丘濬则反其道而行之，主要用以规制君的思想和行为。不仅如此，丘濬还对老百姓生存发展的正当欲求给予无限同情和大力支持，全面继承并阐发了原始儒学的民本思想，提出了颇具特色的经济思想，至今仍然闪耀着智慧与真理的光辉。从这个意义上讲，丘濬真正的思想渊源其实并不在程朱，而是直接与孔孟的精神相对接，这就是《大学衍义补》在学术价值层面高于《大学衍义》的根本原因。

最后，《大学衍义补》对后世的影响也更加深远。《大学衍义》与《大学衍义补》虽然都是体用兼备之作，但各有侧重。真氏之书主于理，旨在达于圣听，其影响主要限于宫墙之内，经筵之上；而丘濬之书主于事，是针对明王朝的诸多弊端开出的一整套综合治理方案，有利于推动封建王朝的各项制度建设、促进中央和地方各级政府行政职能的全面履行，保证国家机器的正常运转，堪称明体适用之学在文字上的最高成就。因此，从理论上讲，丘濬《大学衍义补》在经世致用方面的作用应当远在真德秀《大学衍义》之上，“谋国者凡有大典礼、大征伐、大兴作，辄取是书斟酌焉”。[①] 事实也是如此，该书问世后，在明清两代备受推崇，仅官方就留下了十多个刊刻版本，“官费刊行此书的目的，便是将它送给府县学校以备学子研读之用”[②]，为国家培养更多的经世致用之才。据唐枢[③]《国琛集》记载，丘濬的书，无论是《大学衍义补》《世史正纲》，还是《朱子学的》《家礼仪节》等，在当时社会都非常畅销，甚至一度出现“天下人诵其文，家有其书”的盛况。一些不法的投机书商也看到了“丘濬”这个名字背后蕴含的商业价值，为了扩大销量，谋取暴利，冒用丘濬之名刊发伪书者，亦大有人在。明清时期还出现了很多《大学衍义补》的

① 朱鸿林：《丘濬〈大学衍义补〉及其在十六七世纪的影响》，载朱鸿林《中国近世儒学实质的思辨与习学》，北京大学出版社2008年版，第174页。

② 朱鸿林：《丘濬〈大学衍义补〉及其在十六七世纪的影响》，载朱鸿林《中国近世儒学实质的思辨与习学》，北京大学出版社2008年版，第168页。

③ 唐枢（1497—1574），字惟中，号子一，人称一庵先生，归安（今浙江湖州）人，明代著名的教育家、思想家，嘉靖五年（1526）进士，授刑部主事，后因直言上谏触怒世宗而被削职为民，回老家著书讲学直到去世，代表作有《木钟台集》《国琛集》等。

节本，如《大学衍义补会要》《大学衍义补节略》《大学衍义补要》《大学衍义补纂要》《大学衍义补摘萃》《大学衍义补英华》《大学衍义补删》《大学衍义补辑要》，等等。[①]这些节本的出现一方面是为了方便读者阅读，另一方面也大量用于科举考生应试备考。尤其值得一提的是，《大学衍义补》在明清时期的思想和学术界产生过巨大影响，仰慕者、模仿者、研究者甚至批评者、诋毁者不乏其人，从者如流。明末陈仁锡[②]曾经感慨："数年以来，诵《衍义补》有之矣，未有读西山先生书而好之者。"[③]该书的吸引力和影响力由此可见一斑。无论是赞誉还是批评，褒奖还是诋毁，都表明人们对《大学衍义补》的关注和重视，这种浓厚的研究风气直接影响了中明以后学术思潮的转变。丘濬去世后，实学流派异军突起，经世作品大量出现，这些都离不开丘濬《大学衍义补》的开启之功。

---

① 参见朱鸿林《丘濬〈大学衍义补〉及其在十六七世纪的影响》，载朱鸿林《中国近世儒学实质的思辨与习学》，北京大学出版社2008年版，第169—172页。

② 陈仁锡（1581—1636），字明卿，号芝台，江苏长洲（今江苏苏州）人，天启二年（1622）进士，授翰林编修，因得罪宦官魏忠贤而被罢职；崇祯初年复官，官至国子监祭酒。陈仁锡性好学，喜著述，主张经世济民，代表作有《四书备考》《经济八编类纂》《重订古周礼》《陈太史无梦园初集》等。

③ （宋）真德秀：《大学衍义》，华东师范大学出版社2010年版，第770页。

第三章　丘濬法思想的内在理路与基本框架

自孔子以来，传统儒家就以“大同”“小康”作为自己的奋斗目标。《礼记·礼运》记载了孔子对“大同”“小康”的描述：尧舜时期，大道通行，天下为公，最高统治者不谋私利一心为民，在他们的表率作用下，人们不独亲其亲，不独子其子，社会秩序和谐安宁，老有所终，壮有所用，幼有所长，矜寡孤独废疾者皆有所养。更加难能可贵的是，尧和舜在卸任前还厉行禅让制，将天下交给真正有德行、能够为百姓谋福利的人，而不是自己的儿子，尧传给舜，舜传给禹，这是中国历史上最令人向往的大同治世，也就是丘濬在《大学衍义补》中反复强调的“唐虞雍熙泰和之治”，传统儒家将其奉为最高的社会理想。禹以后，禅让制终结，世袭制盛行。于是，大道既隐，天下为家，各亲其亲，各子其子。而就在这种“家天下”的格局之下，夏禹、商汤、周文王、周武王等三代的开国之君通过礼义纲纪以正君臣，以笃父子，以睦兄弟，以和夫妇，依然开创了小康盛景，这是儒家退而求其次的理想社会模式[①]。此后，“大同”“小康”不仅成为传统儒家梦寐以求的治国蓝图，也被视为整个中华民族一致认可和共同追求的伟大愿景，是最古老的中国梦，绵延数千年，承载着古往今来无数中华儿女感天动地的家国情怀和魂牵梦萦的美好憧憬，当前我辈正努力实现的“全面小康”奋斗目标即源于此。

在解读丘濬的过程中，笔者一直在思考和琢磨：丘濬的修养如此深

---

① 参见龙汉宸等编著《礼记》，燕山出版社1995年版，第109—110页。

厚夯实，学问如此博大精深，除了他个人超凡脱俗的天资和终身不懈的努力外，一定还有更重要的因素在发挥作用。正是有了这一因素的激励和鞭策，丘濬的先天优势与后天努力才得以如此完美地结合，使他在遭受两次科场失利、数十年官场失意、至亲至爱的人接连离世以及疾病缠身晚景凄凉等一系列人生的大不幸之后，依然屹立不倒，顽强不屈，以致终生手不释卷、笔不辍耕，在学术的巅峰上几十年如一日孜孜不倦地求索、攀登。那么，这个关键性的因素到底是什么呢？写到这里，终于有了答案，那就是丘濬内心那份执着的信念、抱负和追求，是他从小就立下的治国平天下的宏愿！正是由于心中装着天下苍生，矢志不渝地追求自己心中的理想社会，丘濬才以惊人的毅力克服了常人难以克服的重重困难，最终磨砺成冠绝一代的大学问家。他说："天下之大，由乎一人之积，人人各得其分，人人各遂其愿，而天下平矣。"①社会是由一个个鲜活独立有欲有求的个体生命所组成，每个人都有生存和发展的主观愿望和客观需求，肩负养民责任的君主有义务为每一个人免于饥寒之忧而提供必要的条件，只有满足每一个人的基本生存愿望，保障每一个人得到其应有之分，才能实现平治天下的理想，这是《大学衍义补》全书的总纲领和总目标，也是丘濬全部思想的出发点和落脚点。

如此高远的奋斗目标，非唐尧虞舜开创的大同盛世不足以与之相提并论。这一点，在《大学衍义补》中也得到了印证：全书只谈大同、唐虞之世、唐虞雍熙泰和之治、泰和盛治、泰和之治，而绝口不提小康；相应地，丘濬虽然也常常将唐虞与三代并称，但他更加推崇尧舜二帝，强调"自古称帝王之盛者，必曰尧舜"，②又说"后世言治者，必曰'法尧舜'"。③由此可见，丘濬弃小康而取大同，他一心向往和追求的理想社会

① （明）丘濬：《大学衍义补》卷20，载《丘濬集》，海南出版社2006年版，第394—395页。

② （明）丘濬：《大学衍义补》卷158，载《丘濬集》，海南出版社2006年版，第2485—2486页。

③ （明）丘濬：《大学衍义补》卷160，载《丘濬集》，海南出版社2006年版，第2510页。

就是尧舜所开创的雍熙泰和之治，而非夏商周三代在家天下格局之下建立起来的小康社会。丘濬坚信，只有在天下为公的唐虞之世或者像尧舜那样治国理政，才能真正实现自己孜孜以求的“人人各得其分，人人各遂其愿”的理想。胸怀这样的信念，任何个人的不幸遭际和不公平待遇对丘濬而言都不再是迈不过去的坎，反而使他愈挫愈勇，更加坚定自己的目标和志向，更加执着地追求天下大治的梦想。他在《进〈大学衍义补〉表》中也特别表达了他写作该书的真正动机：“是盖一念区区报国之忠，抑亦平生孜孜为学之志。”[①]正是因为有了如此强大的内在驱动力，才促使丘濬不断扬鞭自奋，在极其艰难的条件下，倾尽十年之功，完成了《大学衍义补》的创作。与此同时，他在现实世界中难以实现的经世济国理想也通过这部作品清晰而完整地呈现出来，多少了却了自己一生的夙愿。

第一节　丘濬法思想的内在理路

《大学衍义补》专论“治国平天下之要”，是我国历史上第一部系统研究如何治国平天下问题的专著。丘濬以唐尧虞舜开创的大同社会为蓝图来建构自己的思想体系，将儒学经典《大学》奉为“二帝三王以来传心经世之遗法”，然后加以推衍、扩充，最终演绎出这部卷帙浩繁影响深远的鸿篇大作。顺便解释一下，“二帝”即指唐尧和虞舜，“三王”则是夏、商、周三代的开国君主夏禹、商汤以及姬昌、姬发父子[②]。“二帝三王”是我国古代公认的“圣王”，他们因得民心而得天下，由内圣而外王，并实际缔造了“大同”“小康”的理想社会，是传统儒家理想人格的最高典范。丘濬希望后世帝王以他们为榜样，学习并推行他们的治国之道，“修己以

---

① （明）丘濬：《进〈大学衍义补〉表》，载《丘濬集》，海南出版社2006年版，第9页。

② 姬昌和姬发父子因共同建立周朝而被视为一体，算作一“王”。

安百姓，继照以临四方”[①]，最终达到圣神功化之极，也就是人人得偿所愿的雍熙泰和之治。

一　以“君”代“圣”：煞费苦心的有意为之

《大学衍义补》第一卷开篇即引《周易·系辞下》中的三句话：“天地之大德曰生，圣人之大宝曰位。何以守位？曰仁。何以聚人？曰财。理财正辞、禁民为非曰义。”紧接着，又分别摘引了朱熹、郭雍、苏辙、吴澂四儒对引文的理解与阐释；最后，丘濬用长长的一段按语做了总结。他说：

> 人君所居之位，极崇高而至贵重，天下臣民莫不尊戴，譬则至大之宝也。人君居圣人大宝之位，当体天地生生之大德，以育天地所生之人民，使之得所生聚，然后有以保守其莫大之位焉。然人之所以生，必有所以养，而后可以聚之。又在乎生天下之财，使百物足以给其用，有以为聚居衣食之资，而无离散失所之患，则吾大宝之位，可以长保而有之矣。然有财而不能理，则民亦不得而有之，所谓理财者，制其田里，教之树畜，各有其有而不相侵夺，各用其用而无有亏欠，则财得其理而聚矣。所谓正辞者，辨其名实，明其等级，是是非非而有所分别，上上下下而无有混淆，则辞得其顺而正矣。既理财正辞，而民有趋于利而背于义者，又必宪法令、致刑罚以禁之，使其于财也，彼此有无之间，不得以非义相侵夺；其于辞也，名号称谓之际，不得以非义相紊乱；与凡贵贱、长幼、多寡、取予之类，莫不各得其宜焉，是则所谓义也。吁！圣人体天地生生之仁，尽教养斯民之义，孰有加于此哉！先儒谓《易》之事业尽于此三言者，臣愚以为人君受天地之命，居君师之位，所以体天地而施仁立义以守其位者，诚不外乎此三者而已。谨载大《易》此言于

① （明）丘濬：《大学衍义补》卷158，载《丘濬集》，海南出版社2006年版，第2473页。

总论朝廷之政之首，以为大宝之献。[①]

这是《大学衍义补》正文的开场白，也是丘濬格君心之非的总纲要，起着统领全书的关键作用。认真比对后，笔者发现，引文中的三句话仅涉及天、圣、民三大主体，其内容关乎圣人如何以德配天，履行天赋的养民、教民和治民之责，根本就没有提到君。这是典型的“由圣而王”的思维，完全契合古人“非圣人莫之能王”的观点。朱熹等人的阐释也都以圣人为中心展开，表明他们忠实地秉承“圣者为王”的古训。令人疑惑的是，丘濬的按语却没有沿着这样的思路，顺理成章地得出“非圣人不王”的结论，而是出其不意，声东击西，将开篇启动的圣人话题戛然掐断，径自将话锋切换到人君身上。按语虽然也提到了圣人，但与人君相比，已经退居幕后，不再是舞台的焦点；且丘濬的真正目的亦不在于称颂圣人的美德，而是教导已经登上大宝之位的君主如何以圣人为榜样，上体天德，下育万民，从而永保君位。

乍一看，丘濬的逻辑似乎有些错乱，他对经文的诠释可谓牛头不对马嘴，完全是自说自话，与原文严重不符。这是怎么回事呢？难道他一开始提笔就思维混乱稀里糊涂了？或者因疏忽大意而颠三倒四了？不可能！丘濬的缜密与严谨自是有口皆碑，不容置疑，他这样做的合理解释只有一个，那就是：有意为之。《大学衍义补》专论“治国平天下之要”，丘濬引经据典、寻章摘句，都是为了让他山之石更好地为己所用，是典型的“六经注我”，而不是“我注六经”。因此，以“君”代“圣”，并非他思虑不周犯下的无心之失，而是经过深思熟虑后做出的慎重抉择，是煞费苦心的有意为之，其目的就是为了将现实的君主从幕后请上前台，置于舞台的正中央，让他挑起整个国家的大梁，承担起天下的重任，而《大学衍义补》一书也正是以君主为核心，以儒家内圣外王的理想为指导，来构建作者心中完整的法思想体系。

---

① （明）丘濬：《大学衍义补》卷1，载《丘濬集》，海南出版社2006年版，第40—41页。

二　由“王”而“圣”：立足现实的合理选择

自孔子以来，为了恢复二帝三王的理想社会秩序，传统儒家始终抱有坚定而强烈的崇圣情结，认为只有圣人才是尽伦尽制尽善尽美的完人，也只有圣人才配受天命，代天理民；因此，国家的最高权力应当且只能交给圣人来掌控，以圣人为王来治理社会，才能确保国泰民安天下大治，这就是儒家心心念念孜孜以求的内圣外王之道。然而，理想越丰满，现实越骨感。通观中国历史，自夏至清，德位兼备的圣王从来没有真正出现过，有德者无位或者有位者无德的状况，比比皆是。德与位不符、名与实不称，俨然成为古代政治的常态，甚至夏商周三代的开国之君也未必完全符合圣王的标准。周公、孔子堪称圣人，但却有其德而无其位。相形之下，周公出身贵胄，位高权重，尚有机会辅弼成、康，成就大业；而孔子乃一介布衣，与最高权力绝缘，大半生颠沛流离，栖栖遑遑，无奈处处碰壁，遗憾收场。面对这样的现实，古人也不禁感慨：“有德有位圣人之事，惟尧、舜足以当之。”①数千年的王朝政治始终在一治一乱的漩涡中恶性循环，没有任何进步。②

可以说，孔子之后的两千多年里，有志于家国天下的儒者士大夫无一不在理想与现实、希望与绝望中煎熬。丘濬亦不例外。他从小在祖父的教导下立下宏图大志，期待长大后匡时救世，辅弼圣君明主，成就丰功伟业。为了实现这一宏愿，他勤学苦读，孜孜不倦，一往无前。生活的艰辛、科考的挫败、亲人的故去，都不足以消磨他的意志，阻碍他前进的脚步。经过多年的努力，终于在三十四岁那年荣登大榜，入选翰林院，位列十八庶吉士之首。明代官场奉行“非进士不入翰林，非翰林不

---

① （明）丘濬：《大学衍义补》卷160，载《丘濬集》，海南出版社2006年版，第2503—2504页。

② 事实上，早在春秋战国时期，人们就已经总结出中国社会一治一乱的历史规律。《六韬·文韬·盈虚》开篇即假文王与太公之口探讨这一重大问题，问：“天下熙熙，一盈一虚，一治一乱。所以然者，何也？”《孟子·滕文公下》则断言：“天下之生久矣，一治一乱。”晚唐诗人杜牧也曾在《阿房宫赋》中指出这一恶性循环，并喟然叹曰：“秦人不暇自哀而后人哀之，后人哀之而不鉴之，亦使后人而复哀后人也。”

入内阁”的潜规则，庶吉士被视为“储相”，也就是未来的宰相。在年轻的丘濬看来，“达而为良相”的夙愿似乎唾手可及。然而，现实远没有他期望的那么美好。在此后三十多年的漫长仕途中，丘濬长期屈居下僚，游离在权力中枢之外，壮志难酬，大好的青春年华和非凡的聪明才智被迫消耗于笔墨文字之间，“可怜岁岁忙中过，年少功名异所期”①，“残年故智余无几，图报无能只自伤”。②就这样苦撑苦熬，终于在七十一岁那年入阁拜相，参知政事。然而此时的他，早已年迈体衰，疾病缠身，“御笔亲升三学士，宠光滥及一衰翁。……除书未捧先垂泪，可惜虚闲半世中”。③不过，与明朝历史上不幸卷入政治纷争而惨遭杀戮的众多落难精英相比，丘濬的人生似乎还不算最坏，四十多年的仕途相对平顺；更为幸运的是，他虽然衰暮登庸，但毕竟实现了自己的宏愿，以老迈之躯拉开了弘治中兴的序幕。

然而，岁月无情，时不我待。在漫长的期盼与等待中，丘濬的心境也在发生微妙的变化。“大半交游登鬼录，一生功业付空谈”④，他对自己能否熬到圣君降世以及能否获得机会辅助圣君已经心生怀疑，不再像从前那样信心满满，志在必得。常言道，临渊羡鱼不如退而结网，与其毫无希望地坐等圣王从天而降，不如积极付诸行动，用古圣先王的治国之道引导现世君主，将其培养成尧舜那样的圣王，从而实现天下大治的理想。主意既定，丘濬终于在临近花甲之际，毅然决然地抛弃了不切实际的妄念，潜下心来撰写《大学衍义补》，系统阐发“治国平天下之要”。在书中，他一改经典和先儒们的思维套路，以现实政治为依托，开门见山地将“人君”（而不是“圣人”）确定为全书的核心主体，并陈述了以下理由：

---

① （明）丘濬：《岁丙申六月伏中雨中待朝偶成》，载《丘濬集》，海南出版社2006年版，第3905页。

② （明）丘濬：《冬夜掖门待漏口占》，载《丘濬集》，海南出版社2006年版，第3923页。

③ （明）丘濬：《甲寅进秩偶书》，载《丘濬集》，海南出版社2006年版，第3928页。

④ （明）丘濬：《岁暮偶书》，载《丘濬集》，海南出版社2006年版，第3908页。

第一，人皆可以为尧舜，君与圣同类，自然也有望通过修德而成圣。丘濬指出："孟子有言，人皆可以为尧、舜，矧受上天之付托而为万民之父母者乎！既有其位，何患无德？"[①]又说："夫尧、舜与人同耳，有为者亦若是，况承帝王之统，居帝王之位者乎！"[②]这是由王而圣的立论依据，也是丘濬致力于改造现实君王的内在动因。

第二，天下虽为天下人所共有，但治天下则非君莫属。丘濬强调说："盖天下，人人所有者也。人人有之而不能自立，必待帝王者出，下布五行，上协五纪，端五事于上，而威仪言辞皆可以为民之标表，修八政于下，而法度政事皆可以为民之准的，则民所有之极于是乎建矣。"[③]由此可见，"天理人伦，原于帝降之衷，具于秉彝之性，人人所有也，而不能以皆中正，必待人君之立为标准，俾天下之人皆于是乎取则"。[④]不难看出，丘濬虽然主张天下为公，也向往大同盛世，但他并不认为人人都有资格和能力来治理天下，唯有"居圣人大宝之位"的帝王足以当之。

第三，生逢其时，大有可为。丘濬认为，大明自洪武立国，已有一百多年，江山稳固，国运亨通，正是时君们大有作为之时，"今承六圣[⑤]太平之治百有余年于兹，所谓圣人在天子之位而制礼作乐者，兹其时欤？"[⑥]为了打消君的疑虑，丘濬还刻意修正了古人"非圣人不王"的观点，指出"创物之始，非圣人不能；成物之终，虽明哲之士，亦可能

---

① （明）丘濬：《大学衍义补》卷160，载《丘濬集》，海南出版社2006年版，第2504页。

② （明）丘濬：《大学衍义补》卷160，载《丘濬集》，海南出版社2006年版，第2507页。

③ （明）丘濬：《大学衍义补》卷158，载《丘濬集》，海南出版社2006年版，第2475—2476页。

④ （明）丘濬：《大学衍义补》卷158，载《丘濬集》，海南出版社2006年版，第2477页。

⑤ 丘濬撰写《大学衍义补》时正值明宪宗朱见深执政期间，这里所讲的"六圣"是指宪宗之上的六位君主，分别是：太祖朱元璋、惠宗朱允炆、成祖朱棣、仁宗朱高炽、宣宗朱瞻基和英宗朱祁镇。代宗朱祁钰的情况非常特殊，他因乙巳之变而被拥立，又因夺门之变而被废除，其废与立皆与英宗（宪宗之父）息息相关，个中情由不仅异常复杂，而且相当敏感，丘濬明智地选择了回避。

⑥ （明）丘濬：《大学衍义补》卷37，载《丘濬集》，海南出版社2006年版，第634页。

也”。[1]因此，德位相称的要求仅适用于创始之君，继任之君可不受此限。他语重心长地教导后世君主，要切实把握治国平天下的良机，勇担大任，当仁不让，以免像汉文帝那样留下难以弥补的千古遗憾，他说：“为治之道，其最大者在礼乐。故必有德有位之圣人，然后足以当制作之任。虽然，此言创始者耳。若夫承天践祚之君，膺天命之重，居五位之尊，必须因前人之故典，而开一代之新规，选用贤能，发挥盛制，不可如汉文之谦让未遑，而安陋就简以贻后时之悔。”[2]

从“圣人中心论”到“人君中心论”，看似不经意的一个概念切换，背后却潜藏着包括丘濬在内的儒家知识分子曲折而酸楚的心路历程，同时也暴露出传统儒家内圣外王理论与君主专制现实之间不可调和的矛盾与冲突。“由圣而王”的理想至高至远，“先圣后王”的步骤在理论上也无懈可击，但却与现实政治背道而驰，难有交集。为了改变现状，只能另辟蹊径，将在其位无其德的“君”作为理想与现实之间的连接点，然后以君为中心，推衍出一套“由王而圣”“先王后圣”的新思路、新模式，这就是后人所概括的“王圣”。

值得一提的是，“王圣”理论既非丘濬所独创，亦非丘濬所首倡。先秦时期，荀子率先提出了这一设想。他认为圣王的时代已经结束，不复存在，“圣王已没，天下无圣”。(《荀子·正论》）因此，“欲观圣王之迹，则于其粲然者矣，后王是也。彼后王者，天下之君也。”(《荀子·非相》）西汉中期，董仲舒进一步完善了这一设想，主张先以“王”定“圣”，再以“圣”固“王”，即在肯定统治者先天是圣人的前提下，劝诫统治者进行自我修养，真正成为圣人，以此巩固自己的王者地位。[3]经过他的阐发，“王圣”理论基本臻于成熟。但是，“王圣”毕竟是“圣王”的异化，并非儒学的正统与主流；因此，尽管历史悠久，却长期处于边缘化状态，少人问津。丘濬出于现实政治的需要，继承了这一成果，并将其发扬光

---

① （明）丘濬：《大学衍义补》卷36，载《丘濬集》，海南出版社2006年版，第618页。

② （明）丘濬：《大学衍义补》卷37，载《丘濬集》，海南出版社2006年版，第630页。

③ 参见程潮《儒家内圣外王之道通论》，湖南人民出版社2005年版，第31页。

大，不仅体现了他一贯的务实风格，也是当时特定历史条件下唯一可行的合理选择。

三 由“内”而“外”：超凡入圣的必由路径

从理论上讲，“由王而圣”不过是“王”与“圣”在形式上的简单组合，但这一组合显然既勉强又脆弱，根本经不起时间和实践的考验。现实政治中，有“圣”之名而无“圣”之实的状况普遍存在，且绝大多数君主都满足并沉湎于这种表面上的虚荣，不仅不思进取，反而恬不知耻地以“圣王”自居。丘濬对这种沽名钓誉自欺欺人的愚蠢做派嗤之以鼻，他毫不客气地批评道：“尧舜之治，至于黎民时雍，万邦咸宁，而其心犹以为病。后世人主，宫闱之中且有怨女，辇毂之下率多丐夫，房闼之外已有呻吟之声，左右之间每形怨恨之语，方且受谀词以为太平盛治，哆然以张大，欣然以庆幸，自以为唐虞三代不是过也，是何人品高下之悬绝，而所见之不同如此哉？盖圣不自圣，愚者不知其为愚也。”[①]由此可见，丘濬所追求的并非徒有其表的空壳，而是名实相称实至名归的“王圣”。这样的“王圣”即使不能与真正的“圣王”相媲美，只要态度端正，方法得当，亦可再造辉煌，唐虞三代之治可望恢复。因此，在丘濬看来，有了“圣”的名分，确立了“圣”的目标，更重要的就是要付诸“圣”的行动，“既已致夫雍熙泰和之治，一皆本乎躬行”。[②]

不过，话也说回来，现实中的“王”毕竟是凡夫俗子，与理想中的“圣”相去甚远，如何超越自我，克服凡人的一切弱点，升华为真正意义上的圣人呢？丘濬认为，人君超凡入圣的途径有且只有一个，那就是严格按照《大学》三纲八目的要求和顺序进行。他说：“《大学》之道，其纲领在明德，新民，止于至善；其条目在格物、致知、诚意、正心、修身、齐家、治国、平天下；外有以极其规模之大，内有以尽其节目之详；

① （明）丘濬：《大学衍义补》卷158，载《丘濬集》，海南出版社2006年版，第2484—2485页。

② （明）丘濬：《进〈大学衍义补〉表》，载《丘濬集》，海南出版社2006年版，第9页。

要必析之极其精而不乱，然后合之尽其大而无余，所谓全体大用之学也，所谓圣神功化之极也。”[①]这里，丘濬将“三纲八目”明确地解析为内与外的关系，其中，“明明德”与“格物”“致知”“诚意”“正心”“修身”构成内的修为，“新民”与“齐家”“治国”“平天下”构成外的事功，二者的完美结合即是“止于至善”，《大学》作为全体大用之学的价值也得以全面发挥。因此，对于后世之君而言，要想成为尧舜那样的圣王，就必须“广充格致诚正之功，用臻修齐治平之效”[②]，通过内在的道德修养实现外在的治平之功，这就是“由内而外”的成圣之路。

不过，人君为治，不能单靠正确的方法或路径，还必须依靠正确的价值观，做出正确的价值判断和价值选择，因为判断错误必然导致选择错误，而选择错误必然导致结果错误，“譬如人之行路，于其分歧之处，举足不差，自此而行，必由乎正道，否则差毫厘而谬千里矣”。[③]而要明辨是非，厘清主次，就必须审察本末。“本”，是指事物的本质、根本、本源；“末”，是指事物的细节、枝末、流变。本与末，是对立统一的辩证关系：本是一，末是多；本是理，末是事；本是体，末是用；本是源，末是流；本是始，末是终。儒学经典中，以《大学》对本末的论证最为全面充分：首先，“本”与“末”是事物运行的基本规律：“物有本末，事有终始，知所先后，则近道矣。”其次，“本”是“末”的基础和前提，没有本就没有末，“其本乱而末治者，否矣；其所厚者薄，而其所薄者厚，未之有也！”最后，无论何人，要想达到明德新民修己治人的最高境界，都必须以“修身”为本，“自天子以至于庶人，壹是皆以修身为本。”

丘濬高度重视本末问题，强调“圣人之论，论其本也”。[④]他在《大学衍义补》中对上下数千年的君主之治做了深刻反省，得出了“后世不

---

①（明）丘濬：《大学衍义补》卷160，载《丘濬集》，海南出版社2006年版，第2512页。

②（明）丘濬：《进〈大学衍义补〉表》，载《丘濬集》，海南出版社2006年版，第10页。

③（明）丘濬：《大学衍义补》卷首，载《丘濬集》，海南出版社2006年版，第14页。

④（明）丘濬：《大学衍义补》卷37，载《丘濬集》，海南出版社2006年版，第625页。

古”的结论，而究其原因，主要在于统治者“不知本”或“失其本”。譬如，他在《固邦本·制民之产》中称：“盖天立君以为民，民有常生之道，君能使之不失其常，则王政之本于是乎立矣。后世人主不知出此，而其所施之政，往往急于事功，详于法制，而于制民之产反略焉，是不知其本也。后世之治所以往往不古若者，岂不以是欤！”①而在《明礼乐·礼仪之节》中，丘濬又不无遗憾地指出：“礼，为人君操持之大柄，所以治天下之政，所以安一人之尊，皆由是也。后世人君皆知以政为治，而不知本之礼以为政，失其本矣。”②凡此种种，不一而足。有鉴于此，丘濬从认识论和方法论两个角度将帝王由凡入圣的要诀完整地概括为：“先其本而后末，由乎内以及外，而终归于圣神功化之极。”③

所谓“先其本而后末”，是指在付诸行动前，必须首先解决认识上的问题，做出正确的价值判断，善于抓住主要矛盾和矛盾的主要方面，切不可草率行事，“不然头绪茫茫，竟无下手之处，各随所至而用功，待其既著而致力，则亦泛而不切，劳而少效矣。”④因此，丘濬要求君主时刻保持清醒的头脑，正本清源，树立正确的价值观。他说：“夫事必谨始，然后有终”⑤，“无其本根而徒事其枝末，终归于废弃也已矣”。⑥只有明辨本末源流，分清主次先后，才有可能实现天下大治，“化源既清，国是自定，国家之大本以立，而不为小人所动摇，天下之大计可施，而不为异议所排沮，于以弥非常之天变于未然，于以延过历之国祚于有永，使大明之日月亘万古而常明，祖宗之功德与两间而益久，唐虞三代之治复见于今

① （明）丘濬：《大学衍义补》卷14，载《丘濬集》，海南出版社2006年版，第269页。

② （明）丘濬：《大学衍义补》卷39，载《丘濬集》，海南出版社2006年版，第651页。

③ （明）丘濬：《〈大学衍义补〉原序》，载《丘濬集》，海南出版社2006年版，第5页。

④ （明）丘濬：《大学衍义补》卷首，载《丘濬集》，海南出版社2006年版，第14—15页。

⑤ （明）丘濬：《大学衍义补》卷158，载《丘濬集》，海南出版社2006年版，第2477页。

⑥ （明）丘濬：《大学衍义补》卷36，载《丘濬集》，海南出版社2006年版，第619页。

日，而汉唐宋不足言矣。”[①]

所谓“由乎内以及外”，是指人君修德进业的方法与层次，须由心至身，由内而外，由己及人，逐级外推。这正是君主由王而圣的进阶路径，包括“由乎内”和“以及外”两个方面，总体上遵循着“详内略外”的基本原则。“由乎内”旨在修炼自身的德性，是一个反求诸己的内向运行过程，其特点在于深入而详尽：欲修其身，先正其心，欲正其心，先诚其意，欲诚其意，先致其知，欲致其知，先格其物，然后物格而后知至、知至而后意诚、意诚而后心正、心正而后身修。“以及外”旨在推行外在的事功，是一个扩而充之的外向运行过程，其特点在于全面而大略：身修而后家齐、家齐而后国治、国治而后天下平。这样，“由物格、知至而至于天下平，则学问之极功于是乎备，圣人之能事于是乎毕矣”。[②]

最后，需要特别强调的是，丘濬虽然重视究本末，辨内外，认为本末有先后，内外有详略，但并不因此而偏执一端，厚此薄彼，而是主张内外交修，本末兼顾，“举本末而有始有终，合内外而无余无欠”[③]，“所以兼本末，合内外，以成夫全体大用之极功也”。[④]他清醒地认识到，只有严格按照三纲八目的要求，成己成物，合内外之道，才不会导致其“由王而圣”的愿望落空：“盖明明德而不止于至善，则是安于小成；新民不止于至善，则是狃于近利。明德新民皆止于至善之地而不迁，有以尽夫天理之极，而无一毫人欲之私，则大学之道，尽善尽美，全体以立，大用以行，圣神功化于是乎极矣！”[⑤]

---

① （明）丘濬：《论厘革时政奏》，载《丘濬集》，海南出版社2006年版，第3981—3982页。

② （明）丘濬：《大学衍义补》卷160，载《丘濬集》，海南出版社2006年版，第2512页。

③ （明）丘濬：《进〈大学衍义补〉表》，载《丘濬集》，海南出版社2006年版，第10页。

④ （明）丘濬：《〈大学衍义补〉原序》，载《丘濬集》，海南出版社2006年版，第5页。

⑤ （明）丘濬：《大学衍义补》卷159，载《丘濬集》，海南出版社2006年版，第2490—2491页。

第二节　丘濬法思想的基本框架

“王圣”与“圣王”，虽然只是文字顺序上的颠倒，但二者的差距有如天渊，且以“王”定“圣”所衍生的弊端也为后人所一致诟病。不过，以丘濬所处的时空背景而论，这样的改变对当时已经完全失去制度约束的君主而言并非没有任何积极意义：首先，它直接依托于现存的政治体制，承认并接受既有的社会秩序，不会因为最高权力的不确定性而引起旷日持久的夺权斗争，避免了激烈的宫廷政变和剧烈的社会动荡，从而将改革所付出的必要社会成本几乎降为零，这对饱受战乱的国家和人民而言无疑是一大福祉；其次，“王圣”的出现填补了现实政治中圣王长期缺位的空白，结束了此前数千年只有配角（贤臣）没有主角（圣君）的历史，走出了践行王道政治的关键一步，同时由于主角的名分已定，亦可暂时缓解人们对圣王的渴望，快速收到安定人心凝结民意的效果；最后，退一万步讲，即使不可能将“王圣”塑造为“圣王”，在圣德的指引和规束下，也有利于调动君的内在积极性，发挥其主观能动性，使他们在言行举止诸方面多少有所戒惧和克制，而不至于过分恣意妄为，甚至胡作非为。因此，从理论上讲，“王圣”还是具备一定的可行性和有效性。此外，从实践角度考察，《大学衍义补》被钦定为此后四百多年明清两代皇帝和储君的必读教材，先后培养了包括明孝宗在内的十八位帝王，虽然无力从根本上扭转国运衰颓民族危亡的大败局，但在腐朽没落的封建社会晚期先后创造出弘治中兴（1487—1505）、隆庆新政（1567—1572）、万历中兴（1573—1582）以及康雍乾盛世（1681—1796）等多个相对安定、繁荣的承平之治，这不能不说是一大奇迹，丘濬的教导之功亦不容轻易抹煞。

一　尧舜之道：贯穿全书的一条主线

“道”原是一个具体名词，本义为道路，先秦轴心时代的思想家们将其抽象出来，用以揭示天地自然万事万物的本源和母体，概括宇宙人生的运行规律。“道”这个概念最早由老子提出，称：“有物混成，先天地生。寂兮寥兮！独立而不改，周行而不殆，可以为天地母。吾不知其名，字之曰道，强为之名曰大。”（《道德经·第二十五章》）这是对“道”最经典的诠释，是天地万物和人类活动所必须遵循的最高准则，也是古人心中至高无上的法。因此，“道”不仅是道家学派的核心概念，也是儒、墨、法等诸子百家乃至所有中国古人的最高信仰。孔子就曾慨叹：“朝闻道，夕死可也。”（《论语·里仁》）荀子也认为“治之要，在于知道。”（《荀子·解蔽》）

作为一代大儒，丘濬所崇尚的“道”为儒道、圣道、王道，也就是儒家的内圣外王之道，它起自尧舜而备于孔子，阐发唐尧虞舜实现雍熙泰和之世的修己治人之道，丘濬谓之“尧舜之道”，是尧、舜、禹、汤、文、武等世代相承的为治之道，他说：“道者，天下古今所共由之理，大中至正之极。尧传之舜，舜传之禹，禹传之启，以诒厥子孙者也。”[①]尧舜之道是人世间最公正、最理想、最权威同时也最崇高的道德法则，“大中至正之极”，为“天下古今所共由”。丘濬又说：“儒者之学，不出乎《大学》一书，所谓三纲领八条目也。外有以极其规模之大，内有以尽其节目之详。凡夫所谓三纲、五常、六纪、三统、五礼、六乐，尽天下义理，皆不出乎此道。凡夫所谓六经、十九史、诸子百家，尽天下经典，皆不出乎此书。儒者之道，至于是而止，无俟他求也。圣贤之所以教，士子之所以学，帝王之所以治，撮凡举要，皆在此矣。盖学至于平天下，而天下平，学问之功，于是乎极，圣贤之能事，于是乎毕矣。”[②]因此，传统儒学仍尊《大学》为道统之源，真、丘二氏的《衍义》和《衍义补》也都以《大学》（而不是《尚书》）为推衍和阐发的母本。简而言之，所谓“尧舜之道”，其实也就是“大学之道”。当然，在《大学衍义补》中，丘濬并不单用“尧舜之道”或“大学之道”来表达他心目中的至高理想，

① （明）丘濬：《大学衍义补》卷2，载《丘濬集》，海南出版社2006年版，第56页。

② （明）丘濬：《大学衍义补》卷71，载《丘濬集》，海南出版社2006年版，第1118页。

同时还兼用“王道”“圣道”“古道”“中道”“公道”“儒道”“先王之道”“圣王之道”“圣人之道”“孔子之道”“礼乐之道”以及“内外之道”“中庸之道”等术语来加以替代，其内在精神与“尧舜之道”是高度一致的，也就是《庄子·天下》所概括的“内圣外王之道”。

严格说来，“尧舜之道”并非尧舜二帝所开创，而是由二人发扬光大并传之后世，影响深远，因而以此冠名。中华文明源远流长，追根溯源，可以上溯到传说中的三皇五帝时期，甚至还可以追溯到三皇以前。丘濬在《大学衍义补》中详细考察了中华文明的源起，指出唐玄宗天宝六年，国家开始正式祭祀三皇五帝，以弘扬其创物垂范之功。天宝七年，皇帝又下诏祭祀三皇以前的帝王。但是，由于“三皇以前，世涉洪荒，事属茫昧”，[①]唐以后，历代政府原则上都只将三皇五帝奉为文明的开启者而加以祭祀，明朝亦不例外。[②]因此可以推断，伏羲才是真正意义上的“道之祖”，他既是中华文明的开创者，也是中华法系的奠基者。丘濬根据朱熹《大学章句序》中的考据，也得出结论：以穷理正心修己治人为内容的大学之道“自三皇五帝以来已有之”。[③]不过，考虑到“尧舜以前，世质事简，莫可考评”[④]，他还是明确地将这种修己治人之道归功于尧舜，并将其奉为自己心中至高无上的道。

在传统儒家的思想体系里，尧舜之道被视为整个中华民族代代相传的“道统”，也是中华法系得以建构的法统，是实现天下大治的唯一正确法门。遗憾的是，三代以后，礼崩乐坏，中国社会有史以来第一次陷入天崩地解的大变局之中，内圣外王之道“暗而不明，郁而不发”，道统随之失传。所幸孔子晚年将其传承下来，写成二百零五字的经文，“阐尧、舜、禹、汤、文、武之正传，立万世帝王天德王道之标准”[⑤]。曾子又总述

---

① （明）丘濬：《大学衍义补》卷62，载《丘濬集》，海南出版社2006年版，第986页。

② 参见（明）丘濬《大学衍义补》卷62，载《丘濬集》，海南出版社2006年版，第985—986页。

③ （明）丘濬：《大学衍义补》卷70，载《丘濬集》，海南出版社2006年版，第1103页。

④ （明）丘濬：《大学衍义补》卷73，载《丘濬集》，海南出版社2006年版，第1148页。

⑤ （明）丘濬：《〈大学衍义补〉原序》，载《丘濬集》，海南出版社2006年版，第3页。

其言，分释其义，写成十传，西汉时由学者戴圣录入《礼记》之中。又过了一千多年，到了两宋时期，才被周敦颐、程颢、程颐等大儒所发现和阐明，朱熹又将其从《礼记》中独立出来，与《中庸》《论语》《孟子》合称“四书”，并将其要旨归纳为“三纲领（明德、新民、止于至善）”和“八条目（格物、致知、诚意、正心、修身、齐家、治国、平天下）”。如此这般，儒家内圣外王的道统才得以继续传承。丘濬对此做过精炼的总结：“道学之传，起自尧、舜而备于孔子。至孟子没，中绝者千有余年。有宋周子，始复开其端。阐而明之者二程，绪而成之者朱子也。”[①]再后来，宋儒真德秀将《大学》从经典教义之学提升为帝王为治之学，并成功地推衍出格物致知、诚意正心、修身和齐家四要；明儒丘濬又继续引伸，补写了治国平天下之要。于是，《大学》作为全体大用之学终于得到完整而系统的阐发。

尽管自孔子之后的两千多年里，传统儒家都在不遗余力地倡导、阐发和传承尧舜之道，希望恢复上古圣王开创的大同盛世，然而，一个不容争辩的事实却是：早在夏王朝立国之初，当世袭制取代禅让制、“公天下”让位“家天下”之时，尧舜之道就已经黯然退出，不复存在了，并且在此后四千多年的王朝史上也再未出现。我们不妨颠倒一下《礼记·礼运》中的语序，这样更加符合历史的逻辑：天下为公，大道即行；天下为家，大道则隐。因此，且不说尧舜之道是否确有其实，即使它曾经存在，也不过是昙花一现，短暂地出现在中华民族的原始蒙昧时期，而在进入文明社会之后的漫长岁月里，则隐而不现，异化为一种观念上的存在，与现实政治并无丝毫关联，甚至南辕北辙，渐行渐远。及至丘濬生活的时代，尧舜之道更是荡然无存，朱明王朝的皇子皇孙们大多耽于享乐，荒政怠政，而且奢靡腐化，挥霍无度，极尽搜刮之能事，哪有心思修身齐家治国平天下？

然而，对于素有宏图大志的丘濬而言，现实政治的黑暗不仅没有泯灭他对雍熙泰和之治的追求，反而使他对唐虞之世的向往更加迫切，意

---

① （明）丘濬：《大学衍义补》卷72，载《丘濬集》，海南出版社2006年版，第1140页。

志也更加坚定。他要尽自己所能，发前人所未发，让尧舜之道在思想的国度里灿然复活并发扬光大。于是他毅然决然地摒弃了小康模式，否定了传统儒家所追求的以家天下为基础建立的社会理想，直接将大同盛世作为自己的奋斗目标，希望普天之下，亿兆之众，人人各得其分，人人各遂其愿，指出："为治而至于使天下之人，无一人之不得其所，由一人积而至于亿兆人，人人皆然，而在在无不然，岂非大同之世乎？"①为了实现这一宏愿，丘濬公开倡导"天下为公"的理念，指出天下乃人人所共有，"岂人君之所独有哉？"②同时，他还特别强调"民为邦本"的思想，要求后世君主以此为标准治国理政，他说："尧之为帝，万世帝王之宗。《虞》之为书，万世经典之首。论君德而至于尧之钦明文思安安，论治道而至于唐之黎民於变时雍，所谓圣神功化之极，兹其标准欤！"③可以说，《大学衍义补》自始至终都在强调尧舜之道的重要性、权威性，不断将其理想化、标准化，形成一条鲜明而清晰的主线贯穿于全书之中。

二 天圣君民：相互关联的四大主体

在"尧舜之道"这条主线上，丘濬自上而下强调了"天""圣""君""民"四大主体。不错，《大学衍义补》中还有第五类主体，曰"臣"。但是，相形之下，"臣"的身份和地位较为复杂，在丘濬的法思想体系中不具有独立的法律地位：一方面，"臣"由"君"任命，辅佐君王治国理政，因而是统治阶级的一部分，"故天下之广、兆民之众，必立君以主之。君总其大，又设官分职于府州县以各长之，各府州县又于一百户内设一里长以统领之，上下之职纲纪不紊，此治人之法如此"；④另一方面，"臣"与"民"都是"君"的统治对象，必须受制并听命于"君"，所以也是被

---

① （明）丘濬：《大学衍义补》卷158，载《丘濬集》，海南出版社2006年版，第2479页。

② （明）丘濬：《大学衍义补》卷158，载《丘濬集》，海南出版社2006年版，第2475页。

③ （明）丘濬：《大学衍义补》卷158，载《丘濬集》，海南出版社2006年版，第2472页。

④ （明）丘濬：《大学衍义补》卷61，载《丘濬集》，海南出版社2006年版，第976页。

统治阶级的一部分，君臣之间的界限严格而森严，不可逾越，“盖君尊如天，臣卑如地，其分至严”。[①]由此可见，“臣”有两重身份，要么依附于“君”以治“民”，“人君为天之子，代天以理民，不能自理，故分命其臣以理之”[②]；要么与“民”合体，接受并绝对服从“君”的统治，“君者，臣之天，为臣死忠”[③]。而无论从哪个角度考察，“臣”在丘濬的法思想体系中都不是严格意义上的独立主体，而只是一个附属的存在。但是，丘濬的过人之处在于，他并没有彻底陷入君为臣天的泥潭，而是赋予臣相对独立的人格和尊严，响亮地喊出了“奉君之法而不奉君之意”的口号，这在“君为臣纲”“唯君命是从”的古代社会是非常伟大而难能可贵的思想。

1. 天。“天”有多重含义，如自然、上帝、神、命运、道、规律、必然性等。古人将“天”视为一种人格化的存在（也称“天地”或“上天”），认为天是宇宙自然的最高主宰，也是人类和世间万物的本源所在，所谓“万物本于天”而“人乃物之一”。[④]在丘濬的思想体系中，“天”是唯一的非人类，它高高在上，至大至公，是最高位阶的主体，与之对应的圣、君、民（包括臣）等主体都必须顺从“天道”“天命”“天意”，否则就会遭到“天谴”“天讨”“天罚”。当然，这样的观点并非丘濬个人的臆造，而是中华传统文化一脉相承的理念。宋儒程颐曾经指出：“夫天，专言之则道也，天且弗违是也。分而言之，则以形体谓之天，以主宰谓之帝，以功用谓之鬼神，以妙用谓之神，以性情谓之乾。”[⑤]总而言之，天即是道，是至高无上、永远正确，也是永恒存在的绝对权威，与西方自然法思想中的“自然”（nature）相类。

在古人的心目中，人是天地的产物，也是所有生命中最优秀的物种。

---

① （明）丘濬：《大学衍义补》卷6，载《丘濬集》，海南出版社2006年版，第135页。

② （明）丘濬：《大学衍义补》卷22，载《丘濬集》，海南出版社2006年版，第422页。

③ （明）丘濬：《忠箴》，载《丘濬集》，海南出版社2006年版，第4472页。

④ （明）丘濬：《大学衍义补》卷54，载《丘濬集》，海南出版社2006年版，第870页。

⑤ （明）丘濬：《大学衍义补》卷157，载《丘濬集》，海南出版社2006年版，第2458页。

《礼记·礼运》有云："人者，其天地之德、阴阳之交、鬼神之会、五行之秀气也。"天、地、人亦合称为"三才"，但三才之中仍以天为尊。天与道合一，公正无私，泽被大地，哺育万物，人的生存繁衍完全得益于上天的好生之德。因此，人类赖以生活的地方统称为"天下"，春夏秋冬等时令季节称"天时"，风雷雨电等自然现象称"天象"，人间的最高统治者称"天子"，而天下苍生黎民百姓则称"天民"，都与"天"有着不可分割的联系。天道既是宇宙自然运行的基本规律，也是人类和谐共存的最高法则。古人以"天人合一"作为社会治理的最高境界，即用天道来规制人心，规范人的行为，从而实现天下大治万世太平。

丘濬认为，天与人的关系极其亲密，且至关重要，"盖天之与人，虽有悬隔之势，而实有感通之理"[①]。美中不足的是，天虽然具备最高的权威和至善的德行，但它毕竟只是一个虚拟的主体，不可能亲履凡间，实际临朝理政。换言之，人类的治理最终还得靠人自己："盖天地有形而无心，所以为天地立心者，圣人也。生民有命而不能自遂，所以立夫生民之命而使之遂其生者，则有待于圣人焉。"[②]于是，古人心目中最理想的人间统治者——圣人，便应运而生了。

2. 圣。"圣"，即圣人。传统儒家素有"造圣""崇圣"的情结，认为人虽得天地之灵气，为万物之灵长，但具体到现实中的每一个人，则心智、秉性、能力、兴趣皆各有不同，良莠不齐。圣人是人群中最聪明秀出而又德行完美的人，他们出类拔萃，具有常人所不具备的超凡本领和高尚品行。宋儒胡宏云："惟圣人既生而知之，又学以审之，尽人之性，尽物之性，德合天地，心纯万物，故与造化相参而主斯道也。"[③]黄干[④]指出："圣人者，又得其秀之秀而最灵者焉。于是继天立极，而得道统之

---

① （明）丘濬：《论厘革时政奏》，载《丘濬集》，海南出版社2006年版，第3970页。

② （明）丘濬：《大学衍义补》卷160，载《丘濬集》，海南出版社2006年版，第2512页。

③ （宋）胡宏：《知言》，载《胡宏集》，中华书局1987年版，第14页。

④ 黄干（1152—1221），一作黄榦，字直卿，号勉斋，福建闽县（今福州）人，南宋著名理学家，朱熹高徒，也是传播和推广朱子之学的第一人，著有《朱熹行状》《勉斋集》《书传》《易解》《孝经本旨》《四书通释》和《仪礼通解》等，对程朱理学的发展贡献极大。

传，故能参天地，赞化育，而统理人伦，使人各遂其生、各全其性者。”[①] 丘濬也认为，“圣人于人之中，乃其首出者也”[②]，“圣人之所以圣者，以其生禀聪明，能知人之所不能知；备有众善，能有人之所不能有者也”[③]。他们一致相信：只有圣人才能代天行道，弘扬天的好生之德，使天下人人各得其所，各遂其愿，建立“大同”或“小康”的理想社会秩序。

“圣人”既然被塑造为超凡脱俗德能兼备的完人，能够参天地，赞化育，统人伦，自然成为古人心中奉天理民的最佳人选，“圣者为王”“有德者必有位”的观念也由此产生并深入人心。其中，尤以荀子的尽伦尽制论最为经典，他说：“圣也者，尽伦者也；王也者，尽制者也；两尽者，足以为天下极矣。”（《荀子·解蔽》）据此，他提出了“非圣人莫之能王”的著名论断，“故天子唯其人。天下者，至重也，非至强莫之能任；至大也，非至辨莫之能分；至众也，非至明莫之能和。此三至者，非圣人莫之能尽。故非圣人莫之能王。”（《荀子·正论》）这就是传统儒家所倡导的“圣王观”，与“尧舜之道”“内圣外王之道”以及“天道”“王道”“圣道”“古道”“儒道”“先王之道”“圣王之道”“圣人之道”“孔子之道”“礼乐之道”“内外之道”以及“大学之道”“中庸之道”等在精神实质上是一脉相通的。

丘濬继承了荀子“非圣人莫之能王”的观点。在他建构的法律思想体系中，“圣”是第二位阶的主体，其地位仅次于“天”。在丘濬看来，圣与天是最理想、最和谐的对应关系，达到了古人所孜孜以求的天人合一境界，“盖圣人居天位，备天德，心与天通，道与天契，一念合天”[④]。因此，他认为，圣人之治就是人间最美好的治理模式，要实现平治天下的理想必须学习和效法圣人，具体而言，就是以三皇五帝、二帝三王为代表的古圣先王。在这些德位相称、名实相符的圣王中，丘濬尤其推崇

① （明）丘濬：《大学衍义补》卷72，载《丘濬集》，海南出版社2006年版，第1138页。
② （明）丘濬：《大学衍义补》卷68，载《丘濬集》，海南出版社2006年版，第1065页。
③ （明）丘濬：《大学衍义补》卷4，载《丘濬集》，海南出版社2006年版，第87页。
④ （明）丘濬：《大学衍义补》卷157，载《丘濬集》，海南出版社2006年版，第2465页。

尧和舜，认为“有德有位圣人之事，惟尧舜足以当之”[①]。而在尧与舜之间，丘濬由衷地赞美尧，称：“自开辟以来之君，以尧为称首。其功业文章[②]，巍然其高大，焕然其光明，万世帝王所当法则者也”[③]。遗憾的是，尧舜禹等圣王早已作古，不在人世，只留下一个个令人神往的传说供后人追忆迷恋。因而“圣”与“天”一样，在丘濬的法律思想体系中只是精神上或观念上的存在，并非现实的主体。

值得注意的是,《大学衍义补》中的“圣”或“圣人”在理解和使用上有广狭二义。狭义上仅指或专指以尧舜为代表的古圣先王，也就是丘濬法思想中第二位阶的主体；而从更广泛的意义上讲，还包括孔、颜、思、孟以及程、朱等对“道统”的传承和发展做出重大贡献的人，他们属于荀子所说的“圣人之不得势者”，有德无位，没有机会为万世开太平，因而被排除在丘濬法思想的四大主体之外。此外，丘濬在大量“臣按”末尾也会用“伏惟圣明留神致思”“伏惟仁圣加之意焉”“伏惟圣君贤辅相与折衷而施行之”或“伏惟圣明裁择”等字样以提请当朝皇帝注意或引起重视，这里的“圣”仅为臣对君的敬语，他们不是真正意义上的“圣”或“圣王”，而只是所谓的“王圣”，也就是第三位阶的主体。

3. 君。“君”，或称君王、君主、国君、国王、人君、人主、皇帝、帝王，是现实世界的最高统治者，在丘濬的法思想体系中处于第三位阶，其地位在“天”与“圣”之下。君为一国之主，与上天是拟制的父子关系，称“天子”，奉天之命治国理民，维护人间秩序，是国家最高权力和威严的象征。从表面上看，他们与古代的圣王一样，奉天承运，荣登大宝，君临天下，统御万民。但是，与仁智勇兼备的古圣先王们相比，现实的君主禀赋不同，修养各异，其中多为凡夫俗子，平庸无能，自私自

① （明）丘濬：《大学衍义补》卷160，载《丘濬集》，海南出版社2006年版，第2503—2504页。

② 根据朱熹的解释，此处的“文章”是指礼乐法度，与该词通常的含义不同。参见（明）丘濬《大学衍义补》卷158，载《丘濬集》，海南出版社2006年版，第2482页。

③ （明）丘濬：《大学衍义补》卷!58，载《丘濬集》，海南出版社2006年版，第2482页。

利，甚至还不乏冷酷暴虐，“惟知以天下而奉己，适乎己而不恤乎人”[①]，其德性修养与领导才能与内圣外王的要求相去甚远。不仅如此，现世君主权位的获取与传承方式也与儒家“德配于天”的思想大异其趣。通观中国历史，君位的取得与个人的修养并没有直接的关系，自夏至清，没有一个帝王的权位是单纯凭藉自己的德行获取的。他们或通过暴力夺权推翻前朝而取得天下，或凭藉特殊身份前后相继而荣登大宝。为了争夺最高权力，甚至不惜大开杀戒，骨肉相残，如唐太宗李世民、明成祖朱棣等。一言以蔽之，现实中的君王都是“胜者为王”，而不是“圣者为王”。

在传统儒家看来，二帝三王以后的历代君王都不具备或不完全具备王道政治所要求的最高统治者应有的德行和才能，德位不相称，惟有以圣人为榜样，自觉接受圣人的熏陶和教化，存天理，灭私欲，修德立道，成己成物，作天下臣民的表率，以高尚的德行感化和教育臣民，才能真正取信于民，永保至尊之位和江山社稷。因此，自孟子开始，历代有志于做帝王师的儒者竭力奉行“以道事君”的指导思想，尊“尧舜之道”为人君修己治人的最高法则，对高高在上的君主（或储君）进行民本思想教育，使其言行举止符合天道圣训，为天下苍生谋福利，从而实现修齐治平的社会理想。当然，这样做的前提是承认君主的至尊地位及其统治的合法性。

丘濬是君主制的忠实拥护者。他认为君主贵为天子，是上天特意选拔出来治理社会的，因而君的统治具有绝对的合理性和权威性，臣民必须绝对服从君的统治，“人君所居之位，极崇高而至贵重，天下臣民莫不尊戴”[②]。另一方面，丘濬更加强调君的责任。他说：“居五位之尊，当建极之任者，要必正身修德，惇典庸礼，即其所有者而建立之，以为之标准，使夫四方万国咸会而归之，如众星之拱北极焉。”[③]他以帝王师的口吻

---

① （明）丘濬：《大学衍义补》卷67，载《丘濬集》，海南出版社2006年版，第1061页。

② （明）丘濬：《大学衍义补》卷1，载《丘濬集》，海南出版社2006年版，第40页。

③ （明）丘濬：《大学衍义补》卷158，载《丘濬集》，海南出版社2006年版，第2477页。

苦苦劝导君主，要他们以“天”和“圣”为榜样，修己以安民，“有志于二帝三王之盛，雍熙泰和之治者，尚当体有心之圣人，而法无心之天地，以成其盛德大业也哉！”[①]这是丘濬《大学衍义补》的写作初衷，也是全书的宗旨所在。

4. 民。“民”，即黎民百姓、天下苍生，《大学衍义补》中也常常代之以“人民”“黎民”“生民”“蒸民”“丘民”“天民”“王民”“子民”“下民”“四民”“万民”“兆民”“庶民”“民庶”“庶人”“众人”“匹夫匹妇”“愚夫愚妇”“群黎百姓”以及“蚩蚩蠢蠢之民”等不同称谓。与天、圣、君不同，民是一个群体性主体，为数众多，林林总总，散居四方，“至于百姓，则人非一人，凡盈天地间，具人形骸者皆是也”[②]。可以说，在专制君主统治下，除“君”以外的任何人都属于“民”的范畴，且君与民分处社会的两极：“人君，至尊也；小民，至卑也。人君，至强也；小民，至弱也。君之于民，欲生则生之，欲死则死之。”[③]民作为社会的最底层，地位极其低下，只有效忠和服从的义务，而没有权利自主自治，是绝对的弱势群体。

在丘濬的法思想体系中，“民”是最后一类主体，但并非最不重要。首先，民既是建国立社的根本，又是君主统治的基石，“国之所以为国者，民而已。无民，则无以为国矣”[④]，“君之所以为君也，以有民也，无民则无君矣”[⑤]。民是构成社稷国家的核心要素，没有民，就没有国，自然也就没有一国之主的君。所以，“民为邦本，本固邦宁”的观念自夏以来就代代相承，成为传统中华文化的主流思想。丘濬对此深以为然，他强调指出：“盖人君之所以为君者，以其有民也；君而无民，则君何所依以为君哉！为人上者，诚知其所以为君而得以安其位者，由乎有民也。”[⑥]其

① （明）丘濬：《大学衍义补》卷158，载《丘濬集》，海南出版社2006年版，第2470页。

② （明）丘濬：《大学衍义补》卷158，载《丘濬集》，海南出版社2006年版，第2484页。

③ （明）丘濬：《大学衍义补》卷13，载《丘濬集》，海南出版社2006年版，第247—248页。

④ （明）丘濬：《大学衍义补》卷13，载《丘濬集》，海南出版社2006年版，第250页。

⑤ （明）丘濬：《大学衍义补》卷13，载《丘濬集》，海南出版社2006年版，第252页。

⑥ （明）丘濬：《大学衍义补》卷13，载《丘濬集》，海南出版社2006年版，第246—247页。

次，民是君和整个国家机器的衣食父母，“盖国家之财，皆出于民，君之所用者，皆民之所供也”。[①]国家和君主的一切开支用度都来自民，离开了民的供奉和给养，君主连个人的衣食住行等基本生存都难以保证，更别说治国理政了。最后，也是最不容忽视的一点：水能载舟，亦能覆舟，民心向背是君主统治能否稳固长久的决定性因素。我国数千年王朝更替的事实雄辩地证明，得民心者得天下，失民心者失天下。丘濬以秦亡汉兴为例，指出：“秦汉之际，其所以兴亡者，大要在得民心与失民心而已。”[②]有鉴于此，他站在朱明王朝的立场，劝诫君主惜民力、保民生，以安社稷，称：“得乎民心则为天子，失乎民心则为独夫。得民心之道无他，惜民财、爱民力而已。民之财恒自足，民之力恒有余，则得其心矣。此保天下、寿国脉之第一事也。”[③]

丘濬不但完全继承了传统儒家的民本思想，而且将其发挥到极致。《大学衍义补》在“正朝廷”和“正百官”之后专设“固邦本”一目，全面而详细地提出并规划了“蕃民之生”“制民之产”“重民之事”“宽民之力”“愍民之穷”“恤民之患”“除民之害”“择民之长”“分民之牧”和“调民之谟”十大民生工程。丘濬继承了古人“天命降监，下民有严”的思想，极力拉近民与天的距离，强调民与天的特殊关系，认为民是天的耳目，代表天监督君的言行，“民虽卑而天实以为视听，其威严不可忽也”[④]，进而将神秘而缥缈的天意与现实而具体的民心结合起来，“民心之所同，即天意之所在也”[⑤]，指出拂民心就是逆天意，要求君主上畏天，下敬民。在此基础上，丘濬还敢于发前人所未发，大胆抛出“君为民而立”[⑥]“君以民为天”[⑦]等观点，这是继孟子“民为贵，社稷次之，君为轻”之后，传

① （明）丘濬：《大学衍义补》卷22，载《丘濬集》，海南出版社2006年版，第411页。

② （明）丘濬：《大学衍义补》卷22，载《丘濬集》，海南出版社2006年版，第414页。

③ （明）丘濬：《大学衍义补》卷137，载《丘濬集》，海南出版社2006年版，第2130页。

④ （明）丘濬：《大学衍义补》卷3，载《丘濬集》，海南出版社2006年版，第70页。

⑤ （明）丘濬：《大学衍义补》卷3，载《丘濬集》，海南出版社2006年版，第70页。

⑥ （明）丘濬：《大学衍义补》卷13，载《丘濬集》，海南出版社2006年版，第251页。

⑦ （明）丘濬：《大学衍义补》卷18，载《丘濬集》，海南出版社2006年版，第359页。

统儒家发出的重民贵民思想的最强音，足以振聋发聩，启迪后世。

但是，同样不容忽视的是，在丘濬看来，“民”终究是愚钝无知智能低下的弱者，“天地生人，其蚩而蠢者为民”[①]，他们没有能力自我生存，更没有能力自我管理，且“民生有欲，无主乃乱”[②]，因而也不能放任他们自己做主；遗憾的是，上天不能亲履人间治理社会，“是以上天于众人之中，立其一人以为万民之牧，使不失其性焉”。[③]由此可见，民虽与天、圣、君一样，是丘濬法思想中的独立主体，但严格说来，丘濬眼里的“民”并不具有完全意义上的独立人格，他们不能自理、不能自遂、不能自治，必须完全接受并绝对服从君的统治。当然，民的基本生存权是正当的，必须切实加以保障，为人君者理当恪尽养民之责，以全其性命。

总之，丘濬在《大学衍义补》中确立了天、圣、君、民四大主体，将其牢牢地绑定在“尧舜之道”这条主线上。其中，天与圣是虚拟的主体，君与民是现实的主体；天、圣、君为个体，而民（包括臣）则为群体。天、圣、君、民四大主体相互关联，在天与人、人与人之间构成多重复杂关系。不过，如果以尧舜之道来衡量，则天、圣、民三大主体之间存在天然的和谐关系：“天者公而已，圣人无私，亦天也，此其所以与天合欤”[④],“天地之大德曰生，圣人之大德曰仁”[⑤]，天与圣皆有好生之德，而“好生之德，洽于民心”[⑥]，因此,《尚书·泰誓》有言：“民之所欲，天必从之。”[⑦]由是观之，天、圣、民三点一线，与尧舜之道这条主线完全重

① （明）丘濬：《大学衍义补》卷137，载《丘濬集》，海南出版社2006年版，第2133页。

② （明）丘濬：《大学衍义补》卷2，载《丘濬集》，海南出版社2006年版，第67页。

③ （明）丘濬：《大学衍义补》卷4，载《丘濬集》，海南出版社2006年版，第93页。

④ （明）丘濬：《大学衍义补》卷157，载《丘濬集》，海南出版社2006年版，第2465页。

⑤ （明）丘濬：《大学衍义补》卷100，载《丘濬集》，海南出版社2006年版，第1553页。

⑥ （明）丘濬：《大学衍义补》卷100，载《丘濬集》，海南出版社2006年版，第1552页。

⑦ （明）丘濬：《大学衍义补》卷141，载《丘濬集》，海南出版社2006年版，第2190页。

合，“圣人阐明斯道以立天地之心，推行斯道以立生民之命”[①]，体现了天人合一的最高境界。不言而喻，在尧舜之道这条主线上，君是唯一不稳定不和谐的因素。人君居圣人之位，而无圣人之德，自然容易偏离圣道或天道，甚至与之背道而驰。因此，身为人臣的丘濬，义不容辞地担任起“格君心之非”的重任，《大学衍义补》的基本思路也在于正君心以正朝廷，正朝廷以正百官，正百官以正万民，正万民以正四方，最终成就圣神功化之极，实现雍熙泰和之治。

三　心法治法：相辅相成的两大支柱

非凡的抱负和志向，决定了丘濬对法的看法与众不同。他并非狭隘而单纯地从“刑”的角度来认识法，而是在内圣外王的理论框架下，以治国平天下为目标和宏愿，将法视为一套完整的社会治理规则体系。在丘濬看来，这套完整的社会治理规则体系就是以尧舜之道为宗旨的“二帝三王以来传心经世之遗法”，是“治天下之大经大法”，也是“万世帝王为治之大经大法”。在此基础上，丘濬建构了以心法和治法为两大支柱的法体系。

所谓心法，也即传心之法，因为“尧授舜以天下，非徒传之以位，而实传之以心”。[②]心法既为口耳相传，自然是不成文法，没有明文规定，但在丘濬看来，并非无迹可寻。他秉承程朱理学的观点，认为古圣先王的心法精髓就隐藏在儒家经典《尚书》[③]的字里行间。譬如南宋吕祖谦[④]就曾指出：“《书》者，尧、舜、禹、汤、文、武、皋、夔、稷、契、伊尹、

---

① （明）丘濬：《大学衍义补》卷160，载《丘濬集》，海南出版社2006年版，第2512页。

② （明）丘濬：《大学衍义补》卷158，载《丘濬集》，海南出版社2006年版，第2485—2486页。

③ 《尚书》，又名《书》或《书经》，意为上古的书，是我国古代最早的历史文献，也是传统儒家的经典文献之一，相传为孔子编订，记载了从尧舜到夏商周两千多年的历史。

④ 吕祖谦（1137—1181），字伯恭，世称“东莱先生”，与张栻、朱熹并称“东南三贤”，婺州（今浙江金华）人，南宋著名理学家、思想家，隆兴元年（1163）进士，累官直秘阁、主管亳州明道宫。曾与朱熹合著《近思录》，代表作有《东莱集》（40卷）、《书说》（35卷）、《吕氏家塾读诗记》（32卷）以及《春秋左氏传说》（20卷）等。

周公之精神心术，尽寓其中。”[①]程颐、朱熹也断定，尧舜之道的精髓主要隐匿在《尚书》的“二典”“三谟”[②]中。但是，《尚书》的内容那么多，到底心法蕴含在哪里呢？丘濬在众多理学名家的著述中搜寻答案，最终认定朱熹的门徒黄干（即黄勉斋）准确而完整地揭示出了尧舜禹心法口耳相传的思想精髓及其在三代以后的演变与传承轨迹。[③]丘濬非常认同黄干的观点，认为黄干对儒学贡献巨大，把他比作孔门的曾子。他说：“道学之传，起自尧、舜而备于孔子。至孟子没，中绝者千有余年。有宋周子，始复开其端。阐而明之者二程，绪而成之者朱子也。朱门高第弟子，亲得其真传者，勉斋黄氏一人，其在朱门，亦犹孔门之有曾子焉。”[④]当然，丘濬对心法的探索并未止步于此，他结合现实政治，在前人的基础上又做了进一步的总结，称：“《书》之大义，在奉天治民，事君其要也。程朱二子论《书》，专指尧治民、舜事君为言。盖二者，人伦之至也。若夫舜、禹、成汤、文、武之所以治民，禹、皋、夔、益、稷、契、伊、傅、周、召之所以事君，其心未尝不同，因其所言所行而见也。”[⑤]从尧以后历代圣君贤相的言行判断，他们都深得心法精髓，为人君者懂得如何

---

① （明）丘濬：《大学衍义补》卷73，载《丘濬集》，海南出版社2006年版，第1150页。

② 二典，即《尧典》《舜典》；三谟，即《大禹谟》《皋陶谟》和《益稷谟》。“二典”“三谟”专论“君如何治民”和“臣如何事君”的问题，认为这是治国理政最重要的两件大事。

③ 在黄干看来，心法最初是由尧传给舜的，其内容只有“允执厥中”四个字；后来由舜传给了禹，形成了十六字要诀，即“人心惟危，道心惟微。惟精惟一，允执厥中”；此后，商汤继承了尧舜禹的衣钵，提出了“以义制事，以礼制心”的观点；周文王又主张“不显亦临，无射亦保”；而周武王则强调“敬胜怠者吉，义胜欲者从”；到了周公那里，则通过《易经》的爻辞表达出来，为“敬以直内，义以方外”；孔子则将前述圣人们的心法精髓浓缩为《大学》中的“格物致知，诚意正心，修身齐家，治国平天下”。此后，孔门中的颜回、曾子、子思以及后来的孟子对此皆有承继。不过孟子之后，道统就中断了，直到千年之后才由北宋理学家周敦颐接续过来，然后经过二程子（即程颢和程颐兄弟），再到朱熹将《大学》独立成篇，列为四书之首，算是完成了古圣先贤的道统传承。最后，黄干对整个儒家的心法做了总结，那就是“居敬以立其本、穷理以致其知、克己而灭其私、存诚以致其实”四句话，认为“以是四者而存诸心，则千圣万贤所以传道而教人者，不越乎此矣。”参见（明）丘濬《大学衍义补》卷72，载《丘濬集》，海南出版社2006年版，第1138—1140页。

④ （明）丘濬：《大学衍义补》卷72，载《丘濬集》，海南出版社2006年版，第1140页。

⑤ （明）丘濬：《大学衍义补》卷73，载《丘濬集》，海南出版社2006年版，第1149页。

治民，为人臣者知道如何事君，君与臣同心同德，共同缔造了历史上有名的太平盛世。因此，关于传心之法，丘濬特别重视君臣关系，尤其强调君臣相得，他说：“为人君之为治，所以贵乎正心，而大臣之事君，所以必先格君心之非也。”[①]

所谓治法，也即经世之法，是二帝三王制定和实施的治国方略。丘濬认为，经过程颐、朱熹、吕祖谦、蔡沈、真德秀、金履祥等人的考证，治法的内容亦可在《尚书》的《洪范》篇中找到依据。“洪范”二字本身就是“大法”的意思，洪者，大也；范者，法也。宋儒蔡沈[②]认为：“（洪范九畴）本之以五行，敬之以五事，厚之以八政，协之以五纪，皇极之所以建也。乂之以三德，明之以稽疑，验之以庶征，劝惩之以福极，皇极之所以行也。人君治天下之法，是孰有加于此哉！”[③]元儒董鼎[④]亦强调指出：“为治，则《洪范》其经世之要也。”[⑤]丘濬更是视《洪范》为“天人之学”而大加赞赏，他说：“臣窃以为，（《洪范》）非独可以为万世蓍龟，其实万世之法令格式焉，治世之大经大法不出此矣。”[⑥]如此一来，经过宋元明三代儒者的共同努力，二帝三王以来的传心经世之法均可在《尚书》中找到理论依据。正如董鼎所言：“《书》则备纪帝王政事之全体，修齐治平之规模事业，尽在此书。”[⑦]值得一提的是，由于《洪范》九畴过于分散，不够简练，丘濬便直接引用《礼记》中的“礼乐刑政”来概括治法的内容，指出：“礼乐者，刑政之本；刑政者，礼乐之辅。古之

① （明）丘濬：《大学衍义补》卷160，载《丘濬集》，海南出版社2006年版，第2511页。

② 蔡沈（1167—1230），一名蔡沉，字仲默，号九峰，建州建阳（今属福建）人，南宋著名学者、理学家，幼承家学，后师从朱熹，为朱熹晚年最有成就的弟子之一。蔡沈潜心为学，终身不仕，著有《书集传》《洪范皇极》《蔡九峰筮法》等。

③ （明）丘濬：《大学衍义补》卷158，载《丘濬集》，海南出版社2006年版，第2474页。

④ 董鼎（？—？），元代大儒，生卒年及生平不详，著有《孝经大义》等。

⑤ （明）丘濬：《大学衍义补》卷73，载《丘濬集》，海南出版社2006年版，第1151页。

⑥ （明）丘濬：《大学衍义补》卷158，载《丘濬集》，海南出版社2006年版，第2475页。

⑦ （明）丘濬：《大学衍义补》卷73，载《丘濬集》，海南出版社2006年版，第1152页。

帝王所以同民心，出治道，使天下如一家，中国如一人者，不过举此四者措之而已，是则所谓修道之教，王者之道，治天下之大经大法者也。”[①]换言之，在丘濬看来，治法的内容包括礼、乐、政、刑四个部分，其中礼乐为本，政刑为末，四者相辅相成，共同统摄于治道，并服务于治道。

由此观之，丘濬是在前人的基础上，不断归纳、提炼、整合，最终形成了自己独特的法观念，并以尧舜之道为宗旨，建构了以心法和治法为两大支柱的一整套社会治理规则体系。其中，心法用以规范君主的内心，强调修己以内圣；而治法则普遍适用于全体臣民，强调安人以外王。二者相辅相成，合而为一，是为传心经世之法。尤其值得注意的是，心法与治法之间并非截然两立而互不相干，恰恰相反，二者之间存在着内在的密切的联系，心法乃道，治法乃器；心法为体，治法为用；心法主理，治法主事；心法是知，治法是行。一言以蔽之，心法与治法乃是道与器、体与用、理与事、知与行的关系，两相结合，传统儒家的修己治人之事、内圣外王之道方可得以完备大全。

笔者注意到，“心法”“治法”这样的字眼，在《大学衍义补》中出现的频次并不多，其中“心法”出现了12次，程颐1次，张栻、蔡沈各2次，丘濬7次；“治法”出现了3次，其中洪迈1次，丘濬2次。[②]以此观之，丘濬并非这两个词语的真正发明者[③]，且这两个词语在书中的位置相对分散，既没有相提并论，也没有同时在某一卷册中出现过。再查《大学衍义》，发现该书已经开始使用“心法”和“治法”的表达，其中，“心法”5次，“治法”1次，均出自真德秀按语。[④]尤其值得一提的

① （明）丘濬：《大学衍义补》卷1，载《丘濬集》，海南出版社2006年版，第50页。

② “心法”一词依次出现在《大学衍义补》的卷15（两次）、卷54、卷73（两次）、卷76、卷77（两次）、卷101、卷111、卷132和卷159；“治法”分别出现在该书的卷43、卷100和卷107。

③ 事实上，早在先秦时期，荀子就使用过“治法”一词，并提出了“有治人，无治法”的观点，对后世在任人与任法中如何取舍的问题产生了深远影响。

④ 在《大学衍义》中，“心法”一词依次出现在卷2（两次）、卷11、卷25和卷27；“治法”一词则仅在卷2出现过一次，且与“心法”同时出现，这也足见该书是以阐发儒家内圣学为宏旨的。

是，在点评周公所著《立政》篇时，真德秀同时起用了“心法”和“治法”两项，其文曰：“臣按：文王之‘宅厥心’，即大禹所谓‘安汝止’也。尧舜以来，累圣相传，一本乎此。成王即政之始，周公恐其知文王之治法，而未知文王之心法也，故作此书。”[①]如此一对比，不难看出，真德秀才是明确将“心法”和“治法”相提并论的第一人！丘濬的心法治法体系乃是直接渊源于此。难怪清蔡世远[②]对真氏赞誉有加，称：“《大学衍义》一书，引经摘史，加以剖析论断。心法治法，微显毕具，诚内圣外王之学，合古来著书者而集其大成也。”[③]

不过，丘濬对“心法”与“治法”二语，虽无开创之功，但他继承了真德秀心法治法同属一体的观点，并将其上升到“二帝三王以来传心经世之遗法”的高度，以“传心经世之法”统摄“心法”与“治法”，又以“心法”和“治法”支撑整个“传心经世之法”的体系，使之成为一而二、二而一的有机整体，进而加以全面深入阐发而自成体系。

---

① （宋）真德秀：《大学衍义》，华东师范大学出版社2010年版，第31页。

② 蔡世远（1681—1734），字闻之，号梁村，福建漳浦人，因世居漳浦梁山，学者称之“梁山先生”，康熙四十八年（1709）中进士，入选翰林院庶吉士，官至内阁学士兼礼部侍郎。蔡世远为人正直，学识渊博，是清代著名的学者和教育家，闽学派的主要代表，有《二希堂文集》（15卷）、《鳌峰学约》（1卷）、《朱子家礼》（1卷）以及《漳州府志》等留存于世。

③ （宋）真德秀：《大学衍义》，华东师范大学出版社2010年版，第784页。

第四章　丘濬的心法思想

丘濬心中的理想国乃是唐虞大同盛世，他倾尽全力所要推行和建构的也是以圣王为核心的社会治理模式，希望后世有为之君能够效法尧舜等古圣先王，修一己之身，成天下之治，实现人人各遂其愿各全其性的美好愿景。因此，在丘濬的社会治理规则体系中，心法是最基础、最核心，同时也是最重要的部分。丘濬指出："人君为治，必须至于天下之大，万民之众，百世之远，无一人一物一处之不得其安，然后有以为功化之极。"①君主个人的德性修养不仅关系到一家一户之喜怒哀乐，更关系到千家万户乃至亿兆之众的生死存亡，其重要性不言而喻！"有身者赖我以生，有家者赖我以养。我兴一念之仁，则彼无不得其所者矣；我兴一念之不仁，则彼有不得其所者矣。"②因此，心法在丘濬的整个法思想体系中居于主导地位，是实现天下大治的根本大法，起着提纲挈领的作用。

心法作为传心之法，其精髓集中体现为二帝三王口耳相传的修身要诀，经过程朱学派的发掘，尤其是朱门高徒黄干的努力，认为其最初仅为尧传给舜的"允执厥中"一语，而最经典的表述莫过于舜传给禹的十六字要诀，即"人心惟危，道心惟微；惟精惟一，允执厥中"；此后，汤、文、武、周公等圣人皆在此基础上有自己的发挥，到孔子撰写《大

---

① （明）丘濬：《大学衍义补》卷158，载《丘濬集》，海南出版社2006年版，第2485页。

② （明）丘濬：《大学衍义补》卷160，载《丘濬集》，海南出版社2006年版，第2510页。

学》经文的时候则概括为“明明德、新民、止于至善”和“格物、致知、诚意、正心、修身、齐家、治国、平天下”，也就是朱熹总结的“三纲领八条目”，这其实就是后世所讲的“儒家的内圣外王”，而《大学》也因此被列为四书之首，成为宋、元、明、清四朝科举取士的必读必考经典。

丘濬从帝王治国平天下的角度来解析和建构心法，因此他所谓的心法既是基于此，也有别于此。在承认心法是传心之法的同时，他更加突出地强调以下两点：其一，对国家而言，心法是正君之法，是国家法律体系的重要构成部分；其二，对君主而言，心法是修己之法，是人君得以平治天下的必备前提和基本保障。那么，心法的内容有哪些呢？丘濬认为，心法是历代圣君明主治国理政基本观念、基本原理、基本准则的经验汇总，在国计民生的方方面面都有反映，其精髓和要义分散在《大学衍义补》的众多卷帙中，其目的和核心就是“正君”，要求代天理政的君主遵循天道，以圣人为榜样，正心诚意，勤政爱民。通览《大学衍义补》全书，可以将丘濬的心法思想荟萃为以下五点：第一，正心以修身，立德以成圣；第二，准天以为治，准尧以为法；第三，存仁义之心，行仁义之政；第四，以絜矩之心，行絜矩之政；第五，守一定之法，任通变之人。

第一节　正心以修身，立德以成圣

《大学衍义补》用大量篇幅从不同角度对比分析三代前后的治效，得出一个基本的结论，那就是：“后世不古若”“后世不及古”，甚至“后世事事不如古”。究其根源，就是由于三代以前，国家尚有尧、舜、禹、汤、文、武、周公等圣人主持大局，而三代以后，再也没有出现过德位相称的圣王，不是有德者无位，便是有位者无德。正所谓“周公没，百世无善治”。[①] 不错，这就是中国数千年王朝政治的实况：周公以后，孔、

① （明）丘濬：《大学衍义补》卷144，载《丘濬集》，海南出版社2006年版，第2245页。

孟、荀、周、程、朱等诸圣人，皆不得其位，而历朝历代的最高统治者大多是昏庸之辈，更有不少暴虐之主、亡国之君、败家之子充斥其中，即使是汉文帝、唐太宗等个别英明君主，也未必够得上“圣王”的称谓。由此观之，正是圣王的长期缺位，直接导致了三代以后持续不断的弊政和乱局。而在儒者们看来，解决问题的办法主要有两个：一是抱定“五百年必有王者兴”的理念，消极等待圣王降世，二是将希望寄托在现世君主身上，积极培养、塑造有望成为圣王的“王圣”。[①] 丘濬的大半生处于消极状态，临近花甲之年开始转向积极行动，其《大学衍义补》就是一部旨在培养王圣的专著。丘濬在书中豪迈地指出：“光复百世之善治者，政有待于今日之圣明天子”。[②] 为此，他要求现世君主以尧舜等古圣先王为榜样，端正自己的内心，提高自己的德行，“大人之所以为大人者，以其德业之盛也。学者未至于大人之地，欲希之者当何如？亦惟进德修业而已矣。”[③] 他认为，对后世君主而言，法尧舜“非徒法其为治之迹，必先法其为治之心；欲得其心而效其迹者，非有其德不可也。”[④] 人君只有具备了圣人之心和圣人之德，才能施行圣人之政，实现圣人之治。因此，心法的第一要诀就是：正心以修身，立德以成圣。

一　人君之为治，所以贵乎正心

古人认为，心之官则思，心为身之主。一个真正的人，必须身心兼备，缺一不可。身是人的物质载体，没有身，人要么已经去世（古人），要么尚未出生（后人），不可能成为现实世界的主体；心是人的精神载体，没有心，即使具备人形也被视为“禽兽”或“蛮夷”，这就是所谓的

---

① 此外，孟子提出了暴君放伐论，主张放逐或诛杀那些贼仁害义的暴虐之君，但这种极端的思想只是针对桀纣那样的独夫民贼，为汤武革命和历史上的王朝更替提供合理性，并不适合于一般意义上的继世之君。

② （明）丘濬：《大学衍义补》卷144，载《丘濬集》，海南出版社2006年版，第2245页。

③ （明）丘濬：《大学衍义补》卷71，载《丘濬集》，海南出版社2006年版，第1105页。

④ （明）丘濬：《大学衍义补》卷160，载《丘濬集》，海南出版社2006年版，第2510页。

人禽之辨和华夷之辨。可见，心并非只是身体的一个器官，它独立于身体之外，并实际掌控着人的思想和行为，是身体的主宰，因而于人至关重要。孟子认为“心”有四端：恻隐之心，仁之端也；羞恶之心，义之端也；辞让之心，礼之端也；是非之心，智之端也。正是因为人有心，心有仁、义、礼、智四大善端，人类才从万物中脱颖而出，为万物之灵长，与天地并称三才。

丘濬继承了这些思想，他强调指出：“唐虞圣君为治之要，不出乎一心而已。”[①]又说：“上而天，下而地，万物群生于其中。人为物之灵，人君又为人之最灵而至贵者也。以最灵至贵之人，立乎天地之间，出乎人物之表。大而能化，神妙莫测，参赞两间而为三才之主，首出万物而居五位之尊，具天地之气以生而能定天地之位，受万物之养以成而能致万物之育。是岂无故而然哉？亦惟本乎一心焉耳。”[②]因此，“居人上者，诚能以正存心，以身率先天下，则近而群臣，远而万民，孰敢以不正哉！”[③]正心乃君主修身之本，“正心以修身，则不好声色之奉，不崇土木之饰，不事异端之教，不为田猎之举，不作无益之事，不好珍异之物，不兴出境之师，不用非法之刑。凡非所当好者，皆不之好；凡非所当为者，皆不之为。如此，则不尽民之力，不尽民之财，不尽民之情。则无一人之不得其所，无一物之不遂其性，无一处之不得其安矣。孰谓天下平不由乎人君之一身哉？此人君之为治，所以贵乎正心”。[④]

那么，君主应当如何正心呢？丘濬以为应当注意三点：慎独、慎始、慎微。

第一，慎独。所谓“独”，是指一个人自处之时，别人看不见或不知道，只有自己一人心知肚明的时候。“慎独”是儒家修行的最高境界，其

① （明）丘濬：《大学衍义补》卷73，载《丘濬集》，海南出版社2006年版，第1151页。

② （明）丘濬：《大学衍义补》卷160，载《丘濬集》，海南出版社2006年版，第2502页。

③ （明）丘濬：《大学衍义补》卷81，载《丘濬集》，海南出版社2006年版，第1265页。

④ （明）丘濬：《大学衍义补》卷160，载《丘濬集》，海南出版社2006年版，第2511页。

含义是“诚其意”，要求修行者必须绝对忠诚于自己的内心，不自欺，不自蔽。《大学》经文中云：“欲正其心者，先诚其意。”其传文《诚意》一章解释说：“所谓诚其意者，毋自欺也，如恶恶臭，如好好色，此之谓自谦，故君子必慎其独也。”所以，诚意乃正心之本。丘濬对此点评道：“《诚意》一章，乃《大学》一书自修之首，而慎独一言，又《诚意》一章用功之始。”[①] 他认为君主正心慎独不仅要诚其意，而且还要持之以恒坚持不懈地做下去，要在“诚”和“恒”两个字上下足功夫，他说：“为治之道，贵乎能恒。恒则能久，久则可大”[②]，又说：“圣人久于其道，而天下化成。夫惟至诚而又不息，然后能久；久故征验于外，悠远而无穷。悠远则自博厚，博厚则自高远。非有至诚之德而又有无息之功，其安能致是哉？”[③] 他认为秦隋之君之所以功业未兴且国运短暂，就是因为“虚伪妄诞”而失之于“诚”，“作辍无常”而失之于“恒”，告诫后世君主引以为鉴。

第二，慎始。“始”，就是开始，开端、起初。良好的开端，是成功的一半。古人特别看重事物的开始，《易经》有言：“君子慎始，差若毫厘，缪以千里。”丘濬认为这句话对人君而言最为切要，“君子慎始一言，诚万世人君为治之要焉。”[④] 他认为：“事之发也，必有其端。人君诚能于其方动未形之初，察于有无之间，审于隐显之际，端倪始露，豫致其研究之功；萌芽始生，即加夫审察之力。由是以厘天下之务，御天下之人，应天下之变，审察于其先，图谋于其易，天下之务，岂有难成也哉！”[⑤] 丘濬还指出：“人心初动处，便有善恶之分”[⑥]，“善者，天理之本

---

① （明）丘濬：《大学衍义补》卷首，载《丘濬集》，海南出版社2006年版，第14页。

② （明）丘濬：《大学衍义补》卷157，载《丘濬集》，海南出版社2006年版，第2468页。

③ （明）丘濬：《大学衍义补》卷160，载《丘濬集》，海南出版社2006年版，第2504页。

④ （明）丘濬：《大学衍义补》卷39，载《丘濬集》，海南出版社2006年版，第659页。

⑤ （明）丘濬：《大学衍义补》卷首，载《丘濬集》，海南出版社2006年版，第19—20页。

⑥ （明）丘濬：《大学衍义补》卷首，载《丘濬集》，海南出版社2006年版，第17页。

然；恶者，人欲之邪秽”[①]，人君修身必须存善去恶，“知其为善也，善者，吉之兆，断乎可为，则为之必果；知其为恶也，恶者，凶之兆，断乎不可为，则去之不疑；则其所存所行，皆善而无恶，而推之天下国家，成事务而立治功，罔有所失矣”。[②]因此，人君在念虑之际必须审而又审，慎之又慎，“苟不于其始而慎之，则其差也，始于毫厘之间；而其终也，得失成败之分，乃有至于千里之遥焉。呜呼！君子之作事也，其可不慎于始乎！”[③]

第三，慎微。“微”，也称“几”或“几微”，乃细小、微弱之意。明察秋毫、见微知著是圣人的基本素质，也是君主修身的基本要求。《易经》曰：“唯几者，故能成天下之务”[④]。丘濬对此深以为然，称“用功于事为之著，不若审察于几微之初”[⑤]，“天下之事，莫不有几。唯其知之豫也，然后能戒之于早，而不至于暴著而不可遏”[⑥]，否则，“苟不先审其微，待其暴著而后致力焉，则亦无及矣”[⑦]，因而他特意在《大学衍义补》卷首专门增写了“审几微”一节，以为真氏“诚意正心之要”中“崇敬畏”和“戒逸欲”二目的补充，足见他对几微问题的高度重视。他说：“天下之事何者而不起于微小哉？惟其绝之于微小，所以不使其延蔓滋长而至于大而著也”[⑧]，又说“天下之事莫不起于几微，几微之际，先王之所谨也。故识微之君子，因微而知著，由近而察远，自今而知后。而善为治者，亦必谨著于其微，虑远于其近，防后于其前。”[⑨]

丘濬还认为，“始”与“微”乃是一枚硬币的两面，异名而同质，“天

---

① （明）丘濬：《大学衍义补》卷首，载《丘濬集》，海南出版社2006年版，第13页。

② （明）丘濬：《大学衍义补》卷首，载《丘濬集》，海南出版社2006年版，第16页。

③ （明）丘濬：《大学衍义补》卷39，载《丘濬集》，海南出版社2006年版，第659页。

④ （明）丘濬：《大学衍义补》卷首，载《丘濬集》，海南出版社2006年版，第19页。

⑤ （明）丘濬：《大学衍义补》卷首，载《丘濬集》，海南出版社2006年版，第13页。

⑥ （明）丘濬：《大学衍义补》卷首，载《丘濬集》，海南出版社2006年版，第21页。

⑦ （明）丘濬：《大学衍义补》卷首，载《丘濬集》，海南出版社2006年版，第23页。

⑧ （明）丘濬：《大学衍义补》卷136，载《丘濬集》，海南出版社2006年版，第2116页。

⑨ （明）丘濬：《大学衍义补》卷143，载《丘濬集》，海南出版社2006年版，第2241页。

下之事必有所始，其始也，则甚细微而难见焉，是之谓几”。[①] 因此，“辨之于早，即所谓审微也”[②]，“是以君子临事贵于见几，作事贵于谋始”。[③] 他教导君主一定要谨始慎微，以小见大，存善去恶，这样不仅可以提高自身修养，同时还能收到平治之功。他说：“人君于其几而审之，事之未来，而豫有以知其所将然；事之将来，而豫有以知其所必然。于其几微之始，致于审察之功，果善欤，则推而大之；果恶欤，则遏而绝之。则善端于是而充之，恶念于是乎消，逸欲无自而生，祸乱无由而起。夫如是，吾身之不修，国家之不治，理未之有也。”[④]

总之，慎独、慎始、慎微在本质上都是相通的，都是人君诚意、正心、修身的基本功：慎独乃诚意之方，慎始与慎微则皆为慎独之要，而意诚而后心正，心正而后身修。人君通过不断地自我修炼，不但可以提升明辨是非善恶的能力，也能够及时发现并排除祸乱之源，防微杜渐，未雨绸缪，运筹于帷幄之中，而决胜于千里之外。丘濬殷切希望人君诚其意，正其心，“伏惟宫闱深邃之中，心气清明之际，澄神定虑，反己静观，察天理人欲之分，致扩充遏绝之力，则敬畏于是乎崇，逸欲于是乎戒。由是以制事，由是以用人，由是以临民，尧舜之君复见于今，泰和之治不在于古矣。”[⑤]

二　人君之为治，所以必贵乎懋其德

如果说正心是人君修身的手段，那么，立德就是人君修身的目的。所谓“德”，就是美德、善德，也就是孟子所谓的仁义礼智四端。德乃天赋，人人生而有之，“德者，天所赋予，人人有之，行道而有得于心，斯有之矣。”[⑥] 但是，对于以圣王为鹄的的人君而言，显然不能以普通人的

① （明）丘濬：《大学衍义补》卷首，载《丘濬集》，海南出版社2006年版，第23页。
② （明）丘濬：《大学衍义补》卷首，载《丘濬集》，海南出版社2006年版，第31页。
③ （明）丘濬：《大学衍义补》卷首，载《丘濬集》，海南出版社2006年版，第34页。
④ （明）丘濬：《大学衍义补》卷首，载《丘濬集》，海南出版社2006年版，第23页。
⑤ （明）丘濬：《大学衍义补》卷首，载《丘濬集》，海南出版社2006年版，第15页。
⑥ （明）丘濬：《大学衍义补》卷160，载《丘濬集》，海南出版社2006年版，第2504页。

标准来要求，“夫人必备众善之长，然后能为众人之长。上体夫天德之元，中体夫人心之仁，四端万善，皆在乎所体之中，万姓兆民皆在乎所长之下”[①]。丘濬指出：“自古言君德者，必曰乾。乾即天也。……是故人君具天之位，必备乾之德，然后足以体天而立极焉。”[②]又说“天之德即乾之德，乾之德即圣人之德。”[③]总之，君德、乾德、天德、圣德，都是一回事。

君德（即乾之德）的内容，包括刚、健、中、正、纯、粹、精七个方面，称“七德”。刚，是指体格强壮，至阳至刚；健，是指言辞得体，善于表达；中，是指行为适度，无过不及；正，是指态度公正，不偏不倚；纯，是指内心阳光，不怀阴暗；粹，是指本性善良，没有邪恶；精，是指纯粹至极，出神入化。乾德所包含的这七德并非人所固有，而是所有美德的集大成者，也就是“众善”之德，“乾之为德，大矣备矣，无以加矣！”[④]人君只有具备了这七德，才配得上所居之位，也才真正堪称“圣明天子”。不过，丘濬又认为，人君修德还是应当从最基础的刚健中正四德开始，其中，刚为体，健为用，中为行事的基本原则，正为立事的基本态度。然后不断精进，不断完善，“以刚为体，以健为用，事之行也必由乎中，事之立也必本乎正。心心在焉，事事而思之，极深研几，而必求至乎精义入神之地，则七德备乎已”。[⑤]丘濬特别强调君主修身以立德，他说：“人君之为治，所以必贵乎懋其德也。德而懋焉，则勉勉而不怠；懋德而方焉，则进进而不已。允若是，则阴阳顺序，灾害不生，物无疵厉，民不饥寒。流峙之山川，幽明之鬼神，陆产之鸟兽，水产之

① （明）丘濬：《大学衍义补》卷157，载《丘濬集》，海南出版社2006年版，第2462页。

② （明）丘濬：《大学衍义补》卷157，载《丘濬集》，海南出版社2006年版，第2461页。

③ （明）丘濬：《大学衍义补》卷157，载《丘濬集》，海南出版社2006年版，第2464页。

④ （明）丘濬：《大学衍义补》卷157，载《丘濬集》，海南出版社2006年版，第2464页。

⑤ （明）丘濬：《大学衍义补》卷157，载《丘濬集》，海南出版社2006年版，第2464页。

鱼鳖，无一而不各止其所焉。治效而至于此，岂非功化之成也哉！”[①]

不过，君德的要求如此高远博大，现世的君主如何才能做得到呢？丘濬简单而明确地给出了一个三字要诀，那就是：公、敬、勤。他说：“然则未至于大人之地，而居大人之位者，何以致其力哉？亦曰：‘公而已矣。’……既公矣，又何加焉？曰敬。既敬矣，又何加焉？曰勤。公以主之，敬以持之，勤以行之，则吾心与天心合，而不梏于形体之私，而与之相通矣。”[②]

第一，公以主之。“公”，与“私”相对，代表天下、国家、万民、大众的利益。“公以主之”就是要人君要克己奉公，大公无私，以一颗公心来主导自己，绝一己之私，公天下之利，在重大的决策面前摒弃私利，维护公益。丘濬教导君主说：“天下事无全利，亦无全害，择其利多而无害者为之，斯可矣。然所谓利者，非便于己私之谓也；使天下之人皆受其利，宜而无祸害是也。”[③]君主只有禁绝私欲，一心为公，才能感化众人，为天下臣民所敬仰、信服和效仿。惟其如此，也才能真正做到上行下效，令行禁止，君民同乐，政通人和。当然，为人君者要想始终保持一颗公心，就必须遏制私欲，躬行节俭，严禁奢靡浪费，“是以上之人侈心有所惮而不生，欲心有所节而不纵，非徒以惜民财，裕国用，政所以养人主恭俭之德，而致之于无过之地焉”。[④]另一方面，“人君本节俭纯朴以为治，则民之衣食足矣，而又得人以教化之，则民皆化于善，而仰事俯育之皆足，放僻邪侈自不为矣”。[⑤]总之，人君诚能做到“公以主之”，小而言之，可以正心修身，立德成圣；大而言之，则能够强国富民，平

---

① （明）丘濬：《大学衍义补》卷158，载《丘濬集》，海南出版社2006年版，第2473—2474页。

② （明）丘濬：《大学衍义补》卷157，载《丘濬集》，海南出版社2006年版，第2465页。

③ （明）丘濬：《大学衍义补》卷129，载《丘濬集》，海南出版社2006年版，第2013页。

④ （明）丘濬：《大学衍义补》卷23，载《丘濬集》，海南出版社2006年版，第430页。

⑤ （明）丘濬：《大学衍义补》卷136，载《丘濬集》，海南出版社2006年版，第2119—2120页。

治天下，丘濬认为这是三代以上的圣王留给后世人君的宝贵经验，理当为后世君主所参鉴。

第二，敬以持之。“敬”，乃恭敬、笃恭、敬畏、敬诚之义。孔子曰：“修己以敬。”（《论语·宪问》）敬字功夫是儒家修身立德的首要法门，朱熹称其为“圣门第一义”“圣门之纲领，存养之要法”。[①]丘濬更是特别重视这一修身之法，他强调说：“敬者，圣学所以成始而成终者也，未有不能敬以处己而能敬以教人者。”[②]丘濬进而认为，尧、舜、禹、汤、文、武等古代圣王上下相承前后相传的所谓“心”，其实就是一颗恭敬之心。他说：“尧授舜以天下，非徒传之以位，而实传之以心。尧之心何心哉？敬而已。敬而著于容，是之谓恭。”[③]又说：“恭者，敬之别名，乃帝王相传之心法。……事常有变，而恭敬之心，则无往而不存焉。”[④]人君修一己之身而安天下之民，其责任至大至重，必须秉持一个“敬”字，“是以古之帝王为百姓，故孜孜然以修身，而其所以修身者，兢兢然以持敬也”。[⑤]

第三，勤以行之。“勤”，与惰、怠、懈、慢相对，本义是勤奋、勤勉、勤劳的意思。但是，丘濬显然并不满足于勤字的表面含义，而更加看重其内涵，他用《易经》中的名句“天行健，君子以自强不息”来解读这个字。他说：“自强不息，勤之谓也。”[⑥]经过丘濬的解释，“勤”字的含义豁然清晰：首先，它明确排除了那种徒劳无益的瞎忙乎，简单重复的劳作并不是真正意义上的“勤”；其次，它赋予行为人以明确的奋斗目标，那就是做大做强；再次，它要求行为人靠自己的努力去实现目标，也就是“自强”；最后，它告诫行为人必须坚持不懈，不达目的

---

① 钱穆：《朱子学提纲》，生活·读书·新知三联书店2014年版，第104页。

② （明）丘濬：《大学衍义补》卷67，载《丘濬集》，海南出版社2006年版，第1050页。

③ （明）丘濬：《大学衍义补》卷158，载《丘濬集》，海南出版社2006年版，第2486页。

④ （明）丘濬：《大学衍义补》卷132，载《丘濬集》，海南出版社2006年版，第2056页。

⑤ （明）丘濬：《大学衍义补》卷158，载《丘濬集》，海南出版社2006年版，第2484页。

⑥ （明）丘濬：《大学衍义补》卷157，载《丘濬集》，海南出版社2006年版，第2465—2466页。

决不放弃，也就是“不息”。不言而喻，这种以“自强不息”为内涵的“勤”才是君主修身立德所必须做到的，因为“功及万世，圣人之大业也；终始日新，圣人之盛德也。”[①]相反，一味地做毫无意义的重复劳动，即使再勤奋，也于修身无益，与立德无关。然而，丘濬的要求对当时的人君而言似乎太高了，明代的君主除太祖、成祖和孝宗外，几乎个个都荒政怠政，有的甚至多年不朝，不理政事，君不亲臣，臣不近君，以致群小乱政，乌烟瘴气。丘濬对此深为忧惧，他痛切地指出：“自古祸乱之端，皆起自蒙蔽；蒙蔽之由，起自上下之情不通；上下之情不通，起自君臣不相接见。”[②]希望继世之君效法祖宗，以“勤”为治，“此最今日求治之要务”。[③]

第二节　准天以为治，准尧以为法

上为天，下为地，而人和万物居于其中。在这样的世界观指导下，我国古人一致认为：天是宇宙自然的最高主宰，也是人类和世间万物的缔造者和养育者。然而，天虽有最高的权威和巨大的能量，却无法亲自治理社会；而人虽为万物之灵，但由于禀赋、德性、智能等各不相同，也不可能自遂其生、自全其性而实现自理自治，因而必须由上天在芸芸众生中选拔一个聪明秀出的人来做君做王，负责养育、教化和治理万民，从而实现天下大治。这个人就是与天合德的圣人，传说中的三皇五帝、二帝三王都是德位相称的圣王。但是，现实政治毕竟不是传说，只有在其位的君，而没有备其德的圣，所以坚持“非圣人莫之能王”的传统儒家为了实现理想中的王道政治，就以古圣先王为模范，要求后世的君主

① （明）丘濬：《大学衍义补》卷157，载《丘濬集》，海南出版社2006年版，第2470页。

② （明）丘濬：《大学衍义补》卷45，载《丘濬集》，海南出版社2006年版，第738页。

③ 参见（明）丘濬《大学衍义补》卷45，载《丘濬集》，海南出版社2006年版，第738页。

以之为标准，修身立德，做好上天交付的治、养、教三事，成就一代圣王的美名和功业。因此，在丘濬的法思想中，“天”与“圣”是最高位阶的两大主体，其地位在“君”之上，是人君修身立德的圭臬，“有志于二帝三王之盛，雍熙泰和之治者，尚当体有心之圣人，而法无心之天地，以成其盛德大业也哉！”①对后世君主而言，要想成为一代圣王，就必须做到“准天以为治”、“准尧以为法”。

一　天立乎君，君奉乎天

天与君是拟制的父子关系，也是绝对的上下级关系。天为父，君为子；天为上，君为下。君主所获得的权力、地位、财富、荣誉、尊贵等都是上天的赋予和恩赐，君主统治的合法性、权威性和有效性也都来自上天。因此，顺天者昌，逆天者亡。君主必须绝对服从上天的意志，对上天充满敬畏之心，按照上天的要求兢兢业业地履行自己的职责，否则就会遭致天谴天罚，丧失最高权力甚至自己的身家性命。为了维护自己的权位，巩固祖宗的基业，君主必须修身正己，体天地之大德，成天地之大业，时时、处处、事事都当秉承上天的旨意，尊奉上天的命令。

丘濬用了大量文字反复论证“天”与“君”的关系，其目的就是要给完全失去制度约束的君主套上一个无形的紧箍咒，使之思想言行回归正轨，不要唯我独尊，肆意妄为。他说：“天立乎君，君奉乎天。天固非以一人之故，而立其人以为君。”②又说：“天以天下之民之力之财，奉一人以为君，非私之也，将赖之以治之、教之、养之也。”③由此可见，“天立乎君，君奉乎天”是丘濬勘定天君关系的基本命题。在他看来，君主不过是上天在人间的代理人，并非实际的最高统治者，即使在世间至尊至贵，无人能及，但君之上，还有天，君主必须受命于天，效命于天，

---

①（明）丘濬：《大学衍义补》卷157，载《丘濬集》，海南出版社2006年版，第2470页。

②（明）丘濬：《大学衍义补》卷5，载《丘濬集》，海南出版社2006年版，第113—114页。

③（明）丘濬：《大学衍义补》卷24，载《丘濬集》，海南出版社2006年版，第444页。

不可违背天意，时时、处处、事事都当“准天以为治”。

首先，顺天道，循天理。丘濬指出：“天者，公而已”[①]，“巍巍乎，惟天为大，在人君者，日当敬而顺之。”[②]君主承天命而治天民，必须心与天通，道与天契，与天保持高度一致。他说：“天之道在生民，人君之命亦在生民。人君知天之道为生民，立我以为君，则必爱天之民，而不肆虐于天之所生者，而竭其力、尽其财以为私奉。”[③]又说：“设禁阱民者，人欲之私；与民同利者，天理之公。”[④]天即是公，天道即公道，天理即公理。人君应当谨奉天意，立政为民，摒弃私欲，一心为公：“为万世计，不顾一时；为天下计，不徇一方；为万民计，不恤一人。”[⑤]

其次，体天心，备天德。丘濬指出：“天德好生，而立君以养民”[⑥]，上天有好生之德、生生之理和养物之仁，这是天下万民得以全其性命并且世世代代生生不息的根源所在。人君既居天之位，则必体天之心，备天之德，以传承和发扬上天的好生之仁。他说：“人君为生人之主，体天地之大德，为生灵之父母，于凡天下之人无不欲其生，于凡有生者，苟可以为其养生之具者，无不为之处置营谋，俾之相安相乐，以全其生生之天。”[⑦]又说：“人君宜体天心，恒自念曰：‘一夫之生失其所，固相君者之罪；一人之死非其命，岂非君民者之罪乎？’用是兢兢业业，深思远念，非为民而不轻用人之命。如此，可以永保天命而仁声洋溢于天下，庆泽流衍于万世矣。”[⑧]意思是说，君主应当常常体察天心，反复提醒和

---

① （明）丘濬：《大学衍义补》卷157，载《丘濬集》，海南出版社2006年版，第2465页。

② （明）丘濬：《大学衍义补》卷5，载《丘濬集》，海南出版社2006年版，第122页。

③ （明）丘濬：《大学衍义补》卷5，载《丘濬集》，海南出版社2006年版，第114页。

④ （明）丘濬：《大学衍义补》卷89，载《丘濬集》，海南出版社2006年版，第1374页。

⑤ （明）丘濬：《大学衍义补》卷17，载《丘濬集》，海南出版社2006年版，第345页。

⑥ （明）丘濬：《大学衍义补》卷156，载《丘濬集》，海南出版社2006年版，第2436页。

⑦ （明）丘濬：《大学衍义补》卷100，载《丘濬集》，海南出版社2006年版，第1553页。

⑧ （明）丘濬：《大学衍义补》卷156，载《丘濬集》，海南出版社2006年版，第2446页。

告诫自己是否尽到为人君者的责任？如果治下有一人失其所或死于非命，都是为君者的罪过，只有兢兢业业，深谋远虑，惜民力，安民生，施仁政，才能永保君位，延续国祚，“天生人君以为生民之主，必体天心以安民生，然后有以保其位也”。[①]

再次，爱天民，尽天事。丘濬指出：上天立君的本意并非是让君“恣肆于民上，以快其所欲也”[②]，而是为了让君承担起治理社会教化万民的重任，使民不丧失其善良的本性。从这个意义上讲，君的设立不是为其个人谋私利，而是为普天之下的人民谋幸福。这是上天的旨意，也是君主不可推卸的职责，“君所治者天之事也。……君之事即民之事，民之事即天之事也”。[③]君主受天命之所托，必当善待生命，爱民如子，像天地养育万物那样养育万民，“君承天之命以治天之民，知天之心甚惠爱乎民也，则必养之如子，盖之如天，容之如地。”[④]因此，为人君者必须以生人为本，让百姓得以安身立命，决不能辜负上天的嘱托，“惟恐弃天地生人之性，负天命立君之意，悖上天爱民之心”。[⑤]

最后，谨天戒，畏天灾。丘濬坚信：爱民者必得天报，而害民者必遭天殃。他说：“天之道不言而信。其于人也，有一气感通之理，故其于人君也，恒仁爱之，而有告戒之道焉。然其所以告之者，岂谆谆命之哉？垂象以示之而已。象之循度，则有吉之兆，象之失度，则有凶之形。”[⑥]意思是说，天虽然不会说话，但随时都在关注着君的言行，如果为政者顺从天意，遵循天理，就示之以祥瑞之兆；反之，如果违背天意，触犯天理，就示之以灾异之象。君主必须高度重视上天的告诫，反躬自省，趋吉避凶，弃恶从善，及时改过自新，以获取上天的谅解，化解可能的祸乱。他说：“为人君者，固当谨天戒于上”[⑦]，“凡宫殿门阙有所灾变，皆天示之警也。

---

① （明）丘濬：《大学衍义补》卷16，载《丘濬集》，海南出版社2006年版，第329页。
② （明）丘濬：《大学衍义补》卷4，载《丘濬集》，海南出版社2006年版，第93—94页。
③ （明）丘濬：《大学衍义补》卷5，载《丘濬集》，海南出版社2006年版，第113页。
④ （明）丘濬：《大学衍义补》卷13，载《丘濬集》，海南出版社2006年版，第249页。
⑤ （明）丘濬：《大学衍义补》卷4，载《丘濬集》，海南出版社2006年版，第94页。
⑥ （明）丘濬：《大学衍义补》卷92，载《丘濬集》，海南出版社2006年版，第1414页。
⑦ （明）丘濬：《大学衍义补》卷5，载《丘濬集》，海南出版社2006年版，第123页。

所警不同，天意必有所在。人君遇灾，其必反己自求，所以致天怒而召天灾者，其咎安在？而加省察之功，则灾不为咎矣”。[①]

二　居尧之位，体尧之心

与孔子一样，丘濬对一手开创了大同盛世的尧称颂不已，称“其仁则如天，其智则如神。巍乎其有成功，焕乎其有文章，荡荡乎不可得而名也”[②]，认为尧的美德智慧和丰功伟业无人能及，是开天辟地以来最伟大的君主，也是后世君主修身正己的最高典范。因此，“帝王承尧之后，当准尧以为法。”[③]可是，如何向尧学习做一个圣王呢？丘濬以为应该像舜那样，“居尧之位，体尧之心，于凡天下之事，天下之民，无有不敬谨者矣。”[④]具体而言，他又提出了一个十六字诀，那就是：“反之于己，体之于人，揆之于心，绎之于理。”[⑤]

首先，反之于己。所谓“反之于己”，就是反身而诚、反躬自省、反求诸己。丘濬认为：“人君不贵无过，而贵能改过”[⑥]，“夫道有诸己，然后可以责人”[⑦]。因此，出了问题首先要反求诸己，从自己身上查原因找不足，反省自己的过错，有则改之，无则加勉，不断提高自身素养。上文所讲的“慎独”“慎始”“慎微”都是这个意思。此不赘述。

其次，体之于人。所谓“体之于人”，就是要体察、体谅、体会他人的感受，将心比心，站在对方的立场去观察和分析问题，也就是今天常说的“换位思考”，古人称之为“絜矩之道”。丘濬认为，像尧那样的圣王，都是上体天德，下尽人道，上承天意，下顺民情，使所做的每一件

---

① （明）丘濬：《大学衍义补》卷88，载《丘濬集》，海南出版社2006年版，第1351页。

② （明）丘濬：《大学衍义补》卷88，载《丘濬集》，海南出版社2006年版，第1351页。

③ （明）丘濬：《大学衍义补》卷158，载《丘濬集》，海南出版社2006年版，第2482—2483页。

④ （明）丘濬：《大学衍义补》卷112，载《丘濬集》，海南出版社2006年版，第1742页。

⑤ （明）丘濬：《大学衍义补》卷首，载《丘濬集》，海南出版社2006年版，第22页。

⑥ （明）丘濬：《大学衍义补》卷112，载《丘濬集》，海南出版社2006年版，第1746页。

⑦ （明）丘濬：《大学衍义补》卷81，载《丘濬集》，海南出版社2006年版，第1266页。

事情都合乎天理，应乎民心，因此，他不仅要求君主经常反省自查，从自身出发查找问题，同时也特别强调推行絜矩之道，教导君主推己及人，以己之所好恶，推人之所好恶，以民心为己心，真正做到爱民如身，爱民如子。他说："大约民所好者，饱暖安乐；所恶者，饥寒劳苦。使民常得其所好，而不以所恶之事加之，则爱民之道也。"① 丘濬引用元儒金履祥的话说："平天下者惟以一人之心体天下之心，以天下人之心为一人之心，推而度之，概而取之，则各得其所而天下平矣。"②

再次，揆之于心。揆者，度也，就是揣测、权衡的意思。所谓"揆之于心"，就是在付之行动前，要反复斟酌揣摩，厘清是非善恶，分析利弊得失，确保决策之正确可行。丘濬认为，人君以一人之身而主天下之事，其一言一行，一举一动，牵连千家万户，亿兆之众，可谓牵一发而动全身，因此，不可不慎！"是以欲兴一念、作一事、取一物、用一人，必于未行之先，欲作之始，反之于心，反复䌷绎，至再至三，虑其有意外之变，恐其有必至之忧，如何而处之则可以尽善，如何而处之则可以无弊，如何而处之则可以善后而久远，皆于念虑初萌之先，事几未著之始，思之必极其熟，处之必极其审，然后行之。如此，则不至于倒行逆施，而收万全之功矣。"③

最后，绎之于理。"绎"，为演绎、抽绎、推理之义；"理"的含义众多，且表述各异，《大学衍义补》中常见的表达有天理、公理、道理、伦理、事理、物理、情理、法理、治理、自然之理、天地之理、天下之理、彝伦之理、治乱之理、必然之理、万事万物之理、大中至正之理等，此处宜作道理、标准、规律、逻辑解。所谓"绎之于理"，就是人君在思考和分析问题时，要依据一定的道理、标准和逻辑进行推演和论证，"顺理

---

①（明）丘濬：《大学衍义补》卷81，载《丘濬集》，海南出版社2006年版，第1267—1268页。

②（明）丘濬：《大学衍义补》卷159，载《丘濬集》，海南出版社2006年版，第2498页。

③（明）丘濬：《大学衍义补》卷首，载《丘濬集》，海南出版社2006年版，第28—29页。

为是，逆理为非”。[①]只有以理为据，循理而䌷，才能得出正确的判断和取舍，这是非常重要的思虑方法，也是人君防乱避祸的必要举措。丘濬教导说：“自古天下既济而致祸乱者，盖不能思患而预防也。何也？盖物极而反，势至则危，理极则变，有必然之理也。人君于此思其未萌之患，虑其末流之祸，展转于心胸之间，图谋于思虑之际，审之于未然，遏之于将长，曲尽其防闲之术，旁求夫消弭之方。毋使一旦底于不可救药、无可奈何之地，则祸患不作，而常保安荣矣。”[②]

第三节　存仁义之心，行仁义之政

丘濬认为：君民关系是以情义为纽带而得以维系和巩固的，“盖君之于民，相须而成，所以维系之以相安者，以情相孚而义相结也”[③]，而君民之间的情义直接取决于人君能否施仁行义。尧舜之君爱民如子，广布仁德，百姓自然爱戴和拥护他们；相反，桀纣之君残害百姓，施不仁之政，必然会激起人民的不满与愤懑，最终推翻其统治。由此可见，有尧舜之君，必有尧舜之民；有桀纣之君，亦必有桀纣之民，“是以人君为治，必存仁义之心以行仁义之政”。[④]因此，后世人君法尧舜、法圣人，从内涵或本质上讲，就是学习和效法他们的仁义之心，“善学圣人者当师其心，其心谓何？仁义而已矣”。[⑤]

---

① （明）丘濬：《大学衍义补》卷115，载《丘濬集》，海南出版社2006年版，第1793页。

② （明）丘濬：《大学衍义补》卷首，载《丘濬集》，海南出版社2006年版，第37页。

③ （明）丘濬：《大学衍义补》卷106，载《丘濬集》，海南出版社2006年版，第1649页。

④ （明）丘濬：《大学衍义补》卷81，载《丘濬集》，海南出版社2006年版，第1268—1269页。

⑤ （明）丘濬：《大学衍义补》卷115，载《丘濬集》，海南出版社2006年版，第1796页。

一　仁之为仁，乃人心之全德，道理之总名

孔子所创立的儒学是以“仁”为核心建构起来的理论体系，“仁”是传统儒家的核心价值。“仁”的内涵极其丰富，爱人、立人达人、克己复礼、孝悌、忠信、己所不欲勿施于人、恭宽敬敏惠、温良恭俭让，等等，不一而足。在孔子看来，“仁”是做人的基本准则，“人而无仁，如礼何？人而无仁，如乐何？”（《论语·八佾》）；“仁”也是君子修身所必须坚持的第一要义，“君子无终食之间违仁，造次必于是，颠沛必于是”。（《论语·里仁》）孟子总结了夏商周三代的存亡之道，指出：“三代之得天下也以仁，其失天下也以不仁。”（《孟子·离娄上》）丘濬在《大学衍义补》中也对“仁”有过一大段完整的专论，他说：

> 仁之一字，先儒以心之德、爱之理为训。臣窃以为，仁之为仁，乃人心之全德、道理之总名。仁义礼智之仁，如元亨利贞之元也，专以元言，则元属乎春；统以元言，则亨利贞何者而非一元之气乎。仁之于义礼智，亦犹是也。是故颜子问仁，子曰：“克己复礼为仁。”仲弓问仁，子曰：“主敬行恕为仁。”樊迟问仁，子曰：“居处恭，执事敬，与人忠为仁。”子张问仁，子曰：“恭宽信敏惠为仁。”司马牛问仁，子曰：“仁者其言也切。”凡若此者，皆因一人之问，而告之以一理也。若夫樊迟一人，则凡三问焉，首告之以恭敬忠，次告之以先难后获，终告之以爱人。是仁之为仁，无往而不在，凡夫天下之理，人心之德，无一事之非仁也。夫其所谓出门如宾，承事如祭，己所不欲，勿施于人，与夫其言也讱，先难后获及爱人者，皆就事而言也。若夫所谓礼，所谓忠，所谓敬，所谓恭，所谓宽，所谓信，所谓敏与惠，皆以为仁。可见仁之为仁，不止于一德，盖众理之总名，诸德之要道。若专以为一德，指为一事，则仁之道小矣。故曰仁也者，人也。以见人之所以为人，以其全尽此人之理也。但其发之最先者，则以恻隐为之端耳。先儒解之曰：“仁者，天理之至公，

人心之全德。”当以此言为中的。[①]

这段长长的“仁”论涵盖了丘濬对“仁”的全面认识和把握。

第一，仁乃人心之全德。孟子认为，人心有仁、义、礼、智四大善端，也即四大美德的萌芽，其中，“仁”发之最先，代表恻隐之心、不忍人之心。丘濬进一步指出，仁不仅为人心第一大德，而且也是人心最本质最核心的部分，是评判人之所以为人的决定性因素，“人之所以为人者，以其有仁也。”[②]一个不具有仁德的人，不可能成为真正的人。因此，仁代表人心的全部美德，没有仁，就无所谓义，无所谓礼，也无所谓智。

第二，仁乃众理之总名。“仁”是孔子创立儒学的核心理念，没有“仁”，就没有孔子及其儒家学派。丘濬全面总结了《论语》中孔子与颜回、仲弓、樊迟、子贡、子张、司马牛等众弟子关于“仁”的探讨，认为孔子对于“仁”有多重解读，弟子有一问，孔子即告之一理，“仁”的内涵极其丰富，“克己复礼”“主敬行恕”“居处恭，执事敬，与人忠”“恭宽信敏惠”“出门如宾，承事如祭”“己欲立而立人，己欲达而达人”“己所不欲，勿施于人”“言也切”“先难后获”以及“爱人”等，都是仁的具体表现。由此可见，仁无处不在，“凡夫天下之理，人心之德，无一事之非仁也。”一言以蔽之，“仁”就是天下之理的总头衔、总名目。

第三，仁乃诸德之要道。丘濬指出：仁之为仁，不止于一德，“若夫所谓礼，所谓忠，所谓敬，所谓恭，所谓宽，所谓信，所谓敏与惠，皆以为仁”。[③]意思是说，礼、忠、恭、宽、信、敏、惠等美德，都是从“仁”这一善端生发出来。所以，仁既是培育和塑造各种美德的首善之德，又是所有美德得以不断发育、完善的必由之径，“可见仁之为仁，不止于一德，盖众理之总名，诸德之要道”。[④]

① （明）丘濬：《大学衍义补》卷76，载《丘濬集》，海南出版社2006年版，第1198—1199页。

② （明）丘濬：《大学衍义补》卷76，载《丘濬集》，海南出版社2006年版，第1189页。

③ （明）丘濬：《大学衍义补》卷76，载《丘濬集》，海南出版社2006年版，第1198页。

④ （明）丘濬：《大学衍义补》卷76，载《丘濬集》，海南出版社2006年版，第1198页。

丘濬虽然认为仁是人心所固有的善端和美德，人人得而有之，但是，除圣人外，并非人人都能善始善终地保持这一德性。在现实生活中，由于利与欲的巨大诱惑，人们往往会在不知不觉中丧失这种天赋之德，以致为了财利而相互倾轧，大动干戈，只有圣人才能存仁心，施仁政，使所有的人，不论大小、远近、亲疏，都能相亲相爱，生死相依，让世界充满仁和爱。他说："仁者，人心之德，人人有也。人人有此仁，而莫不皆有恻隐慈爱之心，然为利欲所昏蔽，而丧不忍之心者多矣。是以相争相夺，相弃相杀，而为不仁之事，不自知也。惟圣人者出，以仁心煦妪之，以仁政率诱之，而不仁者又为之禁戒。是以一世之人，莫不相亲爱，相周恤，而兴夫仁慈忠恕之风。以至于沦肌肤，入骨髓，若大若小，若远若近，若亲若疏，生者相卫护，死者相怜惜，无一地之无仁，无一人之不仁，无一事之非仁。"①

丘濬主张后世之君仿效圣人之治，对百姓广施仁德，以成就所谓"必世之仁"的伟大事业。一方面，这是天理的必然要求。古圣先王体天地好生之德而以仁治天下，并由此创立了雍熙泰和的大同盛世，后世之君理当薪火相继，仁以为己任，将这项光荣而艰巨的伟大事业推向前进。他说："夫有作者于前，斯有述者于后。无作者以兴之，则邦本不立；无述者以续之，则其事不延。要必作者有恒心，述者有孝念，然后有以称必世之仁。是故有尧而无舜，不能也；有文、武而无成、康，不能也。故欲称必世仁厚之俗，必须有继世仁厚之君。"②另一方面，这也是民心的根本需求。古往今来，人民都从心底里希望和拥护统治者发政施仁，憎恶和反对不仁之政，对桀纣之君残民害民的暴虐之政更是切齿痛恨，忍无可忍，最终群起而反之，推翻其统治。后世人君理当以此为鉴，从民所欲，仁民爱物，才能得民之心，从而巩固君位。丘濬指出："人君知民之所欲者在仁，则施仁之政以来之；所恶者在不仁，则凡不仁之政，

① （明）丘濬：《大学衍义补》卷158，载《丘濬集》，海南出版社2006年版，第2483页。

② （明）丘濬：《大学衍义补》卷158，载《丘濬集》，海南出版社2006年版，第2483—2484页。

一切不施焉。去其不仁而所施者无非仁，则有以得民之心；而民之归之，不啻如水就下，兽走圹矣。”[①]反之，如果违民所愿，倒行逆施，推行不仁之政，则必然会失民心，而终至于失天下。

在丘濬看来，仁政的核心内容非常明确：那就是全民之生。人受天地的生养之德而活在这个世上，每一个人都希望过上幸福安宁的生活，君主的责任就是想尽一切办法保全人们的生命，让天下人好好地生活。他说：“天地之大德曰生，人得天地之德以为生，莫不好生”[②]，“人君为生人之主，体天地之大德，为生灵之父母，于凡天下之人无不欲其生，于凡有生者苟可以为其养生之具者无不为之处置营谋，俾之相安相乐以全其生生之天，苟于其中有自戕其生而逆其生生之理者，则必为之除去，此所以有刑法之制焉。所以然者，无非欲全民之生而已。”[③]因此，君主发政施仁的宗旨就在于成全天下人的求生欲望，让大家各得其所，各遂其愿，这样自然就国泰民安天下太平了。

当然，天下如此之大，百姓如此众多，要想安顿好每一个人，绝非易事。因此，丘濬特别强调施行仁政的方式方法和先后顺序。他说：“天下者，一国之积也。一国者，一家之积也。一家者，一人之积也。人人有亲有长，一人有一人之亲长，各人有各人之亲长。各人亲各人之亲、长各人之长，则一家之中无有不亲其亲、不长其长者矣。各家之亲之长皆有以亲之长之，则一国之中为人亲者皆有以亲之，为人长者皆有以长之者矣。推之天下，天下统乎国，国统乎家，家统乎人。人人皆亲其亲，长其长，天下之人不异乎国，国之人不异乎家。天下无一人不然，无一家不然，则天下岂有不平者哉？”[④]因此，他认为：“施仁之序，亲亲而后

① （明）丘濬：《大学衍义补》卷13，载《丘濬集》，海南出版社2006年版，第251页。

② （明）丘濬：《大学衍义补》卷101，载《丘濬集》，海南出版社2006年版，第1573页。

③ （明）丘濬：《大学衍义补》卷100，载《丘濬集》，海南出版社2006年版，第1553页。

④ （明）丘濬：《大学衍义补》卷160，载《丘濬集》，海南出版社2006年版，第2509页。

仁民；为治之道，齐家而后治国。”[①] 意思是说，人君发政施仁首先得从自己的亲人做起，从自己的家庭开始。君主首先得爱自己的家人，然后推己及人，老吾老以及人之老，幼吾幼以及人之幼，这样层层向外扩充，由家而国、由国而天下，自然就国治而天下平了。

二　义之为义，所以全乎仁

义，也是人所固有的一大美德，源自人的羞恶之心，所谓“羞恶之心，义之端也。”(《孟子・公孙丑上》）朱熹《四书集注》解释说：“羞，耻己之不善也；恶，憎人之不善也。”由此可见，“义”是基于人性对善的向往与追求而自然产生的对恶的排斥和抵制，具有鲜明的价值倾向性。在传统的价值体系中，义既是一种价值观，也是一种方法论。作为价值观，“义”的含义等同于道义、正义、公义，是法所追求的最重要的核心价值之一；而作为方法论，“义”者，宜也，意思是适度、适当、正确，也就是无过无不及、不偏不倚、宽严相济、中规中矩，反对“过”和“不及”两种极端，主张中道而行，孔子说：“不得中行而与之，必也狂狷乎！”(《论语・子路》)

“义”是中国古代仅次于“仁”的目标价值。古人常常将仁义二字相提并论，孟子提出了居仁由义的主张，认为一个正人君子应当同时具备“仁”和“义”两种优秀品质，以仁为住宅，以义为正道，“居仁由义，大人之事备矣。”(《孟子・尽心上》）因此，在传统儒家看来，“仁”与“义”乃一体两面之关系，仁主内，义主外，一个正人君子就应该宅心仁厚而行事公道，仁与义兼备，做到“仁以存心、义以制事。”[②] 不仅如此，“义”还被奉为君子处世制事的最高标准。孔子曾言：“君子之于天下也，无适也，无莫也，义之与比。”(《论语・里仁》）意思是说，君子行事应当以“义”为准则，凡事符合“义”的就是可行的，正确的，只要义所

① （明）丘濬：《大学衍义补》卷5，载《丘濬集》，海南出版社2006年版，第115页。

② （明）丘濬：《大学衍义补》卷106，载《丘濬集》，海南出版社2006年版，第1640页。

当为，即使于己不利，也要见义勇为，绝不退缩；反之，如何违背“义”的精神，即使有利可图，也不能去做，因此他说：“不义而富且贵，于我如浮云。”（《论语·述而》）

丘濬也指出：“圣人之制事，无往而不以义，惟义是主”[①]，“天下之事，揆之于义，而与义无悖”[②]，并由此提出“以义断仁”的主张，认为“义”是评判和衡量仁与不仁、真仁与假仁的标准。换言之，只有符合“义”的“仁”才是真正的仁，“反乎义则不仁”[③]，违反了“义”的仁就不是真正意义上的仁，而是不仁、假仁或非仁。他说：“彼以姑息为仁者，真不仁也。”[④]姑息养奸实际上是对恶的偏袒和放纵，违背了惩恶扬善的道义精神，自然是不义的，而不义之仁就是真不仁。

“义”与“仁”在本质上是相通的，“仁义根于人心所同有。”[⑤]二者都是传统儒学的核心价值理念，儒家所倡导的精神实质完全可以用“仁义”二字来概括。当然，仁是体，义是用，仁在先，义在后。从内容上讲，“仁”表爱，“义”表敬，“人人皆有爱亲之心，所以爱亲者即仁也；人人皆有敬长之心，所以敬长者即义也”[⑥]；从属性上讲，“仁”主阳，“义”主阴，“天以阳生万物，以阴成万物。生，仁也；成，义也。”[⑦]总而言之，“仁”是“义”的前提和基础，而“义”则是“仁”的补充与完善。丘濬以春秋喻仁义，称：“秋之为秋，所以成乎春；义之为义，所以全乎仁。有春而无秋，则生物不成；有仁而无义，则生民不安。”[⑧]因此，他明确指

---

① （明）丘濬：《大学衍义补》卷27，载《丘濬集》，海南出版社2006年版，第488页。

② （明）丘濬：《大学衍义补》卷48，载《丘濬集》，海南出版社2006年版，第789页。

③ （明）丘濬：《大学衍义补》卷106，载《丘濬集》，海南出版社2006年版，第1639页。

④ （明）丘濬：《大学衍义补》卷108，载《丘濬集》，海南出版社2006年版，第1675页。

⑤ （明）丘濬：《大学衍义补》卷79，载《丘濬集》，海南出版社2006年版，第1234页。

⑥ （明）丘濬：《大学衍义补》卷79，载《丘濬集》，海南出版社2006年版，第1236页。

⑦ （明）丘濬：《大学衍义补》卷160，载《丘濬集》，海南出版社2006年版，第2511页。

⑧ （明）丘濬：《大学衍义补》卷107，载《丘濬集》，海南出版社2006年版，第1666页。

出，仁之中不可以无义，“人君为治，所以贵乎能修礼以达义……使其皆知其所当为者而为之，则义达矣。”[①] 有了“义”的指导与规制，知道什么事当为，什么事不当为，人君才不会滥施仁政。反之，如果没有“义”作为衡量的标准，人君发政施仁就缺乏明确的目标和正确的原则，其结果可想而知。所以，丘濬将“义”视为“仁”的重要补充，“夫守位固在乎仁，而所以行仁而使之各得其宜者，则在乎义”。[②]

值得注意的是，“义”虽与“仁”同质而互补，但二者亦有很大的不同。从法学角度考察，“仁”纯粹是一种价值理念，而“义”则既是价值观，也是方法论，“大抵义之一言，处事之权衡也。凡百天下之事，有可以增损从违者，一皆准以此例，而推其余”。[③] “义”作为“处事之权衡”，其所包含的价值理念正是古人常说的“中道”，即无过无不及、不偏不倚、中规中矩、宽严相济等中正之道，这是人君为治所必不可少而且至关重要的。这一点，又从另一个角度印证了“义之所以全乎仁”的观点。“义”对“仁”的重要性不言而喻。

总之，“仁”与“义”是丘濬心法思想的重要价值，也是人君修身和治世的两大核心要素。丘濬在《大学衍义补》最后一卷总结说：“天有五行而总之者曰阴阳，人有五德[④]而兼之者曰仁义，是仁义者，人君修己治人之正道要术也。人君体天之阳以育万物，使万物皆遂其自然之仁；体天之阴以正万民，使万民皆由乎当然之义。天下之大，无一人之不仁，无一事之非义，天下于是乎平矣。”[⑤] 因此，人君为治，须仁义兼施，“为

---

① （明）丘濬：《大学衍义补》卷158，载《丘濬集》，海南出版社2006年版，第2481页。

② （明）丘濬：《大学衍义补》卷106，载《丘濬集》，海南出版社2006年版，第1639页。

③ （明）丘濬：《大学衍义补》卷40，载《丘濬集》，海南出版社2006年版，第672页。

④ 所谓五德，是指仁、义、礼、智、信，也就是通常所谓的“五常”。《大学衍义补》在不同场合、从不同角度对“德”的内容作了不同的划分，如三德、四德、五德、六德、七德、九德等，不一而足。此处为了与上句的“五行”相对应，而采用了五德之说。

⑤ （明）丘濬：《大学衍义补》卷160，载《丘濬集》，海南出版社2006年版，第2511页。

治之道，不外乎仁义。”①

第四节 以絜矩之心，行絜矩之政

在丘濬的心法思想中，与“仁义”并重的还有一个关键词：絜矩。丘濬高度重视“絜矩”二字，将其奉为推行仁政、实现王道的根本有效途径，称之为“真孔门传授心法”②，认为“平天下之要道，端莫外此”。③

何谓絜矩？絜，度也，意思是衡量、量度、测度；矩，所以为方之器，是指用来画方形的工具，如直尺、折尺等。“絜矩”的字面含义就是以矩为度，即画方形时要以直尺或折尺为标准，引申为规矩、规则、标准、准则、法度等。在儒家哲学中，絜矩是处理人际关系的基本准则，它要求人们从自身出发，推己度人，将心比心，以求得人与人之间利益关系的协调与平衡。具体而言，絜矩二字包含着以下三层意思：第一，审己度人，克己奉公；第二，推己及人，立人达人；第三，己所不欲，勿施于人。这就是儒家所推崇的絜矩之道，其精神实质与“仁”的思想兼容并包，相映成趣，正如丘濬所言：“絜矩之道，推极其理，即圣门所谓仁、所谓恕也。”④

絜矩不仅在本质上内通于儒家的核心价值“仁”，而且从外在功效上看，一旦将其推而广之，人人得而行之，则普天之下所有的利益冲突终将得到合理的安排与调适，每一个人都能各得其宜，人人各遂其分愿，理想的王道政治自然可望实现，“以絜矩之心，行絜矩之政，天下之大，将无一人之不得其分，无一事之不得其理，无一地之不从其化……由家

① （明）丘濬：《大学衍义补》卷79，载《丘濬集》，海南出版社2006年版，第1236页。

② （明）丘濬：《大学衍义补》卷159，载《丘濬集》，海南出版社2006年版，第2500页。

③ （明）丘濬：《大学衍义补》卷159，载《丘濬集》，海南出版社2006年版，第2497页。

④ （明）丘濬：《大学衍义补》卷20，载《丘濬集》，海南出版社2006年版，第395页。

而国，国无不然。由国而天下，天下无不然。所谓王道平平，王道荡荡，王道正直，端有在于斯矣”。[①]丘濬指出，絜矩之道之所以能产生如此神奇而伟大的治效，“此无他，以心感心，天下无异心；因化致化，天下无异化故也”。[②]

一　以心感心，天下无异心

心为身之主，身为心所役。古人根据经验，认为人的一切外在行为都是由心所支配和控制的，因此，心不仅是人体最重要的器官，也是为人处世最重要的依托和凭借。人同此心，心同此理。丘濬认为，为治之道亦然。他说：“人君为治，使夫内而一家，外而一国，又远而天下，皆如一人之身，四体顺正，肤革充盈，九窍百骸，肢节筋骨，气充于中，体全于外，晬然有温润之泽，胖然有舒泰之容，治天下而至于此，岂非大顺之世乎？”[③]因此，“欲平天下者，以何物为矩而度之邪？亦惟此心而已”。[④]这就是丘濬所强调的“因心为治”的观点。综观丘濬内圣学中的全部思想，他要求君主诚其意正其心，上体天心、圣心，下体臣心、民心，以及“存仁义之心，行仁义之政”“以絜矩之心，行絜矩之政”，等等，无一不是“因心为治”思想的具体表现。而要达到天下太平的治效，人君必须做到以下两点：

第一，审己度人，将心比心。丘濬认为，君与民之间是相资相须的关系，就如同心与身一样，他说：“肢体之运动，皆由心神之主使，亦犹人民之休戚，皆由君上之好恶也。然肢体之运动，心神固资之以为荣卫，然而运动之极，至于疲废而痿痹焉，则人心之神，亦因之而伤损矣。人民之供役，人君固资之以为奉养，然而役使之过，至于贫苦而怨叛焉，

① （明）丘濬：《大学衍义补》卷159，载《丘濬集》，海南出版社2006年版，第2497页。

② （明）丘濬：《大学衍义补》卷79，载《丘濬集》，海南出版社2006年版，第1230—1231页。

③ （明）丘濬：《大学衍义补》卷158，载《丘濬集》，海南出版社2006年版，第2480页。

④ （明）丘濬：《大学衍义补》卷79，载《丘濬集》，海南出版社2006年版，第1233页。

则人君之国亦因之而丧亡矣。”[①]君以民为体，民以君为心，人君理当有权役使人民以供奉自己。但是，如果一味横征暴敛，鱼肉百姓，以致民不聊生，怨声载道，必然会激起下民的反抗，最终玩火自焚。因此，为人君者必当体恤民心，爱惜民力，绝不可以为了满足一己之私而毫无节制地劳民伤财。丘濬指出，君与民虽然身份有悬殊，但内心的需求和欲望是一样的，“我心所欲，即人心所欲”[②]，“吾之欲取之心，是即民之不欲与之心。”[③]民与君一样，都是有欲有求的血肉之躯，“天子有天下，则有天下之用度；匹夫有一家，则有一家之用度……彼民之家，上有父母，下有妻子，一日不食则饥，一岁无衣则寒，彼之家计不可一日无，亦犹吾之不可一日无国计也。”[④]人君若能如此审己度人，将心比心，必然勤政爱民，克己奉公，凡事“量入为出，无过取，无泛用，宁损己而益人，不厉民以适己”[⑤]，“使彼此之间各止其所处之分，各遂其所欲之愿，无一人之不遂其生，无一人之或失其所，则天下无不平者矣。”[⑥]

第二，以心感心，上行下效。人君以一人之身居天下之中，个人如此渺小，天下如此博大，“吾修吾身于深宫之中，何预于天下而天下平哉？”[⑦]丘濬认为，关键还是在于正君心以教育感化民心，“以吾之心，感人之心，上行下效，各欲以自尽以己之心，度人之心，彼此相方，各得其分愿矣。”[⑧]“上有由中之诚，下必有感孚之效。”[⑨]君主做出表率在前，百姓自然从善如流，趋之若鹜。发政施仁也是如此。君主从自己的身边做起，从爱自己的父兄开始，亲其亲，长其长，则孝弟之心自然流行天下，

---

① （明）丘濬：《大学衍义补》卷81，载《丘濬集》，海南出版社2006年版，第1263页。

② （明）丘濬：《大学衍义补》卷79，载《丘濬集》，海南出版社2006年版，第1233页。

③ （明）丘濬：《大学衍义补》卷20，载《丘濬集》，海南出版社2006年版，第391页。

④ （明）丘濬：《大学衍义补》卷20，载《丘濬集》，海南出版社2006年版，第395页。

⑤ （明）丘濬：《大学衍义补》卷15，载《丘濬集》，海南出版社2006年版，第292页。

⑥ （明）丘濬：《大学衍义补》卷20，载《丘濬集》，海南出版社2006年版，第395页。

⑦ （明）丘濬：《大学衍义补》卷160，载《丘濬集》，海南出版社2006年版，第2510页。

⑧ （明）丘濬：《大学衍义补》卷159，载《丘濬集》，海南出版社2006年版，第2497页。

⑨ （明）丘濬：《大学衍义补》卷3，载《丘濬集》，海南出版社2006年版，第82页。

“人君之爱其亲，敬其长，尽吾为人子、为人少之礼耳，……天下之人见吾爱吾之亲，敬吾之长，则曰：‘以万乘之尊，四海之富，犹且尽为人子之礼以爱其亲，尽为人少之礼以敬其长，况吾侪小人哉！’于是咸知以爱亲为事而敬其贵，于是由己父之亲而推之，凡一家之亲不敢以不爱焉；咸知以敬长为事而用其命，于是由己兄之命而推之，凡在上之命无不顺焉。”①就这样，君主以一人之心打动千万人之心，使人人受到教育感化，自觉践行仁义孝弟，如此一来，天下岂有不平之理？在丘濬看来，这就是絜矩之道的神奇功效，也是因心为治的必然结果，“盖以孝弟者，人心之所同。人人亲其亲，长其长，而天下平。”②

二　因化致化，天下无异化

丘濬秉承传统儒家的基本精神，主张为政以德，教化为先，要求统治者为民表率，以身示教，感化万民，反对滥施刑罚，贼仁害义，尤其反对不教而杀的虐政，称：“居人上者，诚能以正存心，以身率先天下，则近而群臣，远而万民，孰敢不正哉！”③他认为：人君为政，“必以教化为先，变不美之俗以为美，化不良之人以为良，使人人皆善良，家家皆和顺。由家而邑，由邑而郡，民风士习如出一律，则天下之大，治平之基，实自此而积累也。”④因此，“人君为治，在乎明好恶之所在，使民知所以向方。趋于善而不流于恶，则俗尚正，而治化可成也。”⑤丘濬进而指出：“人君一身，为风化之本”⑥，“夫人君之为治，期于化成天下……化天下之人，则使之皆成夫文明之俗”。⑦他说：“平天下之道，不外乎化之、处之二者而已。……夫我有此本然之性，而人亦莫不有此本然之性。我

---

①（明）丘濬：《大学衍义补》卷79，载《丘濬集》，海南出版社2006年版，第1230页。

②（明）丘濬：《大学衍义补》卷79，载《丘濬集》，海南出版社2006年版，第1234页。

③（明）丘濬：《大学衍义补》卷81，载《丘濬集》，海南出版社2006年版，第1265页。

④（明）丘濬：《大学衍义补》卷83，载《丘濬集》，海南出版社2006年版，第1287页。

⑤（明）丘濬：《大学衍义补》卷83，载《丘濬集》，海南出版社2006年版，第1290页。

⑥（明）丘濬：《大学衍义补》卷81，载《丘濬集》，海南出版社2006年版，第1259页。

⑦（明）丘濬：《大学衍义补》卷157，载《丘濬集》，海南出版社2006年版，第2467页。

尽我本然之性，使之观感兴起，而莫不尽其本然之性，皆如我性之本然者焉，是则所谓化之也。夫我有此当然之理，而彼亦莫不有此当然之理。我以当然之理推之，以量度处置，使彼各得其当然之理，皆如我理之当然者焉，是则所谓处之也。”[①]由此可见，君主治理天下，关键在于“化之有道”和“处之有方”。

首先，以本然之性化之。所谓本然之性，是指人性中所固有的善良本质，也即仁、义、礼、智四大善端。丘濬分析了世风日下人心不古的原因，他说：“人之生也，其性本有善而无恶。有善，故其有生之初，无不厚也。逮夫有生之后，蔽于外物，诱于习俗，于是乎其厚者始变而薄矣。”[②]又说：“教化之所以不行者，以利心胜而义心微也。”[③]一句话，人的本性都是善良的，只是由于利欲的诱惑和恶俗的引导，才逐渐变得不仁和刻薄。明白了这个道理，君主就应当化之有道，以自己的善德去开启天下人的善端，“明其善以去其恶，存乎公以绝乎私，笃乎义而不喻于利，以为君子。所以然者，欲其复其本然之善，成其固有之德也。使斯世之人，人人有君子之行，而不流于小人之归，则天下成比屋可封之俗矣。”[④]又说：“我有是善，人亦有是善。上以善为自为，则下之人同有是善者，亦感发而兴起矣。”[⑤]有了君主的正确引导，人民自然趋善绝恶，从善如流。诚如是，则“普天之下，人皆善而无恶，则人无不成之才，世无不美之俗，而天下平矣。”[⑥]

其次，以当然之理处之。所谓当然之理，是指彝伦之理、人伦之理，也就是《尚书·舜典》所讲的五伦五教：父子有亲、君臣有义、夫妇有别、长幼（即兄弟）有序、朋友有信。丘濬指出：“五者之伦，有天合

① （明）丘濬：《大学衍义补》卷159，载《丘濬集》，海南出版社2006年版，第2496—2497页。

② （明）丘濬：《大学衍义补》卷81，载《丘濬集》，海南出版社2006年版，第1258页。

③ （明）丘濬：《大学衍义补》卷82，载《丘濬集》，海南出版社2006年版，第1281页。

④ （明）丘濬：《大学衍义补》卷71，载《丘濬集》，海南出版社2006年版，第1109页。

⑤ （明）丘濬：《大学衍义补》卷81，载《丘濬集》，海南出版社2006年版，第1267页。

⑥ （明）丘濬：《大学衍义补》卷83，载《丘濬集》，海南出版社2006年版，第1292页。

者，有人合者，皆有天然之分，本然之则，其理一定。”[①]因此，亲亲、尊尊、长长、男女之别、朋友之信等理念就是处理各种人际关系的基本准则，人君应当以此作为教化万民移风易俗的指导思想。然而，“人君以一身中天下而立，海宇如此其大也，人民如此其众也，安得人人而教之，家家而晓之，而使之皆然哉？”[②]因此，还必须处之有方。如何处之呢？丘濬认为，综观人的五伦，夫妇、父子、长幼三伦为“天合者”，基于婚姻和血缘而形成，属于家庭内部关系，而君臣和朋友两伦则为“人合者”，属于家庭以外的关系。可见，五伦的核心和基础是家庭，所谓家和万事兴，“由一家而合之一方，由一方而合之四方，莫不皆然，则天下之平，其基在此矣”。[③]有鉴于此，人君应当以家为本，将家人之间的爱敬之道推之天下，“尽吾爱亲之道于此，使天下之爱其亲者莫不视我以为法；尽吾敬长之道于此，使天下之敬其长者莫不视我以为准……爱敬之道既立于此，则爱敬之化必形于彼。始而一家，次而一国，终而四海之大，莫不各有亲也，各有长也，亦莫不有爱敬之心也。观感兴起，孝弟之心油然而生，则各亲其亲，各长其长，而天下平矣”。[④]

第五节　守一定之法，任通变之人

丘濬所追求的善政，以尧舜之治为最理想；而尧舜之治，实为圣贤共治模式：圣者为君，贤者为臣，君臣之间，心心相契，志同道合，雍熙泰和之治由此开创。可以说，离开了禹、皋、夔、益、稷、契等一大群贤能之士的辅佐与协作，无论尧、舜多么圣明伟大，也不可能仅凭一己之力而成就盛德伟业，“人君以一人之身而临天下之大，地非一方不

① （明）丘濬：《大学衍义补》卷51，载《丘濬集》，海南出版社2006年版，第839页。

② （明）丘濬：《大学衍义补》卷160，载《丘濬集》，海南出版社2006年版，第2509页。

③ （明）丘濬：《大学衍义补》卷51，载《丘濬集》，海南出版社2006年版，第865页。

④ （明）丘濬：《大学衍义补》卷79，载《丘濬集》，海南出版社2006年版，第1229页。

能处处而亲履之，人非一人不能人人而亲谕之也，必欲治而平之，岂能一一周而遍之哉？"[①] 因此，"人君之所以为君者，所以砺天下之人，而使之与我共国家之政"。[②] 正如宋儒程颐所言："天下之事岂一人所能独任，必当求天下之贤智，与之叶力。"[③] 丘濬对此也非常认同，称："天下之大，非止一方也，而统宗会元于国都之中、朝廷之上，必君总治于上，臣分治于下，然后事有统纪，民有依归，而天下平定焉。"[④]

但是，丘濬更加清醒地认识到，仅靠圣君贤臣尚不足为治，他说："大凡天下事必有定法，法不定而能成事者，未之有也。"[⑤] 又说："盖有法制以维持之，则世道虽降，而不至于废坠。苟有兴起者，由此而持循持之，以复先王之旧，不难矣。"[⑥] 因此，他提纲挈领地指出："为治之具，在人与法而已。有人以为咨询谋为之用，有法以为持循凭借之资。"[⑦] 意思是说，君主除了正心修身以提高个人德性修养外，还必须充分发挥人和法的作用，人可以帮助君主出谋划策分理天下事务，法可以为君主提供评判标准和治世依据。人和法是君主治国理政的两大依靠，是治国理政的工具、武器和资源，也是"因心为治"的指导思想下必不可少的外在凭借，应当兼收并蓄，兼而用之，使人尽其才，法尽其用，人君自己则"清心于上以照之，而又持之以公，守之以信，是以事无不治，而功无不成。"[⑧] 这是典型的"圣君+贤臣+良法"的治理模式。当然，在这个三位一体的结构中，圣君是主导者，以一人之身而统御天下，在整个社会治理中居于核心和首要地位，而贤臣和良法则仅仅只是工具性的存在，起

---

① （明）丘濬：《大学衍义补》卷159，载《丘濬集》，海南出版社2006年版，第2497页。

② （明）丘濬：《大学衍义补》卷2，载《丘濬集》，海南出版社2006年版，第65页。

③ （明）丘濬：《大学衍义补》卷12，载《丘濬集》，海南出版社2006年版，第230页。

④ （明）丘濬：《大学衍义补》卷5，载《丘濬集》，海南出版社2006年版，第112页。

⑤ （明）丘濬：《大学衍义补》卷133，载《丘濬集》，海南出版社2006年版，第2081页。

⑥ （明）丘濬：《大学衍义补》卷160，载《丘濬集》，海南出版社2006年版，第2505—2506页。

⑦ （明）丘濬：《大学衍义补》卷6，载《丘濬集》，海南出版社2006年版，第138页。

⑧ （明）丘濬：《大学衍义补》卷10，载《丘濬集》，海南出版社2006年版，第188页。

辅弼作用，并不具有法律上的主体地位。套用丘濬的话来表达，那就是：圣君是本，是体，而贤臣和良法为末，为用；或者也可以说，圣君是心，是脑，而贤臣和良法为手足，为四体。

进一步分析，在“圣君＋贤臣＋良法”的思维模式下，可以直接推导出治国理政的两个重要等式：首先，圣君也好，贤臣也罢，都是有德之人，是美德的化身，而德惟善政，人君为治的根本目的就是为了实现善政，因此可以推导出第一个等式：美德＋良法＝善政，这是从道德与法律的角度来认识的；其次，仁乃人心之全德，所以圣君也好，贤臣也罢，也都是仁人，由此可以推导出第二个等式：仁人＋良法＝善政，这是从人与法的角度来认识的。丘濬认为，治国平天下的最佳途径既不是纯粹通过道德来实现，也不是仅仅依靠人的力量，最好的治理是道德与法律并重，任人而兼任法。他说：“人固不可以不任，而法亦不可以不定，守一定之法，而任通变之人。”[①]法是相对稳定的，不可轻易更改，而且随着时间的推移，还会出现诸多弊端，这就需要懂得变通的贤能之人在真正理解法理法意的基础上随时制宜，纠偏补弊，真正贯彻好法的精神，“必也立为一定之法，而于定法之中随时补弊，而不出于法之外，斯善矣”。[②]因此，丘濬明确指出：“盖为政在人，人必与法而兼用也……夫治国而无律令固不可，有律令而无掌用之人亦不可。人君虽有聪明之资，亦无不用人用法而自垂听之理。”[③]

一　标准立于上，法则示乎下

“标准”“法则”，其实都是“法”，当然是指广义上的法，也就是调整和规范人们身心言行的一切准则、命令、要求、规矩、规定等。君主口含天宪，是国家法律的制定者，其一言一行一举一动都可能具有法的约束力和威慑力，“人君居九重之上，为万方之主，一言一话，在人君虽

---

① （明）丘濬：《大学衍义补》卷10，载《丘濬集》，海南出版社2006年版，第202页。

② （明）丘濬：《大学衍义补》卷10，载《丘濬集》，海南出版社2006年版，第200页。

③ （明）丘濬：《大学衍义补》卷103，载《丘濬集》，海南出版社2006年版，第1594页。

若甚微者，及其施之于外，天下之人仰之如日星之明，畏之如雷霆之震，去之愈远而见之愈大焉”。[①]因此，从这个意义上讲，君主本身就是法的化身。丘濬认为，人君作为万民至尊，首先要正心修身，集众善之德于一身，然后得以垂宪作则，颁行天下，四方上下自然心悦诚服靡然从化，“是以德备诸己而福集厥躬，标准立于上，法则示乎下，而有以为四方之纲，而东西南北之人莫不于是总摄维系之，而皆归附趣向之不容涣散矣”。[②]因此，作为立法者，乃至法的化身，后世人主应当把握好以下两项基本原则：

第一，中心无为，以守至正。这里的“无为”并非无所作为、无所事事，更不是后世人主所理解的“怠惰恣肆”，而是不乱作为、不强作为。丘濬认为，最好的法律乃是古圣先王所创制和传承下来的祖宗成法，可以行之万世而无弊，继世之君只需严格遵照祖宗成法办事即可，不宜随意创制新法。他以舜为榜样，称：“帝舜之德，有虞之治，万世不可加焉者也”[③]，但是，究其实，“舜之治无所为，所可见者，恭己南面而已”。[④]意思是说，舜的德行和功业后世难以望其项背，但是，他在位期间并没有创立什么新法，只是恭恭敬敬地执行尧的旧法而已，理由很简单，因为“尧之成功已巍然矣，尧之文章已焕然矣，尚何事作为哉？”[⑤]丘濬以此告诫所有后继之君，立法是关系国计民生的大事，不可不慎之又慎！“人君诏令之出，不可不详审于未颁之前……后世之诏，惟其失于详审，轻为条款，故既行之后，往往杌陧龃龉，有所牵制妨碍而不可行焉。”[⑥]他说：“人君以一人之身，居四方之中，东西南北咸于此焉取正者也”[⑦]，应

① （明）丘濬：《大学衍义补》卷3，载《丘濬集》，海南出版社2006年版，第81页。

② （明）丘濬：《大学衍义补》卷2，载《丘濬集》，海南出版社2006年版，第58页。

③ （明）丘濬：《大学衍义补》卷4，载《丘濬集》，海南出版社2006年版，第86页。

④ （明）丘濬：《大学衍义补》卷158，载《丘濬集》，海南出版社2006年版，第2485—2486页。

⑤ （明）丘濬：《大学衍义补》卷158，载《丘濬集》，海南出版社2006年版，第2486页。

⑥ （明）丘濬：《大学衍义补》卷3，载《丘濬集》，海南出版社2006年版，第78页。

⑦ （明）丘濬：《大学衍义补》卷1，载《丘濬集》，海南出版社2006年版，第41页。

当像舜那样，自觉尊奉祖宗成法，努力做到“恭己南面，中心无为，以守至正”[①]，而不要对尽善尽美的先王之法轻举妄动。否则，自以为是，标新立异，必是取祸之端，“若宋神宗舍韩琦、富弼，听用王安石变祖宗旧法，以驯致靖康之祸，兹其明验欤！”[②]

第二，折为中道，立为法制。祖宗旧法虽然不可轻易变更，但时代在进步，情势在发展，时移世易，国家正常的立法活动还是应当有序跟进。那么，继世之君在制定法律的时候应当秉承什么原则呢？丘濬给出的答复还是中道。中道是我国古代最高的立法原则，蕴含着中和、中正、中庸、时中、权[③]、适宜等多重含义，意思是不偏不倚、宽严相济、无过无不及、大中至正等。丘濬奉中道为圭臬，他说：“帝王之道，莫大于中。中也者，在心则不偏不倚，在事则无过不及。帝王传授心法，以此为传道之要，以此为出治之则。”[④]又说：“治民之道，无有过于中者也。是故先王立法制刑，莫不用中，中则无过无不及，可以常用而无弊，不过而严，亦不及而宽。”[⑤]丘濬对明太祖制定的《大明律》推崇备至，认为它“因时以定制，缘情以制刑，上稽天理，中顺时宜，下合人情，立百世之准绳，为百王之宪度，自有法律以来所未有也……诚一代之良法，圣子神孙所当遵守者也。”[⑥]因此，后世之君制定法律应当以符合中道为标准。

二　用天下之人，理天下之事

丘濬主张人法兼用，但这并不意味着他在人与法之间没有明显的倾

---

① （明）丘濬：《大学衍义补》卷1，载《丘濬集》，海南出版社2006年版，第53页。

② （明）丘濬：《大学衍义补》卷6，载《丘濬集》，海南出版社2006年版，第138页。

③ “权”，有多重含义，如权衡、权力、权势、权柄、权变等；此处的“权”，是儒家哲学的一个重要范畴，与“经”相对。经者，常也，代表原则性、规律性；权者，变也，表示灵活性、变通性。

④ （明）丘濬：《大学衍义补》卷101，载《丘濬集》，海南出版社2006年版，第1566页。

⑤ （明）丘濬：《大学衍义补》卷113，载《丘濬集》，海南出版社2006年版，第1756页。

⑥ （明）丘濬：《大学衍义补》卷103，载《丘濬集》，海南出版社2006年版，第1601—1602页。

向。作为正统的儒学传人，丘濬内心始终更加重视任人，而不是任法。他说："人君为治，用天下之人，以理天下之事……然人不常得，于是不得已而任之以法焉。使朝廷常得人而任之，则虽无法亦可也。如其人之不常有何？此古人用人，贵于人法兼用也。"[①] 在丘濬看来，君主为治，关键在得其人，其次才是得其法。如果能够尽得其人，则不任法亦无不可；只是囿于人不常得的现实，才不得已而任法。因此，丘濬的"人法兼用"，实为"人主法辅"。进而言之，丘濬所谓的"人"并不是随处可见比比皆是的圆颅方趾，而是不可多得的贤能之士、贤才、君子，他说："为治之道，在于用人；用人之道，在于任官。人君之任官，惟其贤而有德、才而有能者，则用之。"[②] 贤能君子与圣明君主一样，都是德高望重的典范，是德的化身。此外，这里所谓的"法"，既然被视为不得已而用之，则显然与《大学衍义补》推崇备至的"礼"无关，宜取其狭义，即指刑。由是观之，丘濬人法兼用的理念背后仍是以德主刑辅为指导思想，完全秉承孔子"为政在人，取人以身，修身以道，修道以仁"的思想，且始终未能跳出荀子"有治人，无治法"的套路。当然，他对法的重视程度明显比一般的儒者要高，这也是毋庸置疑的。至于如何任人，丘濬认为应当坚持以下两项原则。

第一，取人之善，用人之能。丘濬指出："朝廷为治之道固非一端，而其要在取人之善，用人之能而已。"[③] 世上没有十全十美的完人，"德之在人，其总有九，而人之所得者，则或得其一二，或得其三四、或得其五六七八之不同，所以有多有寡也"。[④]所谓尺有所短，寸有所长，每一个人都各有其优点和不足，"若其于身必取其丰伟，于言必取其辨正，则晏婴之貌不扬，裴度之形短小，周昌之期期，邓艾之口吃，皆在所弃矣"。[⑤]

---

① （明）丘濬：《大学衍义补》卷10，载《丘濬集》，海南出版社2006年版，第201—202页。

② （明）丘濬：《大学衍义补》卷5，载《丘濬集》，海南出版社2006年版，第108页。

③ （明）丘濬：《大学衍义补》卷1，载《丘濬集》，海南出版社2006年版，第45页。

④ （明）丘濬：《大学衍义补》卷10，载《丘濬集》，海南出版社2006年版，第184页。

⑤ （明）丘濬：《大学衍义补》卷10，载《丘濬集》，海南出版社2006年版，第187页。

如此吹毛求疵，求全责备，天下势必无人可取，无人可用。有鉴于此，人君不妨换个角度来看待问题，从别人的言谈举止中发现其长处和优点，“惟其善而取之，……随其才而用之，……则凡朝廷之上，见于施行者，无非嘉善之言；列于庶位者，无非贤俊之士。”[①]诚如是，“则一德有一德之用，有其三者为大夫，有其六者为诸侯，而九者之德，各用所长，而咸事其事矣。九德咸事，则在官者无非俊乂之士。是以寮采相联，更相师法，职任并列，争相趋赴。蔡氏（即蔡沈）所谓‘唐虞之朝，下无遗才、上无废事’，夫岂虚言哉！”[②]

第二，官与事称，人与官称。天下事务繁多，从中央到地方，可谓千头万绪，人君不可能事必躬亲，而只能设官以任事，将普天之下大大小小的事务委派给大大小小的官吏去办理，“是故人君为治，有一事则设一官，用一官则司一事，分曹而异局，委任以责成。”[③]值得特别注意的是，设官任事的关键不在于官多，而在于得其人，“盖官不在多，惟在得人。得其人，则一人可以兼数人之事；不得其人，虽丛数人，不如得一人也。”[④]丘濬强调说：“天下治乱，在乎庶官用人，惟其贤能，则事得其理，人称其官，而天下于是乎治矣。”[⑤]因此，“善为治者，人必称其官，官必称其事。凡夫三百六十官，皆不可用非其人。”[⑥]甚至君主身边随从人员的安排也不例外，“人君之左右，非但辅弼、侍从之臣不可不得其人，则虽扈从、侍卫之人，亦皆不可不得其人也。一不得人，则知治体赞王化者，必深以为忧焉。”[⑦]当然，人品有高下之分，事体有大小之别，官职亦有尊卑之界，人君必须审慎考察，反复斟酌，“量其事而设其官，随其

---

①（明）丘濬：《大学衍义补》卷1，载《丘濬集》，海南出版社2006年版，第45页。

②（明）丘濬：《大学衍义补》卷10，载《丘濬集》，海南出版社2006年版，第184页。

③（明）丘濬：《大学衍义补》卷10，载《丘濬集》，海南出版社2006年版，第188页。

④（明）丘濬：《大学衍义补》卷5，载《丘濬集》，海南出版社2006年版，第114页。

⑤（明）丘濬：《大学衍义补》卷12，载《丘濬集》，海南出版社2006年版，第231页。

⑥（明）丘濬：《大学衍义补》卷12，载《丘濬集》，海南出版社2006年版，第239页。

⑦（明）丘濬：《大学衍义补》卷118，载《丘濬集》，海南出版社2006年版，第1845—1846页。

官而用其人，必使官与事称，人与官称”[1]，如此，“则垂拱仰成，不出国门而天下治矣”。[2]

综上所述，从内圣学的角度考察，心法是古圣先王传给后世人君用以修己成德的指导思想和基本原则，是专门约束君主一人的根本大法。从总体上看，心法的指导思想可以概括为“因心为治”四个大字；其基本原则有五项：第一，正心以修身，立德以成圣；第二，准天以为治，准尧以为法；第三，存仁义之心，行仁义之政；第四，以絜矩之心，行絜矩之政；第五，守一定之法，任通变之人。指导思想与基本原则之间相互映照，合而为一，分而为五，相辅相成，缺一不可。具体到五项基本原则，其内涵和功用亦各有侧重：其中，“正心以修身，立德以成圣”是目的，“准天以为治，准尧以为法”是标准，“存仁义之心，行仁义之政”是内容，“以絜矩之心，行絜矩之政”是方法，而“守一定之法，任通变之人”则是工具。五者合一，则是丘濬内圣学的法思想，也是二帝三王口耳相传的心法精髓，在丘濬的整个法思想体系中居于主导地位。

---

① （明）丘濬：《大学衍义补》卷10，载《丘濬集》，海南出版社2006年版，第201页。

② （明）丘濬：《大学衍义补》卷46，载《丘濬集》，海南出版社2006年版，第760页。

第五章　丘濬的治法思想（上）

相对于“心法”的罕见与生僻，“治法”一词在古代文献中可谓比比皆是，甚至可以说，“在中国古代的政治法律思想观念中，‘治法’的思想观念一直居于核心与主宰的地位。”[①] 先秦典籍中，《荀子》一书较早使用[②]，并提出了“有治人，无治法”的观点，对后世影响深远。“治法”意为治理社会（即臣民）的良法或善法。值得注意的是，在传统儒家的观念中，治法并非治国之本，而是依附于治道和治人的一种工具性的存在，也称“治具”，在国家治理中发挥着末和用的功效。概言之，儒者治国，强调治道、治人与治法三位一体，合力而治。三者之中，治道（也即尧舜之道、圣王之道）地位最高，统摄治人与治法，是治国理政的目标、宗旨和方向；治人（也即圣人、圣王、有道明君）居主导地位，是治国平天下的核心要素，承担着弘道行法的重任；治法则等而下之，成为治国理政的工具。治法由礼、乐、政、刑四大门类构成，君主只有正确地操控和实施治法的各个组成部分，才能有效地进行社会治理，实现治国平天下的理想。正如丘濬所总结的那样：“礼乐政刑四者，王道之治具也。谓之四达者，东西南北无往而不通也。王者之为治，能使礼修而乐

① 程燎原：《中国法治政体的始创——辛亥政治革命的法治论剖析与省思》，《法学研究》2011年第5期。

② 如“无国而不有治法，无国而不有乱法”（《荀子·王霸》）；“有乱君，无乱国；有治人，无治法”（《荀子·君道》）。参见方勇、李波译注《荀子》，中华书局2011年版，第178、189页。

和，而又有政以行之；政有不及而又有刑以辅之；则凡普天之下、率土之滨，莫敢有越礼弃乐、干政犯刑者矣，王者之道岂非完具大备乎？”[①]

由此可见，治法虽然在三位一体的大结构中为末，但其自身所包含的四大部门之间亦有本末之分和先后之别，其中礼乐为本，政刑为末；且礼当先，乐次之，政随后，刑最末。[②]本末不可颠倒，先后也不容紊乱。这样的安排体现了古人对社会治理有通盘的考虑和完整的思路，蕴含着中国先民独特的宇宙观、人生观和价值观。在古人看来，为治之事乃奉天临民的大事，不可不谨而慎之。天立君，君任臣，都是为了治养教三事，且天有好生之德，民有求生之愿，君乃天之子、民之师，应当敬天爱民，贵王贱霸，切不可草菅人命，妄开杀戒。因此，为人君者必须首先做好自己，修己以安人，成为天下万民的表率和楷模，再按照礼、乐、政、刑的顺序有的放矢地施以对应之策，百姓自然心悦诚服，安居乐业，“无一人一物一处之不得其安，然后有以为功化之极”。[③]这就是儒家的内圣外王之道，而治法所包含的礼乐政刑这套体制正是外王思想的具体化，与内圣理论指导下的心法一起构成二帝三王以来的传心经世之法。心法治君，治法治民，两相结合，交映生辉，无往而不胜，内圣外王的理想方可全面实现。

此外，丘濬在书中还援用了“德礼政刑”的说法，认为“德、礼、政、刑四者，凡经书所论为治之道皆不外乎此”。[④]如此一来，不免让人产生疑惑，治法的构成要素到底是“德礼政刑”，还是“礼乐政刑”呢？仔细斟酌后发现，二者其实是有区别的。德礼政刑之说来源于孔子，《论

---

① （明）丘濬：《大学衍义补》卷158，载《丘濬集》，海南出版社2006年版，第2482页。

② 值得注意的是，丘濬在《大学衍义补》中常常颠倒“政”与“刑”的次序，忽而“政刑”，忽而“刑政”，但笔者以为，这应该只是古人的一种表达习惯，比如《大学》如此强调“始”与“终”，但其惯用的表达则多为“终始”，而不是“始终”。此外，丘濬在书中也多次明确“刑”在“政”后的观点，并非对二者的先后顺序有何动摇或质疑，不过在文字表达上更为灵活变通不拘一格罢了。

③ （明）丘濬：《大学衍义补》卷158，载《丘濬集》，海南出版社2006年版，第2485页。

④ （明）丘濬：《大学衍义补》卷1，载《丘濬集》，海南出版社2006年版，第51页。

语·为政》云："子曰，道之以政，齐之以刑，民勉而无耻；道之以德，齐之以礼，有耻且格。"笔者以为，"德礼政刑"的表达较之"礼乐政刑"而言，其概括性更大，也更笼统，这里的"德"；指的是统治者个人的德行，属于心法的核心内容；而这里的"礼"，则是一个包含着"乐"在内的大概念，为礼乐的简称，并非"礼乐政刑"中的"礼"。当然，孔子这样表达并不意味着他轻视"乐"的作用，恰恰相反，他个人酷爱音乐并极力倡导乐治，[①]只是从治国的角度来看，"德"和"礼"相对而言更加重要而已，[②]而且用"德礼政刑"四字就可以涵盖心法和治法的全部内容了。因此，可以肯定地说，治法的体系就包含"礼乐政刑"四部分，而"德礼政刑"则宜理解为心法与治法的统称。

第一节　治法的内涵

一　礼有文仪，亦有数义

丘濬认为，礼是一个博大精深的复杂体系。首先，从形式上看，礼有文有仪，"礼之在天也，有自然之节文；其在人也，有当然之仪则"。[③]所谓节文、仪则，是指不同的人和事在不同时间、空间、场合、情形所应当遵守的基本程序和具体要求。简单地说，就是礼的各种繁文缛节。这些繁文缛节，在不同的历史时期或不同的朝代，因不同的风土人情，又会表现出千变万化和千差万别。因此，为人君者，万不可纠缠于这些

---

① 孔子不仅精通音律，而且痴迷于此，"子在齐闻《韶》，三月不知肉味"（《论语·述而》）；无论是与学生们在一起论学问道，还是在周游列国颠沛流离的过程中，他总是弦歌不断，陶醉其中；晚年删订《诗经》，"三百五篇，孔子皆弦歌之"（《史记·孔子世家》）；学生子游为武城宰，"子之武城，闻弦歌之声，夫子莞尔而笑曰：'割鸡焉用牛刀。'"（《论语·阳货》）虽然口头上取笑子游以乐来治理一个小地方不免有点小题大用，但"莞尔"一词足以表明他内心的欣慰和称许。

② 丘濬在书中也曾同时提到德、礼、乐、政、刑五者，他说："圣人之心不偏不倚，而施之事为者，无过不及，非独德礼乐政为然，而施于刑者亦然。"参见（明）丘濬《大学衍义补》卷101，载《丘濬集》，海南出版社2006年版，第1566页。

③ （明）丘濬：《大学衍义补》卷39，载《丘濬集》，海南出版社2006年版，第655页。

繁文缛节之中，否则便是舍本逐末，根本不可能产生实际的治效，更别说安上治民了，“顾惟屑屑于仪文之末，岂所谓礼乎！由是观之，则礼之为礼，不在仪文之末可见矣”。[①]

其次，从内容上看，礼有数有义，“数其事物之粗者，义则其精微之理也”。[②]不用说，这里的“数”，是指礼的外延，也就是礼的适用范围，古人所谓礼仪三百、威仪三千即是；而这里的“义”，则是指礼的内涵，也就是礼的本质属性。丘濬认为，礼的外延（即礼数）为“事物之粗者”，是显性的、粗犷的、看得见的各种礼仪礼节；而礼的内涵（即礼义）则为“精微之理”，是隐性的、细微的、看不见的道理、准则或规律。凡事本于理，礼义与礼数相比，本末自明。因此，综合起来考察，礼虽然有形式有内容，有内涵有外延，但是相形之下，只有内涵（礼之义）才是礼的精髓所在，这才是“人君操持之大炳”，也即是安上治民之良法。

具体到礼的外延，丘濬提出了二分和四分两种不同的划分方法。所谓二分法，就是将礼分为经礼和曲礼两类。他说：“经礼，谓礼之经常者，如冠、昏、丧、祭、朝、聘、会、同之类；曲礼，谓礼之委曲者，如进、退、升、降、俯、仰、揖、逊之类。”[③]所谓四分法，则是从更广泛的角度（也即礼乐的大概念），将礼分为礼、仪、乐、制度四大类。他说：“礼之为礼，不止于一，读者当以礼为主而分四科以类考之。先儒谓四科：礼也、仪也、乐也、制度也。以吉、凶、军、宾、嘉节目之大者归之礼，以应对、进退、坐立、趣行节目之大者归之仪，声律、歌舞、音容、节奏归之乐，封井、宗学、宫室、器服归之制度。”[④]由此观之，丘濬所谓的“礼”有广狭两义：狭义上的礼，与乐、政、刑向同为治法的一部分，其外延包括经礼和曲礼两类；广义上的礼，则包括乐在内，也就是德礼政刑中所指的“礼”，其范围有礼、仪、乐和制度四类。当然，

---

① （明）丘濬：《大学衍义补》卷40，载《丘濬集》，海南出版社2006年版，第665页。

② （明）丘濬：《大学衍义补》卷39，载《丘濬集》，海南出版社2006年版，第656页。

③ （明）丘濬：《大学衍义补》卷39，载《丘濬集》，海南出版社2006年版，第655页。

④ （明）丘濬：《大学衍义补》卷76，载《丘濬集》，海南出版社2006年版，第1188页。

无论是狭义的礼还是广义的礼，也无论是二分法还是四分法，礼所指向的范围都非常广博，难以尽述，用“礼仪三百，威仪三千”来概括，实不为过。而古人以一为本、多为末，礼的外延如此枝繁叶茂林林总总，再次证明礼之数亦非礼之本。换言之，唯有礼之义才可能成为礼之本。

那么，“礼之义”到底是指什么？其“精微之理”又体现在何处？这就需要从两个层次上去分析了。首先，从表面上看，礼的内涵集中表现为一个字：“让”。综观礼的各种表现，无论大小繁简，始终体现的都是“让”的精神。没有让，自然也就无所谓礼。这是显而易见的道理，所以孟子说：“辞让之心，礼之端也。”（《孟子·公孙丑上》）但是，仔细琢磨起来，仅靠一个“让”字，似乎还不足以支撑起礼的整个制度内涵。譬如在现实生活中，谦谦君子和伪君子都懂得礼让之道，但二者明显存在本质区别：一个真，一个假；一个实，一个虚。因此，“让”只是人们可以通过明显而直观的外在表现直接得出的判断，可以作为浅层次上的礼的内涵，不能认定为礼的内在的本质属性。真正意义上的礼之本需要我们从更深层次上，也就是进入到人的内心去发掘。对此问题，丘濬在书中直接给出了答案，他说：“礼虽有三千、三百之多，求其极致，一而已矣。一者何？敬是也。入室必由户，行礼必由敬，未有入室而不由户者，岂有行礼而不由敬者乎？”[①]这里的“一”，指的就是礼之本；而“敬”，则是一个人从内心深处自然而然生发出来的那份恭敬与虔诚。敬者，礼之本也。丘濬相信，如果后世的有为之君诚能以敬为本以行礼，假以时日，三代的太平治世必当有望恢复，他勉励说：“后有作者之圣，能本吾心之敬，而酌以先王之义，凡仪文有所阙略，一皆以义起之，因时制宜以为一代之礼，而不徒事乎政治、刑罚之末，本乎礼以治躬，主乎敬以行礼，而又立为定制，以贻子孙，使之世守而不替，其于三代之治，殆庶矣乎。”[②]

① （明）丘濬：《大学衍义补》卷39，载《丘濬集》，海南出版社2006年版，第655页。

② （明）丘濬：《大学衍义补》卷39，载《丘濬集》，海南出版社2006年版，第656—657页。

由此可见，礼的内涵包含着敬与让两部分，“敬”深藏于内，“让”流露于外，一隐一现，虚实相生，不可或缺。所以，准确地说，“礼者，敬让之道也”。[①] 值得注意的是，丘濬虽然将敬确定为礼之本，但并不因此而忽略或轻视“让”的意义和作用。他说：“国以礼为本，而礼又贵乎有其实。让者，礼之实也。”[②] 也就是说，敬与让乃礼的一体两面，一个主内，一个主外，一个立本，一个务实，二者相须而成，相得益彰，任缺其一，都不足以构成完整的“礼”。这就是礼义的精微与奥妙之处。与此同时，丘濬还用了一段完整的话来深度解析礼在治法中的地位、作用、内涵及功效。他说：

> 春秋之时，去先王之世不远，一时论治者率本于礼，论礼者率本于敬让。敬也者，礼之本也；让也者，礼之实也。存乎心者以敬，形于貌者以让，以此立义，以此为政，本乎恭敬之节，形为逊让之风，此其所以安上治民而能长世也欤？[③]

这段话文字不多，但观点清晰，要点明确。概括起来，主要蕴含以下四层意思：第一，“论治者率本于礼”，表明礼在治法中的地位是不容置疑的，那就是礼乃为治之本；第二，“论礼者率本于敬让”，意味着礼和德存在本质的一致性和内在的相通性，因为敬和让原本是内圣学中的基本价值，属于德的范畴，德为礼之本，而礼又由此而贯通于内圣，而礼作为治法的组成部分，本身归属于外王学，且统率着乐、政、刑，所以不难得出，礼就是贯通内圣与外王的枢纽和关键；第三，“敬也者，礼之本也；让也者，礼之实也”以及“存乎心者以敬，形于貌者以让，以此立义”两句，完整地阐发了礼、敬、让三者的辩证关系：敬与让构成礼之义，也就是礼的内涵，其中，敬主内，为礼之本，而让主外，为礼

① （明）丘濬：《大学衍义补》卷39，载《丘濬集》，海南出版社2006年版，第657页。
② （明）丘濬：《大学衍义补》卷40，载《丘濬集》，海南出版社2006年版，第670页。
③ （明）丘濬：《大学衍义补》卷40，载《丘濬集》，海南出版社2006年版，第664页。

之实；第四，“本乎恭敬之节，形为逊让之风，所以安上治民而能长世”，则揭示出敬与让相得益彰，就能使礼发挥出巨大的作用，产生安上治民的效果，进而实现国家的长治久安。短短的一段话，涵盖了礼的地位、作用、内涵与功效四个问题，真是大家手笔，要言不烦。

二　乐有本末，亦有淫和

何谓乐？乐何以成为治法之一，它又如何发挥为治的功用？作为治法的乐与我们今天所讲的音乐有没有内在联系？二者的区别又是什么？这些问题，如果仅从今人的角度来看，难免有些费解，不如回到《大学衍义补》，用丘濬自己的话来答疑解惑吧。书中有这么一段，说：

> 乐之为乐，曰声、曰容、曰器三者而已。声寓于歌，容著于舞。歌之所协者，金石丝竹；舞之所执者，干戚羽旄。然推原其本，则出于心。具于性而为德，发于志而为诗。由是而协于声，则为歌诗之章；见于形，则为文武之舞。情之感于中者深，则文之著于外者明。如天地之气，盛于内则化之及于物者，神妙不测也。此无他，有和顺积于中，斯有英华发于外。有诸中，必形于外，夫岂可以声音像貌而伪为之乎？由是观之，则可见为乐之本在于心，而心之所以大和极顺者，又在乎诚也。[①]

这是丘濬对乐所持的基本看法。从表面上看，作为治法的乐与今天所谓的音乐似乎并无二致，都是由声、容[②]、器三部分组成，其范围涵盖声音、唱功、情感、节奏、音调、旋律、气息、容貌、表情、舞蹈、乐器、服装、道具、歌词、曲谱等诸方面。但是，与今人的理解不同，在丘濬看来，这些看得见听得到摸得着的东西并非乐的全部内容，而只是其中的一部分，而且是最不重要的一部分，即乐之末节；真正重要的乃

① （明）丘濬：《大学衍义补》卷41，载《丘濬集》，海南出版社2006年版，第683页。

② 笔者以为，这里的“容”，大致相当于今天所说的“表演”。

是人心。不过，现实生活中，能够认识到这一点的人并不多。丘濬对此大有感慨，他说："盖以乐之为乐，人见其备金、石、丝、竹之音，干戚、羽旄之舞，以为乐在是矣。而不知其所以有清浊高下之变，而合宫、商、角、徵、羽之调者，其本元之所自，则由乎人心之感物而然也。"①

所谓人心，强调的是诚心和仁心。从治法的角度讲，则更加重视君心之仁和君心之诚，因为乐不仅有本有末，而且还有淫有和，"盖以声出人君之心，而其声有正有奸。此以声感，彼以气应，一倡一和，相为应验。或形于歌咏，或著于舞蹈，斐然而成章，粲然而成列。是以其为乐也，有淫有和焉"。②也就是说，乐之和淫与否，直接取决于君心正奸与否。君心正，则乐和；君心奸，则乐淫。丘濬进一步指出："乐之所以为乐，因乎人情之所乐而已矣。然人情之所乐者，则各有不同焉。中人以上所乐者，在乎道理；中人以下所乐者，在乎情欲。是以君子之人，必反其情以和其志，以道义之正而制情欲之私。"③据考证，乐的原创集中于黄帝和二帝三王时期，统称"六乐"或"六舞"，如黄帝的《咸池》、帝尧的《大章》、帝舜的《大韶》、周武王的《大武》等。其中，舜的韶乐尽善尽美，可谓和乐的典范，"大舜韶乐之作，前无伦而后无继也"。④而春秋时期郑国的音乐因纵情声色而被斥为靡靡之音，是公认的"乐之淫者"。丘濬明确主张，人君为治应当"取韶以立治法，必戒郑声之淫荡"。⑤

至于乐何以成为治法之一，丘濬的解释是：乐的基本元素，也就是宫、商、角、徵、羽五音，正好分别对应君、臣、民、事、物五理，而"君、臣、民、事、物，该尽天下之理。一乐之作，而万理无不该尽。……宫音有失，则求之于君；商音有失，则求之于臣；以至角、徵、

---

① （明）丘濬：《大学衍义补》卷42，载《丘濬集》，海南出版社2006年版，第687—688页。

② （明）丘濬：《大学衍义补》卷42，载《丘濬集》，海南出版社2006年版，第692页。

③ （明）丘濬：《大学衍义补》卷42，载《丘濬集》，海南出版社2006年版，第694页。

④ （明）丘濬：《大学衍义补》卷43，载《丘濬集》，海南出版社2006年版，第705页。

⑤ （明）丘濬：《大学衍义补》卷43，载《丘濬集》，海南出版社2006年版，第706页。

羽之失，而求之民、事、物者截然。如此，则乐音与政事，常相流通”。[①]乐与政治之间由此而建立起内在而必然的联系，成为考察和验证政治得失的工具，“所谓六律五声八音者，察政治之具也。律吕调，则政之得可知；律吕不调，则政之失可验。”[②]因此，“声音之道，与政相通。古之善观人国者，不观其政治，而观其声音。其音安以乐者，其政必和；其音怨以怒者，其政必乖；其音哀以思者，其民必困”。[③]有鉴于此，“国家政治之施，合内外，通幽明，和上下，皆必赖于乐”。[④]简言之，乐之所以能够成为治法之一，并不在于声、容、器等末节，而是其所体现的精神实质和核心价值。

由于声音之道与政相通，乐的品质优劣也直接影响着治效。“三代而上，本人心以为治。其政治寓于声乐之中，故审其声乐，即知其政治之所以然。”[⑤]三代以后，礼崩而乐坏，作为治法的乐逐渐失传，不复为人所知，而流传于世的多是靡靡之音或夷狄之音，“不本于人心，不协于律吕，人之气不复关于天，君之政不复寓于乐，故（三代以后皆）流为苟简之治，而无复文明之化也”。[⑥]

三　政有大小，亦有善恶

在《大学衍义补》中，“政”的含义并不确定，其具体所指与特定的语境有关。[⑦]大体说来，“政”可以从宏观、中观和微观三个层面来理解。宏观层面的“政”与“义理”相对应。丘濬指出：“天下大道二，义理、政治也。《易》者，义理之宗；《书》者，政治之要。是以六经之书，此为大焉。学者学经以为儒，明义理以修己，行政治以治人，学之能事毕

① （明）丘濬：《大学衍义补》卷42，载《丘濬集》，海南出版社2006年版，第689页。

② （明）丘濬：《大学衍义补》卷41，载《丘濬集》，海南出版社2006年版，第680页。

③ （明）丘濬：《大学衍义补》卷42，载《丘濬集》，海南出版社2006年版，第689页。

④ （明）丘濬：《大学衍义补》卷41，载《丘濬集》，海南出版社2006年版，第683页。

⑤ （明）丘濬：《大学衍义补》卷42，载《丘濬集》，海南出版社2006年版，第690页。

⑥ （明）丘濬：《大学衍义补》卷42，载《丘濬集》，海南出版社2006年版，第690页。

⑦ 这一点不仅体现在对“政”字的理解上，《大学衍义补》中类似的情况还很多，如“法”“德”“治”“教”“治法”等字词的含义均有此特点。

矣，儒者之全体大用备矣。”[①] 这是最广义上的“政”，综括帝王治国理政的全部，也即礼乐政刑都包含在内。中观层面的“政”与“教”相对应。丘濬认为：“为治之道二，政与教而已。政有纪纲，教有枢要。为政而振其纪纲，为教而撮其枢要，治道张矣。”[②] 又说：“治道有二，曰政，曰教。政以法令行之也易，教以道义行之也难。……而其为政，必以教化为先。”[③] 这里，“教”指礼乐，而“政”的范围大体相当于政刑，如“刑之用，非为政之先务”[④]，“爵赏刑罚，乃政事之大者”。[⑤] 而微观层面的“政”则与“刑”相对应，这是最狭义的“政”，也就是“礼乐政刑”中的“政”。例如，丘濬曾总结说：“后世不知教事之为重，而往往从事于政治、刑法之间”[⑥]；又说：“礼、乐、刑、政，其致一也”。[⑦] 有鉴于此，本章所论的“政”，当取其狭义，也就是微观意义上的“政”。

作为治法的“政”，是指具体的行政性事务，也就是围绕治、养、教三事而产生的各种内政外交活动及相关的制度措施。譬如，明政府比较重视疾病的预防和治疗，在中央设太医院，地方设府、州、县医学[⑧]，丘濬对此非常赞许，他建议朝廷对全国的医生进行业务培训和考核，“试之通而后授之职，因其长而专其业，稽其事以制其禄，则天下之人皆无夭阏之患而跻仁寿之域矣，是亦王者仁政之一端也”。[⑨] 由此观之，发展医疗卫生事业，保证人民健康长寿，就是考察“政”的一项重要指标。而在谈到守边固圉之略时，对于历代耗费大量人力物力修筑长城一事，丘

① （明）丘濬：《大学衍义补》卷73，载《丘濬集》，海南出版社2006年版，第1152页。

② （明）丘濬：《大学衍义补》卷78，载《丘濬集》，海南出版社2006年版，第1218—1219页。

③ （明）丘濬：《大学衍义补》卷82，载《丘濬集》，海南出版社2006年版，第1287页。

④ （明）丘濬：《大学衍义补》卷104，载《丘濬集》，海南出版社2006年版，第1608—1609页。

⑤ （明）丘濬：《大学衍义补》卷3，载《丘濬集》，海南出版社2006年版，第69页。

⑥ （明）丘濬：《大学衍义补》卷70，载《丘濬集》，海南出版社2006年版，第1103页。

⑦ （明）丘濬：《大学衍义补》卷101，载《丘濬集》，海南出版社2006年版，第1572页。

⑧ 此处的“医学”为当时地方官署中的一个部门，专门负责辖区内的医疗卫生和疫病防治事宜，相当于今天卫生局之类的机构，丘濬的祖父和兄长都曾担任琼州临高县医学训科。

⑨ （明）丘濬：《大学衍义补》卷5，载《丘濬集》，海南出版社2006年版，第125页。

濬也客观地点评道："长城之筑，虽曰劳民，然亦有为民之意存焉。设使汉之继秦，因其已成之势，加以修葺；魏之继汉，晋之继魏，世世皆然，则天下后世亦将有以赖之限隔华夷，使腥膻桀骜之虏，不得以为吾民害矣。"[①]退一万步讲，即使是琐碎到不值一提的小事，如修一段小路，建一座小桥，看上去似乎与治国理政没什么大关系，仍应属于政的管辖范围，"先王之治，非独其大纲大法，无有偏而不举之处，则虽一道径之微，一津河之小，民之所以经行之处，亦必委曲而为之处置焉，惟恐其行步之龃龉，足径之瘅瘃也。圣人仁民之政无往而不存，其小者尚如此，况其关系之大者哉？"[②]

总而言之，国家的一切内修外攘之大事小情，无论是发展生产、兴修水利、促进贸易、选任百官、征收赋税、制理国用、整顿吏治、创办教育、防控疾疫、赈济灾荒、安置流民、抚恤孤老、充实军备、巩固国防、讨伐贼寇、抵御外辱，等等，统统属于"政"的范围。正是由于"政"所涉及的都是国计民生之事，从中央到地方上上下下里里外外大大小小方方面面的具体事务，所以，从全书的谋篇布局来看，丘濬对"政"的论述非常分散，远不如对"礼""乐""刑"的阐释那么清晰而集中。《大学衍义补》目录中虽有明确使用"政"字，但也仅见前后两处：前者为卷一"正朝廷 总论朝廷之政"，后者为卷一百二十三至卷一百二十五"严武备 牧马之政（上、中、下）"。其余的内容都被打散了，零零碎碎地遍布于全书的每一个角落。

丘濬主张实行仁政、善政，反对暴政、恶政。因此，政不仅有大小之分，亦有善恶之别。他认为，评判政的得失与善恶，关键看政为谁服务。如果为君服务，则为恶政；反之，如果为民服务，则为善政。丘濬认为，二帝三王时期，圣君明主事事为民考虑，处处为民谋利，其善政最终成就了大同小康盛世；遗憾的是，三代以后，君主们大多只想着为

---

① （明）丘濬：《大学衍义补》卷150，载《丘濬集》，海南出版社2006年版，第2344页。

② （明）丘濬：《大学衍义补》卷99，载《丘濬集》，海南出版社2006年版，第1535页。

自己谋利，完全不顾人民的死活，其恶政也是导致后世不如古的根本原因。他无限感慨地点评道："吁！自古帝王莫不以养民为先务，秦汉以来，世主但知厉民以养己，此其所以治不古若也欤。"①

需要特别加以说明的是，丘濬立政为民的主张乃是源自其内心根深蒂固的民本观念，与现代意义上的民主政治理论没有任何关系。作为封建士大夫，丘濬笃信君主专制，强调君与民地位悬隔，尊卑森严，全然不知道天赋人权、主权在民之类的思想为何物，因而也根本不可能理解和接受所谓君民平权、民主自由等观念。在他看来，君施恩于民、民受恩于君尚可，因为君与民本质上也可以视为一个命运共同体，君为民之心，民为君之体，二者相须相资，唇亡齿寒。他甚至认为，君对民的依赖远远大于民对君的依赖，因为民不仅是君的衣食父母，也是君的统治能否长治久安的决定性因素。基于这样的认识，丘濬殷切希望君主能够效法尧舜等古圣先王，勤政爱民，施仁行义，自觉担负起天赋的养民之责，既重视生产发展经济以充实府库，同时又注意减轻百姓负担，与民休息，轻徭薄赋，确保天下之人不论丰年荒年都能饱食暖衣，家给人足，如此方能得民心、安君位、延国祚。

四　刑有体用，亦有情义

丘濬指出："参错讯鞫，极天下之至劳者，莫若狱；割断棰击，极天下之至惨者，莫若刑。是乃不祥之器也。"②刑，主杀戮，是礼乐政刑中唯一与仁义道德背道而驰的为治之具。另一方面，"刑者，天所以讨有罪，讨有罪所以安无罪之民也"。③离开了刑的辅弼，非但礼乐政的功效难以维持，公平正义难以实现，老百姓难以安生，传统儒家基于内圣外王理念而建构起来的整个制度体系也终将付之东流，难以为继。由此看来，

① （明）丘濬：《大学衍义补》卷1，载《丘濬集》，海南出版社2006年版，第46页。

② （明）丘濬：《大学衍义补》卷101，载《丘濬集》，海南出版社2006年版，第1564页。

③ （明）丘濬：《大学衍义补》卷111，载《丘濬集》，海南出版社2006年版，第1728页。

刑虽凶器，实乃正义之剑，为王道政治的推行和实现保驾护航。

不过，话也说回来，刑毕竟过于血腥惨烈，有悖仁德，因而只能作为治国安民的辅助手段，而不能以此为主，更不可专而任之，因此在整个治法体系中，刑只能且必须排在礼乐政之后，只有在前三者都不足为用的时候，才可以启动刑的威力，“苟导之而不从，化之而不齐，非有法制禁令又不可也。法制以示之于前，禁令以约之于后，彼犹悖礼而梗化，则刑罚之加，乌可少哉！”[①]有鉴于此，自皋陶作刑以来，“明刑弼教”“德主刑辅”“刑期于无刑”“民协于中”以及“慎刑”“恤刑”等思想就成为中华民族立法制刑的基本原则，并且代代相传，影响深远。丘濬完全继承了古圣先王和历代先贤的观点，并在此基础上形成了自己的看法。

首先，从结构上看，刑有体有用。丘濬认为，刑由法和罚两部分构成，法与罚乃刑的一体两面，刑法是刑罚的理论依据，为体，刑罚是刑法的具体实施，为用，二者相辅相成，珠联璧合。他说：“制定于平昔者谓之法，施用于临时者谓之罚。法者罚之体，罚者法之用，其实一而已矣。”[②]刑的根本目的在于罚有罪而安无罪，通过惩戒极少数奸邪罪恶之人来匡扶社会正义，安定社会秩序，以确保天下人生活得更好，“先王制刑，虽曰防民奸，实所以顺承天道以安民生也”。[③]因此，先王用刑，意在生人，而不在杀人。人君代天罚罪当以生人为本，切不可违逆天意民心而妄开杀戒，否则上行下效，国家将从此陷入祸乱之中，一发不可收拾，“若一切绳之以法，凡岁时交馈，皆以为赃，寻常举动，皆坐以罪，鸟兽不可与同群，而人之与人曷以相聚处，而礼义何自而兴哉！”[④]

丘濬如此强调刑的体用和目的，就是希望君主能够站在一定的高度，正确认识刑作为治具之一所固有的基本特征和价值追求，从而敬刑慎刑，

---

① （明）丘濬：《大学衍义补》卷1，载《丘濬集》，海南出版社2006年版，第51页。

② （明）丘濬：《大学衍义补》卷100，载《丘濬集》，海南出版社2006年版，第1541页。

③ （明）丘濬：《大学衍义补》卷107，载《丘濬集》，海南出版社2006年版，第1669页。

④ （明）丘濬：《大学衍义补》卷101，载《丘濬集》，海南出版社2006年版，第1576页。

而不以刑为私，任意妄为。他严正告诫君主说："刑无大小，皆上天所以讨有罪者也。为人上者苟以私意刑戮人，则非天讨矣。一人杀人有限，而下之人效之其杀戮滋多，为人上者奈何不谨于刑戮，上拂天意、下失人心，皆自此始。衰世之君往往任意恣杀，享年所以不永、国祚所以不长，其以此夫。"①

其次，从内涵上看，刑有情有义。丘濬指出："刑者，阴事也，阴道属义。人君奉天出治，当顺天道肃杀之威，而施刑害杀戮之事。"②但是，冷血杀手不过是刑的表象，并非刑的本质属性。事实上，刑也是有温度有感情的，蕴含着深厚而博大的人文关怀，并非看上去那么冷酷残忍，"先王之制刑，其贵贵、老老、幼幼有如此者，非独不忍加之以刑辟，而亦不忍致之于卑辱，仁义兼尽矣。"③譬如刑法中的"三宥""三辟""八议""刑不上大夫"等规定都充满了对王公贵族士大夫等人的尊重和礼遇，"先王之于公族有罪者，有司在辟曰三，公宥之曰三，臣尽执法之义，君存睦族之仁"④，"盖以刑人必于市，惟同族亲者也、有爵贵者也，亲亲而贵贵，故有犯者乃国家德化之不孚、礼教之不行，不幸犯者出于亲贵之中，其人虽可恶而其恶则不可扬，故就隐处以施刑焉。圣人之处刑，其仁义之兼尽也如此夫！"⑤再者，春止狱讼、夏决小罪、秋后问斩等一整套制度安排也体现了刑对普通犯法者的体恤和怜悯，因为"仲春之月，乃阳气发生之候，故于上之安萌芽、养幼少、存诸孤，是虽草木之微，亦加安养之仁；孤幼之子，咸致存养之惠"⑥；"孟夏之月，天气始炎，将驯至于大暑也。恐罪人之系于囹圄者，气相郁蒸，或致疾疫，故于是时也，于刑之薄者即结断之，不使久系；罪之小者即决遣之，不使收系；系之轻者即纵出

---

①（明）丘濬：《大学衍义补》卷100，载《丘濬集》，海南出版社2006年版，第1554—1555页。

②（明）丘濬：《大学衍义补》卷107，载《丘濬集》，海南出版社2006年版，第1666页。

③（明）丘濬：《大学衍义补》卷107，载《丘濬集》，海南出版社2006年版，第1654页。

④（明）丘濬：《大学衍义补》卷107，载《丘濬集》，海南出版社2006年版，第1657页。

⑤（明）丘濬：《大学衍义补》卷107，载《丘濬集》，海南出版社2006年版，第1655页。

⑥（明）丘濬：《大学衍义补》卷107，载《丘濬集》，海南出版社2006年版，第1665页。

之，不使复系，先王恤狱之仁也”[①]；而“时至仲夏，天气之炎燠极矣。囚虽有罪，然其刑之，也亦必肆诸市朝以为世儆。恐其或因炎蒸而遽殒，故于是时挺而拔出于清凉之地，而加以饮食之味，以待秋后处决焉。先王之用刑，其仁义之兼尽也如此夫”。[②]此外，即使是对待有罪之身、刑余之人，刑的态度也可谓仁德而宽厚，“先儒谓先王之于刑人，其轻者则流之，流之则有居，其重者则刑之，刑之则有使，以其有使也，故掌戮所掌者如此。盖刑余之人，形体不全，虽有犯罪之重，然亦王之民也。圣人耻一物之不遂其生，虽以刑人，亦使之有所养以全其生。刑之，所以为义；全之，所以为仁”。[③]既要为服刑人员创造条件，使之安心改造，重新做人，又要为刑满释放人员安排就业，安顿生计，使之重新回归社会，如何关怀体贴，尽心竭力，谁说刑不通人性不懂感情呢?

总之，在丘濬看来，刑不仅尽仁尽义，而且至情至性，不啻为美德的化身，正义的使者，普天之下万民百姓共同的保护神，“其为器也，固若不祥，而其意则至善大祥之所在也”。[④]

第二节　治法的功用

《礼记》和《乐记》中都有这样一段话：“礼节民心，乐和民声，政以行之，刑以防之，礼乐刑政四达而不悖，则王道备矣。”这是儒家经典对礼、乐、政、刑各自功用的经典概括，也是内圣外王之道得以实现的根本途径。丘濬对此深信不疑，他解释说：“夫有大中之制以节民之心

---

① （明）丘濬：《大学衍义补》卷107，载《丘濬集》，海南出版社2006年版，第1665页。

② （明）丘濬：《大学衍义补》卷107，载《丘濬集》，海南出版社2006年版，第1665—1666页。

③ （明）丘濬：《大学衍义补》卷105，载《丘濬集》，海南出版社2006年版，第1620页。

④ （明）丘濬：《大学衍义补》卷101，载《丘濬集》，海南出版社2006年版，第1564页。

志，有至和之节以和民之声音，行此礼乐之道则有法制、禁令，防此礼乐之失则有刑罚、宪度。始也治道由此而出，终也王道因此而备。礼也，乐也，政与刑也，其用在天下，其本在朝廷，后之有天下国家者其尚端出治之本、备王道之制，而又为维持防范之具，使之四达于当时，通行于天下，其为治也孰加焉？"[①] 因此，"人君以此四者以为治于天下，不徒有出治之本，而又有为治之具；不徒有为治之具，而又有为治之法，本末兼该，始终相成，此所以为王者之道，行之天下万世而无弊也欤。"[②]有鉴于此，在《大学衍义补》中，丘濬全面继承了孔子等先哲的思想，完整地阐释了礼乐政刑四大治法的功用：礼以安上治民、乐以移风易俗、政以施仁安民、刑以辅政弼教。

一　礼以安上治民

在《大学衍义补》中，"礼"几乎称得上是一个百搭词，这在整个治法体系中是独一无二的。其中，最常见最基本的搭配有德礼、礼乐、礼刑、礼法、礼教、礼治、礼秩、礼制、礼典、礼义、礼运、礼节、礼数、礼仪、礼器、礼物、礼貌、礼记、礼经、礼部、礼官，以及周礼、经礼、曲礼、仪礼、典礼、冠礼、婚礼、丧礼、祭礼、朝礼、聘礼、会礼、同礼、乡礼、吉礼、凶礼、军礼、宾礼、嘉礼，等等。而在礼乐政刑四大治具中，礼的作用最大，且用途最广，"一日不可以无礼，一事不可以无礼。一言一动、一进一退，与凡天下之大、万几之众，一事之行皆必有所以治之者，所以治之者何？礼而已矣"。[③] 在丘濬看来，礼在治法体系中居于至高至重之位，上得以安君位，为君主所倚赖；下得以安民生，为万民所必需。其具体分析如下：

第一，礼乃心法治法之桥梁，贯通内圣与外王。"德礼"一词，包含着内圣与外王两个方面，前者属于心法，以修身为要，后者属于治法，

① （明）丘濬：《大学衍义补》卷1，载《丘濬集》，海南出版社2006年版，第50页。

② （明）丘濬：《大学衍义补》卷158，载《丘濬集》，海南出版社2006年版，第2482页。

③ （明）丘濬：《大学衍义补》卷39，载《丘濬集》，海南出版社2006年版，第661页。

以礼（乐）为本，二者之间存在着内在的本质联系："治国平天下之本，在乎修身，而修身必以礼；礼者，敬而已矣。"[①]可见，礼上通内圣，下贯外王，是内圣通向外王的必由之路："圣人与斯民均备是礼乐于一性之中，圣人特先得我心之同然耳。圣人备礼乐以身，内和而外顺，故一举而措之天下，则此以心感、彼以心应，宜其易易而无难。"[②]反之亦然。外王事功的实现又通过礼而反馈到内圣，从而不断完善君主的德性修养，"礼之行也，必反其本，求之于人心本然之初"[③]，"反推其本固在于修礼，而礼之所以修者，则又在乎敬而已矣"。[④]因此，丘濬特别强调说："为仁由礼，为礼由敬，则此圣人传心之要，治国平天下之基所由建立者也。"[⑤]再次证明了"礼"的确是内圣与外王的联结点和贯通者，也是治法的根基所在。

第二，礼乃治法体系之统率，首屈一指居前列。丘濬论"礼"，始终以帝王为治为核心和宗旨而展开。在他看来，治法体系虽由礼、乐、政、刑共同构成，但比较起来，礼的地位最高，且影响最大。因此，他在书中大量使用礼乐、礼与乐、礼与政、礼与治、礼乐刑政、礼乐政刑、礼刑、礼与刑、礼法、礼与法等表达，一方面将礼与乐、政、刑视为治法的整体，另一方面又始终将礼排在治法的首位，可见他对礼的重视与推崇，并发自内心地对礼进行赞美和称颂："大哉礼乎，所以为天地立心者在是，为生民立命者在是。"[⑥]又说："上天下地，往古来今，人之所以为生，君之所以为治，圣人之所以持世立教，事之大者，孰有大于礼哉？"[⑦]他殷切地告诫君主，务必要以唐虞三代的圣王为榜样，治国理政"不必拘拘于禁令、刑罚，一惟以礼明之。"[⑧]

---

① （明）丘濬：《大学衍义补》卷38，载《丘濬集》，海南出版社2006年版，第643页。
② （明）丘濬：《大学衍义补》卷36，载《丘濬集》，海南出版社2006年版，第623页。
③ （明）丘濬：《大学衍义补》卷39，载《丘濬集》，海南出版社2006年版，第655页。
④ （明）丘濬：《大学衍义补》卷39，载《丘濬集》，海南出版社2006年版，第653页。
⑤ （明）丘濬：《大学衍义补》卷76，载《丘濬集》，海南出版社2006年版，第1189页。
⑥ （明）丘濬：《大学衍义补》卷40，载《丘濬集》，海南出版社2006年版，第671页。
⑦ （明）丘濬：《大学衍义补》卷40，载《丘濬集》，海南出版社2006年版，第668页。
⑧ （明）丘濬：《大学衍义补》卷39，载《丘濬集》，海南出版社2006年版，第658页。

第三，礼乃治国理民之大本，融贯于治法始终。丘濬指出："天下之事，无一而不本于礼者"[①]，"一日不可以无礼，一事不可以无礼，一言一动，一进一退，与凡天下之大，万几之众，一事之行，皆必有所以治之者，所以治之者何？礼而已矣。"[②]又说："学而非礼，则为异端；治而非礼，则为伯道。人有礼则安，无礼则危；国有礼则治，无礼则乱；事有礼，则事为有纪，否则散；物有礼，则物为成器，否则废。人无一而可无礼，无礼则非仁矣。仁也者，人也，人而无仁，则非人矣。"[③]同样地，缺失了礼的规制和指导，乐、政、刑就会成为无根之木、无源之水，难以发挥出应有的价值和作用，甚至可能完全背离圣王之道而沦为暴君庸主纵欲行恶的工具。因此，"礼之为礼，乃圣人治情修义之本，兴利除患之具，人君未有舍此而能为治者也"[④]，"有志于三代之治者，可不以礼而为之本乎！"[⑤]

第四，礼乃顺天应人之产物，天人合一臻完美。丘濬认为，礼之所以能够贯通心法治法、统率治法，并得以安上治民，其奥秘就在于它是顺天应人的产物，是古圣先王基于天理人情设计出来的一整套礼乐制度的重要组成部分，"上焉而通达天道，下焉而和顺人情，此其大窦穴"。[⑥]首先，礼合乎天理。"礼乐之制作于圣人，非圣人所自为也，因天地自然之形气而为之耳。大率礼以地制，而其制也，本其自然之形；乐由天作，而其作也，因其自然之气。气得其顺，则天亦应之以顺；形得其常，则地亦示之以常。苟不本夫自然之和序而为非礼之礼，非乐之乐，是天之有盲风怪雨，地之有息壤洪流，其致逆气之应，异象之垂，有必然者矣。"[⑦]其次，礼顺乎人情。"礼乐之制，皆是以人为之节度。于人之死而兴哀也，则为之衰麻之服，哭泣之数，以节其丧纪；于人之生而好乐也，

---

① （明）丘濬：《大学衍义补》卷38，载《丘濬集》，海南出版社2006年版，第644页。
② （明）丘濬：《大学衍义补》卷39，载《丘濬集》，海南出版社2006年版，第661页。
③ （明）丘濬：《大学衍义补》卷76，载《丘濬集》，海南出版社2006年版，第1189页。
④ （明）丘濬：《大学衍义补》卷39，载《丘濬集》，海南出版社2006年版，第652页。
⑤ （明）丘濬：《大学衍义补》卷39，载《丘濬集》，海南出版社2006年版，第661页。
⑥ （明）丘濬：《大学衍义补》卷39，载《丘濬集》，海南出版社2006年版，第652页。
⑦ （明）丘濬：《大学衍义补》卷36，载《丘濬集》，海南出版社2006年版，第613页。

则为之钟鼓之音，干戚之舞，以和其安乐。因人之生而有男女，则为之婚姻冠笄之礼以别之，使其不混；因人之生而相交接，则为之射乡燕食之礼以正之，使其不流。礼以节之，则民之行也无不中；乐以和之，则民之言也无不和。是则丧纪也，安乐也，男女也，交际也，人人所有也，任其自有而自为之，不失之太过，则失之不及。是以先王为之衰麻哭泣，为之钟鼓干戚，为之婚姻冠笄，为之射乡食飨，皆是因其所当为而为之节也，岂以私意巧智为之哉！”①既合乎天理，又顺乎人情，在丘濬看来，这样一套顶层设计，自然完全符合天人合一的理念，因而也是最理想最完美的治世良法，礼之所以成为这套治法之本，其根源也在于此。

第五，礼乃人道彝伦之法则，人人谨守勿相违。丘濬指出：“人道之大者在彝伦，彝伦之大者在于亲亲、尊尊、长长、男女之别焉。”②人道彝伦是我国古代以三纲五常为基础而形成的伦理道德体系，“纲常本于天，亘万世而不易”。③我国古代的社会结构为家国一体，家是最小国，国是千万家。在这种特殊的家国同构体系中，人与人之间的基本关系主要表现为五伦：父子、君臣、夫妇、长幼和朋友；而指导这些关系的基本要领就是十义，也即父慈、子孝、兄良、弟悌、夫义、妇听、长惠、幼顺、君仁、臣忠等十种基本德性。五伦十义作为基本的伦理价值，是我国古代人人必知、家家必晓的人伦法则，是人之所以为人的基本要求，也是礼的基本内容。或者说，礼的制定正是为了维护和巩固三纲五常、五伦十义等人伦之道，以便用法的形式将社会公认的伦理道德上升为全体社会成员共同遵守的行为规范。因此，丘濬解析说：“人之有礼，如木之有干也；木而无干，则不能生，人而无礼，其何以立哉！”④又说：“人道之所以立者，以其有此礼也。苟无礼焉，则强将恃其力以陵弱，众将恃其势以暴寡，富将恃其财以吞贫，智将恃其能以欺愚，则是天下之人皆将惟其势力财能之是恃，而不复知有尊卑上下之分矣，人何由而安哉？圣

① （明）丘濬：《大学衍义补》卷36，载《丘濬集》，海南出版社2006年版，第615页。
② （明）丘濬：《大学衍义补》卷51，载《丘濬集》，海南出版社2006年版，第838页。
③ （明）丘濬：《大学衍义补》卷40，载《丘濬集》，海南出版社2006年版，第668页。
④ （明）丘濬：《大学衍义补》卷40，载《丘濬集》，海南出版社2006年版，第665页。

人知其然，故制为秩然之礼，以立为当然之法。”①

第六，礼乃定分安上之法宝，保驾护航免君忧。丘濬认为，人与人之间的尊卑高下是上天注定的，礼所确立的名分等级也是完全符合天理的，并非君主个人的肆意妄为，他说：“名分之等，乃天下自然之理。高卑有不易之位，上下有一定之分，皆非人力私意之所为者也。”②因此，礼达而分定，分定而上安，“若夫主势一定，而君德既孚，天下之民方且遵名守教，相从于畏爱则象之中，甘心于服役事养之际，求其为自安自适之不暇，安有欺背替陵之事哉！……大哉礼乎，其功用之大者有如此者，礼教既达，非但其分之定，亦使其心之安也。”③由此可见，礼正是这样一套维护纲常伦理和等级名分的规则体系，强调亲亲与尊尊，要求臣民绝对服从和效忠君主，不得犯上作乱，更不得擅自废立君主，否则，必然对违逆者施以严酷的刑罚，以此来捍卫君主的至尊地位，“名分一定，则下之于上有顺而无逆，有令而无违；上得以率于下，下不得以犯乎上，一有犯焉则刑戮加之矣。犯且不可，况敢废立之哉？此人君为治所以必谨于礼以正名分，而防其陵替之渐也。”④

第七，礼乃启善止恶之正道，民命从此得安生。丘濬指出：“礼则天理，所以防闲人欲者也”⑤，“民之所由生者，以礼为大，则失此礼，民有不得其死者矣。”⑥礼是天下万民安身立命的最大生门，是百姓得以保全性命的免死金牌。任何人，只要其行为符合礼的要求，就会得到礼的庇佑；相反，出礼则入刑，一旦违背了礼的规制，就必然遭到刑的追究，其身家性命就难以自保了，可见“礼之为礼，上以承天道、下以治人情，其得失为人生死所系。”⑦因此，“先王为治，而必隆重于礼者，盖以礼为教化之本，所以遏民恶念，而启其善端，约之于仁义道德之中，而使其不

① （明）丘濬：《大学衍义补》卷38，载《丘濬集》，海南出版社2006年版，第645页。
② （明）丘濬：《大学衍义补》卷2，载《丘濬集》，海南出版社2006年版，第62页。
③ （明）丘濬：《大学衍义补》卷39，载《丘濬集》，海南出版社2006年版，第651页。
④ （明）丘濬：《大学衍义补》卷2，载《丘濬集》，海南出版社2006年版，第67页。
⑤ （明）丘濬：《大学衍义补》卷40，载《丘濬集》，海南出版社2006年版，第673页。
⑥ （明）丘濬：《大学衍义补》卷39，载《丘濬集》，海南出版社2006年版，第659页。
⑦ （明）丘濬：《大学衍义补》卷39，载《丘濬集》，海南出版社2006年版，第649页。

荡于规制法度之外，以至于犯戒令、罪刑宪焉”。[①]

第八，礼乃大中至正之界限，是非曲直自裁断。丘濬强调说：“天下之事各有两端，混然而不可辨别者，君子必以礼辨之，亲疏以礼而定、嫌疑以礼而决、同异以礼而别、是非以礼而明。”[②]“礼之为礼，是乃吾心大中至正之界限，人有礼则中有定见、外有定守，而不为外物所动矣。”[③]又说：“用礼以裁制天下之事，如布帛之刀尺，如梓匠之斧斤，相体以为之衣，随材以制其用，不使其有余，亦不使其不足，既无太过，亦无不及。”[④]由此可见，礼不仅是大中至正之道的化身，为人们提供了一整套明辨是非对错、分清善恶美丑的标准体系，也是一位循循善诱的导师和引航员，用最公道最中正的价值理念引导和规范着人们的言行举止，引领着整个社会朝着和谐美好的方向发展，因此，“礼之为礼，非独以之辨上下、定民志，亦可用之以察人情、审事理。于凡天下之人情事理，或轻或重，或曲或直，或方而常，或圜而变，一以礼而正之”。[⑤]

二　乐以移风易俗

乐也是为治之本，其在治法中的地位和作用仅次于礼。礼主敬，乐主和，“礼乐二者交相为用，可相有而不可相无，是诚治天下之要道也。”[⑥]乐中有礼、礼中有乐，既有弦歌之声，必有仪文之礼，二者必须完美结合，才能实现天下大治的理想。这就是古人所谓的治出于一，不出于二，“圣人备礼乐以身，内和而外顺，故一举而措之天下”。[⑦]不过，从治法角度看，乐并非礼的附庸，自有其相对独立性。在治理社会的过程中，乐主要发挥移风易俗的功用，“敬立则为礼，所以安上治民者在是矣；和同

① （明）丘濬：《大学衍义补》卷首，载《丘濬集》，海南出版社2006年版，第28页。

② （明）丘濬：《大学衍义补》卷38，载《丘濬集》，海南出版社2006年版，第643页。

③ （明）丘濬：《大学衍义补》卷38，载《丘濬集》，海南出版社2006年版，第646页。

④ （明）丘濬：《大学衍义补》卷39，载《丘濬集》，海南出版社2006年版，第660页。

⑤ （明）丘濬：《大学衍义补》卷39，载《丘濬集》，海南出版社2006年版，第657页。

⑥ （明）丘濬：《大学衍义补》卷37，载《丘濬集》，海南出版社2006年版，第626页。

⑦ （明）丘濬：《大学衍义补》卷36，载《丘濬集》，海南出版社2006年版，第623页。

则为乐，所以移风易俗者在是矣”。[①]

那么，以和为本的乐又是如何实现移风易俗之功效的呢？丘濬坦言，这个问题历来都有很多人持怀疑态度，因为实施起来的确难度很大，他说：“礼之安上治民，人皆知之；若夫乐之移风易俗，人多疑焉。何也？盖礼之为用，民生日用彝伦，不能一日无者，无礼则乱矣。乐以声音为用，必依永以成之，假器以宣之，资礼以用之，有非田里闾巷间所得常闻也，而欲以之移风易俗不亦难哉！”[②]首先，与礼相比较，乐乃阳春白雪，曲高和寡，知音难求，加之田里闾巷不得其闻，乐的宣传普及工作很难像礼那样有效地开展下去。其次，从历史的角度考察，自西周灭亡以后，礼崩乐坏，天下大乱，更兼《乐经》失传，无人能继，“礼乐之制作，其微也久矣，而乐为甚。非其情义之难明也，而其所谓制度者，失其传焉耳”[③]，因此，“习学者既失其传，造作者又失其制，盖非一日矣。”[④]孔子在世时，乐的遗风尚存，除孔门师徒外，一些乐工也在自发地传承乐的要义。然而，两千年以后，到丘濬生活的时代，“非独无明乐义之圣贤，而并与其习乐器之贱工，亦无之矣。后有作者，其何所持循，而复古制也哉？”[⑤]要想重新作乐，使之焕发异彩，实现其移风易俗之功效，其难度之大，不言而喻。

历史上，西汉、曹魏、隋、宋四朝都曾经尝试过恢复古乐，皆因各有所失而遗憾收场，“汉初，古乐犹有存者。文帝资虽近道，而谦让未遑；武帝慨然有志于乐，然所好者世俗之所乐，非先王之所制也。魏用杜夔，隋用郑绎、何妥，宋用和岘、胡瑗、阮逸、范镇辈，非不留心于钟律也，然卒无所得焉，盖用其心于渺茫而无所从入之端故耳。”[⑥]洪武年间，明太

---

① （明）丘濬：《大学衍义补》卷37，载《丘濬集》，海南出版社2006年版，第625—626页。

② （明）丘濬：《大学衍义补》卷37，载《丘濬集》，海南出版社2006年版，第625页。

③ （明）丘濬：《大学衍义补》卷44，载《丘濬集》，海南出版社2006年版，第723页。

④ （明）丘濬：《大学衍义补》卷44，载《丘濬集》，海南出版社2006年版，第724页。

⑤ （明）丘濬：《大学衍义补》卷44，载《丘濬集》，海南出版社2006年版，第724页。

⑥ （明）丘濬：《大学衍义补》卷44，载《丘濬集》，海南出版社2006年版，第724—725页。

祖也曾组织人力编制礼乐，虽辑成《大明集礼》等书，但“乐则未见有全书焉”[①]。

在民间，北宋周敦颐、程颐、张载三位大儒深谙古乐之要，“三人者，可谓穷本知变，达乐之要者矣”[②]，不幸的是，当时主持作乐的胡瑗、范镇、司马光等人在搜罗天下人才时偏偏遗漏了他们，“使当时在讲求之列，其所次叙，必有可观，古乐或有可复，惜哉！”[③]南宋朱熹、蔡元定二人也精通音律，致力于恢复古乐，并分别著有《通解钟律》和《律吕新书》流传于世，“上下数千载，旁搜远绍，昭示前圣礼乐之非迂，以为后世作乐者之法，则后世有作者，合二书而求之，思过半矣。”[④]

丘濬心里清楚，在这样的大背景下侈谈恢复古乐，无异于让后世君主白手起家重新创作，“今世古制无复存者，虽是述之，其与作者之功何异？”[⑤]即使倾尽全力，也不大可能将乐恢复如初。然而，只要坚持去做，毕竟还有一线希望，即使“不能尽复天地之纯全，而略得以见古人之仿佛，犹贤乎已。夫有之而不全，犹胜于全无而不有也”。[⑥]而一旦彻底放弃，乐就永无可复之日了。因此，一心求治的丘濬还是希望后世的有为之君不要轻言放弃，应当勇敢地担当起重新作乐的责任。他勉励他们说：“吾无圣人之天资，而欲任圣人之创作，可乎？既不敢作而欲述之，又无可因而以为述之之地；不得已而就其所近而易者以求之；求之之道，先从吾身始。”[⑦]

那么，后世君主应当如何作乐呢？丘濬以为，总体上应当秉持“内外交修”的原则，他说：“自古圣人以乐为内外交修之要，始也由修身而后作乐，以致夫交感天人之效；终也因乐行而养德，以致夫风俗移易之

---

① （明）丘濬：《大学衍义补》卷37，载《丘濬集》，海南出版社2006年版，第633页。
② （明）丘濬：《大学衍义补》卷44，载《丘濬集》，海南出版社2006年版，第718页。
③ （明）丘濬：《大学衍义补》卷44，载《丘濬集》，海南出版社2006年版，第719页。
④ （明）丘濬：《大学衍义补》卷44，载《丘濬集》，海南出版社2006年版，第723页。
⑤ （明）丘濬：《大学衍义补》卷44，载《丘濬集》，海南出版社2006年版，第725页。
⑥ （明）丘濬：《大学衍义补》卷44，载《丘濬集》，海南出版社2006年版，第726页。
⑦ （明）丘濬：《大学衍义补》卷44，载《丘濬集》，海南出版社2006年版，第725页。

美，乐之功效大矣哉。”[①]具体而言，他又提出了立德、正乐、洽民、合礼和通政五项措施，以期重建乐的辉煌，恢复乐的治效。

第一，立德。丘濬指出：“乐之为乐，人见其备金石丝竹之音、干戚羽旄之舞，以为乐在是矣，而不知其所以有清浊高下之变，而合宫、商、角、徵、羽之调者，其本元之所自，则由乎人心之感物而然也。”[②]大舜所创作的《韶》乐之所以达到至善至美的境界，以至于两千多年后孔子闻之，三月不知肉味，究其根源，全在于舜的圣德仁心，“是其为乐，尽善尽美，如天如地，后虽有作者不能加之矣。是何也？盖舜之德性之也”。[③]因此，后世君主作乐当以修身立德作为第一要义，“夫既修身以为作乐之本，然后从之以声容，备之以器数，在己则奋至德之光，在天则动四气之和，在地则著万物之理矣”。[④]

第二，正乐。丘濬认为，乐出乎人心，发乎人声，而人心有善恶，人声有正邪，因此乐亦有好有坏，有善有恶，“盖以声出人君之心，而其声有正有奸，此以声感，彼以气应，一倡一和，相为应验，或形于咏歌，或著于舞蹈，斐然而成章，粲然而成列，是以其为乐也，有淫有和焉”。[⑤]因此，作乐之始，必须首先正乐，“正之一言，盖有以见乐之在当时，其错杂无伦，淫邪不正，实有赖于圣人之正定也”。[⑥]如何正乐呢？丘濬认为应当“反其情以和其志，以道义之正而制情欲之私”。[⑦]具体说来，治世之音应当像《韶》乐和《诗经》中的雅颂那样高雅而纯洁，充满振奋人心的正能量，绝不能如郑声那样的乱世之音，既低级趣味，又让人颓废沉沦不思进取。他说：“大抵乐之为乐，虽备于声容，而其本原之所始则起于《诗》之言志。故圣人正乐以为常经，必使雅颂之得所；取《韶》

---

① （明）丘濬：《大学衍义补》卷42，载《丘濬集》，海南出版社2006年版，第693页。

② （明）丘濬：《大学衍义补》卷42，载《丘濬集》，海南出版社2006年版，第687—688页。

③ （明）丘濬：《大学衍义补》卷41，载《丘濬集》，海南出版社2006年版，第682页。

④ （明）丘濬：《大学衍义补》卷42，载《丘濬集》，海南出版社2006年版，第692页。

⑤ （明）丘濬：《大学衍义补》卷42，载《丘濬集》，海南出版社2006年版，第692页。

⑥ （明）丘濬：《大学衍义补》卷43，载《丘濬集》，海南出版社2006年版，第705页。

⑦ （明）丘濬：《大学衍义补》卷42，载《丘濬集》，海南出版社2006年版，第694页。

以立治法，必戒郑声之淫荡。”[①] 此外，丘濬还强烈反对用夷狄之音，称“汉唐以来，郊庙燕享，未尝不用乐。而乐之用，或至于用郑，或至于用夷。今吾稍存古人之意以仿古人之乐，虽不全于古，而犹仿佛于古，岂不愈于用郑用夷也哉？”[②]

第三，洽民。丘濬指出，圣人作乐的目的是为了与民同乐，这也是乐能够产生移风易俗功效的根本原因，“乐之理无乎不在，而古人作乐之意，非但以用之朝廷、郊庙、学宫，而凡闾阎之下，田野之间，而乐之化，无不陶焉。”[③] 因此，“乐之作也，必使其民欣欣然而有喜色，然后为之。苟徒肆一已之乐，而忘万民之忧，又不若不作之为愈也。……必也好乐而与民同之，使其欣欣然有喜色。如此，则所作之乐虽不能备韶濩[④]之音，而实得韶濩之意于千古之上矣。”[⑤]

第四，合礼。在治法的体系中，乐的地位仅次于礼，且与礼同属于为治之本，因此其意义非常重大。丘濬甚至认为，乐之于百姓，比礼所发挥的作用更大，效果更好，原因在于乐“不假之教条，无待于约束，潜销默化，自然相忘于不知不识之天”[⑥]。人们在轻歌曼舞欢声笑语中，不知不觉就能得到教化和引导，自然从内心深处更加愿意接受乐。但是，乐与礼本为一体，水乳交融，不可一分为二，更不可舍礼而独存，“圣人备礼乐以身，内和而外顺，故一举而措之天下，则此以心感，彼以心应，宜其易易而无难。”[⑦]因此，作乐者必须保证所作之乐与礼相契合，而不可相违背。他强调说：“独阳不生，独阴不成，故必礼备乐和、兼施并行，

---

① （明）丘濬：《大学衍义补》卷43，载《丘濬集》，海南出版社2006年版，第705—706页。

② （明）丘濬：《大学衍义补》卷44，载《丘濬集》，海南出版社2006年版，第726页。

③ （明）丘濬：《大学衍义补》卷41，载《丘濬集》，海南出版社2006年版，第679—680页。

④ 又称《大濩》，商代的乐舞，相传为伊尹所作，用以歌颂商汤伐夏桀，与夏代的《夏》、周代的《武》同为三代时期最有名的乐舞。“韶濩之音”泛指二帝三王时期的乐，是至善至美的古乐的代名词。

⑤ （明）丘濬：《大学衍义补》卷43，载《丘濬集》，海南出版社2006年版，第707页。

⑥ （明）丘濬：《大学衍义补》卷42，载《丘濬集》，海南出版社2006年版，第695页。

⑦ （明）丘濬：《大学衍义补》卷36，载《丘濬集》，海南出版社2006年版，第623页。

然后天之阳、地之阴，气交而形和，而缊之气通，生成之道备，而万物无有不得其所者矣。”①

第五，通政。丘濬指出：“声音之道，与政相通，所谓六律五声八音者，察政治之具也。律吕调，则政之得可知；律吕不调，则政之失可验。”②又说：“其音安以乐者，其政必和；其音怨以怒者，其政必乖；其音哀以思者，其民必困。政之和者，治国也；政之乖者，乱国也；民之困者，将亡之国也。”③因此，“国家政治之施，合内外，通幽明，和上下，皆必赖于乐”。④丘濬教导后世君主说：“先王作乐，一声寓一理。于其声之高下，而验其理之得失。觉其有失，则乘除抑扬以应之，使之必得其平，协比和谐，无相凌夺，然后反求于吾之政治。宫音有失，则求之于君；商音有失，则求之于臣。以至角、徵、羽之失，而求之民、事、物者皆然。如此，则乐音与政事常相流通，则凡一世之君、臣、民、事、物，皆止其所，而天下和平矣。”⑤

三　政以施仁安民

如前所述，“政”在《大学衍义补》中含义模糊，又分布零散，远不如礼乐刑三者那么概念清晰而又得以集中论证。不过，无论其内容多么繁琐，条理多么凌乱，“政”的目标和宗旨始终是明确而恒定的，那就是施仁安民，实行仁政，为民造福，惠利民生。以丘濬看来，贯彻落实“民为邦本”的理念，关键在“政”。为此，他专擘“固邦本”一目，一口气罗列出“蕃民之生”“制民之产”“重民之事”“宽民之力”“愍民之穷”“恤民之患”“择民之长”“分民之牧”和“询民之瘼”等十大民生工程，用整整七卷的长篇大论来阐发其仁政思想。丘濬认为，政的实施必须以“仁”为标准，以“民”为对象，目的在于安定民生，为百姓谋福祉，为

---

① （明）丘濬：《大学衍义补》卷36，载《丘濬集》，海南出版社2006年版，第614页。
② （明）丘濬：《大学衍义补》卷41，载《丘濬集》，海南出版社2006年版，第680页。
③ （明）丘濬：《大学衍义补》卷42，载《丘濬集》，海南出版社2006年版，第689页。
④ （明）丘濬：《大学衍义补》卷41，载《丘濬集》，海南出版社2006年版，第683页。
⑤ （明）丘濬：《大学衍义补》卷42，载《丘濬集》，海南出版社2006年版，第689页。

万世开太平。

第一，立政为民，“政”的目的在于为民而非为君。丘濬主张仁政，追求善政，强调君主为政，旨在为民谋福利，而不是厉民以自适，理由有三：首先，立政为民是上天立君的本意，是君主和朝廷的天赋之责。他说：“大抵天立君以为之子，君立官以为之臣，无非为乎斯民而已”[①]，“天生烝民，不能自治而付之君，君统万民，不能独理而付之臣，是则天之立君、君之任臣，无非以为民而已”[②]，“故凡朝廷之上，政之所行，建官以莅事，行礼以报本，怀柔以通远人，兴师以禁暴乱，何者而非为民，使之得以安其居、尽其力、足其食而厚其所以生哉！是则上天所以立君而俾之立政之本意，而为治者不可不知者也”。[③]其次，民是国家社稷的核心构成要素，也是君主实施其统治的对象和根基，无民则无国，无民则无君。丘濬反复强调说：“天子之所以为天之子，而享有天下之奉，以其有民也”[④]，“明圣之君知兴国之福在爱民，则必省刑罚、薄税敛、宽力役以为民造福，民之享福则是国之享福也”[⑤]；反过来，如果“君有民不知所以恤之，使其寒不得衣，饥不得食，凶年饥岁无以养其父母，育其妻子，而又从而厚征重敛，不时以苦之，非道以虐之，则民怨怼而生背叛之心，不为君有矣。民不为君有，君何所凭藉以为君哉！”[⑥]最后，也是最不容忽视的是，得民心者得天下，失民心者失天下，民也是君主统治稳固与否、祖宗基业长久与否的决定性因素。丘濬认为，人民之所以会犯上作乱，造反谋逆，都是由于不堪统治者的暴虐之政而被迫为之。他以秦末陈胜、吴广起义为例，指出：“盗贼之起，盖有所因也。秦自始皇以来，所以劳民力，苦民心，费民财，戕民命者，非一日矣。民无以为生，举手动足，何者非杀身之地？使有一隙生路，民亦不寻死矣。不得

---

① （明）丘濬：《大学衍义补》卷5，载《丘濬集》，海南出版社2006年版，第112页。
② （明）丘濬：《大学衍义补》卷18，载《丘濬集》，海南出版社2006年版，第359页。
③ （明）丘濬：《大学衍义补》卷1，载《丘濬集》，海南出版社2006年版，第47页。
④ （明）丘濬：《大学衍义补》卷13，载《丘濬集》，海南出版社2006年版，第256页。
⑤ （明）丘濬：《大学衍义补》卷13，载《丘濬集》，海南出版社2006年版，第250页。
⑥ （明）丘濬：《大学衍义补》卷13，载《丘濬集》，海南出版社2006年版，第252页。

已而死中求生，此广、胜之徒所以造乱也。”[①] 因此，丘濬谆谆告诫君主，要以絜矩之心，行絜矩之政，尽可能爱民惠民，切不可厉民虐民，以免步暴秦二世而亡之后尘。

第二，为政在人，“政”的修举有赖国家官僚机器。丘濬认为，国家大权由君主一人掌控，但大大小小的政事却不能由君主一人兼任，“夫人君以一人之身，虽曰居尊以临卑，然实以寡而御众。以理言，固可以一人统；以势言，则不能以一人周也”。[②] 国家之政，事务繁杂，头绪众多，人君纵有三头六臂钢筋铁骨也难以应付，何况一凡体肉身！因此，“必欲事理民安而无一处不到焉，非立官以分理之不能得也”。[③] 必须建官立制，从中央到地方，从内地到边疆，有一事则设一官，建立一套复杂而完整的国家官僚机构，“譬则人之一身焉，上必有首以为众体之尊，自是而下，分为肢体，肢体之下，又有臂有指焉。上焉以卫乎首，次焉以为耳目口鼻之用，外焉以修饰乎发肤，内焉以承附乎脏腑。夫然，则彼此应援，血气周流，而一身得其安矣”。[④] 国家的一切大小政事悉由大大小小的官员负责处理和完成，“政赖内外之群臣，内焉者为吾举纲而挈领，外焉者为吾承流而宣化焉耳”。[⑤] 丘濬指出，臣是君主为治不可缺少的有生力量，他们接受君的任命，并按照君的指示和要求实际完成各项具体政务。他们所做的事，既是君之事，也是天之事，而归根到底都是民之事。朝廷内外、文武百官构成了一个复杂而庞大的国家机器，而要使这个庞大的国家机器正常而有效地运转，发挥出最大的治世功效，就必须选用贤能之人，赋之以相应的职权和职责，充分发挥其才能和智慧，使人称其官，官称其职，否则，“不问其人之能与否，不论其职之称与否，是以用各违其才，人不称其官；官既不称，则朝廷之政何由而举？政既不举，则天

① （明）丘濬：《大学衍义补》卷136，载《丘濬集》，海南出版社2006年版，第2121页。

② （明）丘濬：《大学衍义补》卷19，载《丘濬集》，海南出版社2006年版，第373页。

③ （明）丘濬：《大学衍义补》卷5，载《丘濬集》，海南出版社2006年版，第112页。

④ （明）丘濬：《大学衍义补》卷19，载《丘濬集》，海南出版社2006年版，第373页。

⑤ （明）丘濬：《大学衍义补》卷18，载《丘濬集》，海南出版社2006年版，第364页。

下之民何由得安？”[①]

第三，统政于朝，“政”的根本在于把握朝廷人事。所谓朝廷，指的是以皇帝为首、大臣为辅的中央国家机器，是一国的中央政府、权力中枢，相当于人的头脑和心脏，其地位之尊贵、责任之重大、影响之深远，普天之下，无以复加。国家的方针政策、诏令谕旨、大事小情都由此分派出去，下达到四面八方，然后又从四面八方反馈回来，汇聚于此。朝廷是国家政治的本原和归依所在，乃一国之根本，“礼也，乐也，政与刑也，其用在天下，其本在朝廷”。[②]从国家治理的角度讲，“欲斯民之得所，本原之地在乎朝廷，……朝廷正，而内外远近莫敢不一于正”。[③]由此可见，朝廷之政修举与否是决定着整个国家之政修举与否的关键，而根据明代的制度安排，朝廷之政的处理具体由吏、户、礼、兵、刑、工六部[④]负责，因此，对君主而言，六部卿佐的人事任免就显得尤为重要，丘濬提醒人君要特别重视六部长官的选拔、任用与考察，得其人即用之、信之，非其人则罢之、弃之。他说：“伏愿皇上重六部之职，简卿佐之任，以为朝廷出政之本。其未用也，慎于选择；不胜任也，亟罢之；其既任也，专于委注；能举职也，久任之。则治古之治不难复矣。”[⑤]

第四，施政以仁，“政”的本质在施仁立义于天下。丘濬认为，“政”的目的是为民谋利，使民得以安其生，“民生安，则君得所依附，而其位安矣。”[⑥]换言之，民生安，则君位安；民生不安，则君位不安。安与不安

---

① （明）丘濬：《大学衍义补》卷1，载《丘濬集》，海南出版社2006年版，第44页。

② （明）丘濬：《大学衍义补》卷1，载《丘濬集》，海南出版社2006年版，第50页。

③ （明）丘濬：《大学衍义补》卷1，载《丘濬集》，海南出版社2006年版，第52页。

④ 丘濬指出：“天下之事，统于朝廷；朝廷之政，统于六典。”所谓六典，是指西周时期的治、教、礼、政、刑、工六典，后世逐渐演变为吏、户、礼、兵、刑、工六部。秦统一后，设丞相以统六部之责，总揽朝廷之政，明太祖朱元璋为防止宰相专权，彻底废除了丞相制度，由六部分掌朝廷之政；明太宗朱棣时期又成立内阁，专掌制诏，凡国家大典礼、大政令、大事几皆由此发出，其地位相当于宰相，但有职无权，悉听皇帝之命。这是明统治者加强皇权的重要举措，但丘濬对此却赞誉有加，推崇备至，认为既恢复了三代旧制，又巩固了国家政权，彰显了太祖太宗卓越的政治智慧。参见（明）丘濬《大学衍义补》卷1、卷5，载《丘濬集》，海南出版社2006年版，第49—50、119—121页。

⑤ （明）丘濬：《大学衍义补》卷1，载《丘濬集》，海南出版社2006年版，第50页。

⑥ （明）丘濬：《大学衍义补》卷13，载《丘濬集》，海南出版社2006年版，第247页。

之间，体现的是民心之得失和小民之可畏。丘濬指出："人君诚知民之真可畏，则必思所以养之、安之，而不敢虐之、苦之，而使之至于穷困矣。夫然，则天禄之奉在人君者，岂不长可保哉！"[①]所谓养之、安之，虐之、苦之，究其实，就是仁与不仁的区别。人君施仁政于天下，则上不付天之托，下不负民之望，自然得以安民之生，而保君之位；相反，如果施不仁之政于天下，则上拂天意，下悖民心，必然招致天怒人怨，届时人君将何以自保？又何以保祖宗社稷？因此，发之于政，施之于仁，乃是"政"的本质属性，"为人上者诚能省刑罚，薄税敛，不穷兵以黩武，不营作以劳人，则民咸有乐生之愿而无轻死之心，祸乱不作而君位永国祚无穷矣"。[②]

第五，行政由法，"政"的实施必须依循一定之法。丘濬认为："法者，经常之制；政者，权宜之事也。"[③]法是明确而稳定的，一旦制定出来便不会轻易改变；而政则因时、空、势、情、事、理、人等诸多不确定的因素而产生，而且各种因素相互作用，错综复杂，变化无常，难以预测和把控。因此，政事的处理不仅需要大量懂得变通的人才，而且需要制定相应的法律法规以资依循，只有委任得人，同时又规置得法，才能有效地应对情势，克服困难，解决问题。这就是丘濬的人法兼备思想。所以，行制产之政，就得有制产之人和制产之法；行理财之政，就得有理财之人和理财之法；相应地，行救灾之政，就得有救灾之人和救灾之法；行治河之政，就得有治河之人和治河之法。凡此种种，不一而足。当然，无论是制产之人、理财之人，还是救灾之人、治河之人，其身份都是"臣"，都必须受命于君。丘濬的可贵之处还在于，在那个法自君出、君命不可违的时代，他严格区分了君之法与君之意，认为天子所出之令，符合天理的才是君之法，不符合天理的则只能归于君之意。他

① （明）丘濬：《大学衍义补》卷13，载《丘濬集》，海南出版社2006年版，第248页。
② （明）丘濬：《大学衍义补》卷13，载《丘濬集》，海南出版社2006年版，第253页。
③ （明）丘濬：《大学衍义补》卷45，载《丘濬集》，海南出版社2006年版，第737页。

十分认同唐戴胄[①]的观点，认为君之法是广布天下取信于民的国家大法，而君之意则只是君主个人一时喜怒的表达。因此，他虽然维护君主专制，强调为臣死忠，却也难能可贵地打出了“奉君之法而不奉君之意”的旗号。这是丘濬的伟大之处，也是其过人之处。他的这一点坚持，竟与现代法治的真谛不谋而合。

综上所述，国家之政，其目的在为民谋利，其执行靠内外群臣，其根本在朝廷人事，其本质在施仁行义，其依据为一定之法。天下的政务如此繁多，君主不可能也不应当事事亲力亲为，“夫人君为治，贵于用得其人，臣之能即君之能也，政不必自己出也”。[②]君的职责在于选贤任能，臣的职责在于依法办事，这就是丘濬在书中反复强调的君臣共治理念。但是，需要特别注意的是，丘濬的君臣共治是以绝对不平等的君臣关系为前提和保障的，君与臣之间存在着犹如天壤之别的等级名分、权力地位之悬隔。君高高在上，其尊如天，臣俯首听命，其卑如地。一言以蔽之，国家之政，权在君，责在臣，利在民；任人由君，任事由臣，君臣共治。这就是丘濬对“政”所持的基本立场。

四　刑以辅政弼教

传统儒家一致认为，刑的终极目的不是为了治人之罪，而是为了教人明理，“刑之制，非专用之以治人罪，盖恐世之人不能循夫五伦之教，故制刑以辅弼之，使其为子皆孝，为臣皆忠，为兄弟皆友，居上者则必

---

① 戴胄（573—633），字玄胤，相州安阳（今河南安阳）人，生性耿直，熟知律法，通晓文案，早年仕隋，归唐后为秦王府士曹参军，唐太宗即位后，擢升为大理寺少卿，后改任尚书左丞，贞观四年（630）出任宰相，贞观七年（633）病逝。太宗初年，曾下诏命令伪造资历的官员自首，否则一旦查实，即判死罪。不久，有官员伪造资历被查，时任大理寺少卿的戴胄并未将其处死，而是依律判为流刑。太宗知道后大怒，认为戴胄不遵诏令，使自己颜面扫地，失信于天下。戴胄从容应答：“陛下当即杀之，非臣所及；即付有司，臣不敢亏法。”又说：“法者，国之所以布大信于天下；言者，当时喜怒之所发耳。陛下发一朝之忿而欲杀之，既而不可，而置之于流，此乃忍小忿而存大信也。若顺忿违信，臣窃为陛下惜之。”太宗听后心服口服，对其赞佩有加。参见（明）丘濬《大学衍义补》卷111，载《丘濬集》，海南出版社2006年版，第1735页。

② （明）丘濬：《大学衍义补》卷112，载《丘濬集》，海南出版社2006年版，第1743页。

慈，与人者则必信，夫必守义，妇必守礼，有一不然，则入于法，而刑辟之所必加也”。[①]因此，刑在治法体系中应当居最末，而且非到逼不得已而不能用。但是，刑在整个治法体系中并非可有可无，“王道备于同民心出治道之礼乐政刑，而刑又所以辅礼乐政之所不及。”[②]这意味着，刑不仅是治法必不可少的组成部分，而且还承载着弥补礼乐政之不足的重任，实际担负着为整个治法体系保驾护航的作用，不啻为保障整个治法顺利运行的底牌和撒手锏，因此，“圣人为治，不能以不用刑。”[③]

丘濬完全继承了古圣先王和历代先贤的观点，且兼收并蓄，融会贯通。在《大学衍义补》中，丘濬反复申明和强调刑的辅政弼教功能，对人君如何以刑为治提出了自己的看法。概括起来，主要有以下几个方面：

第一，寓教于刑，以致无刑。丘濬指出，“刑以弼教，先王之刑，无不寓教之意焉”。[④]因此，国家制定刑法、实施刑罚，不能以杀伐为能事，而应当将惩罚与教育结合起来，并以教育为主，惩罚为辅，这样才能引导人们迁善改过，从善如流，真正有裨政教，并可望实现有刑而不用的“无刑”之境。他说：“明于五刑以弼五教，此万古圣人制刑之本意也。可见刑之制非专用之以治人罪，盖恐世之人不能循夫五伦之教，故制刑以辅弼之，使其为子皆孝，为臣皆忠，为兄弟皆友，居上者则必慈、与人者则必信，夫必守义，妇必守礼，有一不然，则入于法而刑辟之所必加也。天下之人有见于此，其资质之美者，有所畏而一于为善，气禀之偏者，有所惩而不敢为恶，则彝伦为之益叙，而刑罚可以不用矣。”[⑤]

第二，刑贵得中，治贵得人。丘濬指出：“刑赏贵乎得中，固不可以僭

---

① （明）丘濬：《大学衍义补》卷100，载《丘濬集》，海南出版社2006年版，第1551—1552页。

② （明）丘濬：《大学衍义补》卷106，载《丘濬集》，海南出版社2006年版，第1644页。

③ （明）丘濬：《大学衍义补》卷104，载《丘濬集》，海南出版社2006年版，第1608页。

④ （明）丘濬：《大学衍义补》卷107，载《丘濬集》，海南出版社2006年版，第1655页。

⑤ （明）丘濬：《大学衍义补》卷100，载《丘濬集》，海南出版社2006年版，第1551—1552页。

滥也。”[①]“中”，即不偏不倚、无过无不及、不畸轻畸重的中道，亦称中庸之道，是人君修己治人的最高法则。他说：“圣人之心不偏不倚，而施之事为者，无过不及，非独德礼乐政为然，而施于刑者亦然。”[②]又说：“治民之道，无有过于中者也，是故先王立法制刑，莫不用中，中则无过无不及，可以常用而无弊。”[③]符合中道的刑，谓之“祥刑”，是帝王用刑的最佳状态。那么，如何才能实现中道呢？丘濬以为，刑狱之事，得其人则治，不得其人则乱，关键在于君主起用什么样的人来执掌刑狱。有史为据：“（汉）文帝用张释之为廷尉，罪疑者予民，是以刑罚太省，几至刑措。”[④]因此，典狱之官的人选直接关系到刑的功效，君主一定要审而择之，慎之又慎，“使为狱官者能用敬慎以治狱，而用狱官者又能择敬慎之人而用之，则凡所以治狱者无非仁，而不仁之事则有所不行矣。所行无非仁，是能重民命矣；能重民命，则足以延国命矣。民命之有永，乃天命之所由永也”。[⑤]

第三，刑须公开，易避难犯。丘濬认为：“律令之设，盖悬法以示人，使人知所避而不犯，非故欲为是以待天下之罪人，如人设网罗以待禽兽也。”[⑥]他强调说：“圣人制刑以求无刑，立辟以求止辟”[⑦]；又说：“圣人之制为刑辟，非故用此以张其威，罔其民也。盖立为刑辟，使人知所避而不犯，则无犯刑辟者矣。”[⑧]由此可见，“先王之法若江河然，贵乎易

---

① （明）丘濬：《大学衍义补》卷3，载《丘濬集》，海南出版社2006年版，第72页。

② （明）丘濬：《大学衍义补》卷101，载《丘濬集》，海南出版社2006年版，第1566页。

③ （明）丘濬：《大学衍义补》卷113，载《丘濬集》，海南出版社2006年版，第1756页。

④ （明）丘濬：《大学衍义补》卷112，载《丘濬集》，海南出版社2006年版，第1742页。

⑤ （明）丘濬：《大学衍义补》卷111，载《丘濬集》，海南出版社2006年版，第1725页。

⑥ （明）丘濬：《大学衍义补》卷103，载《丘濬集》，海南出版社2006年版，第1595页。

⑦ （明）丘濬：《大学衍义补》卷113，载《丘濬集》，海南出版社2006年版，第1756页。

⑧ （明）丘濬：《大学衍义补》卷108，载《丘濬集》，海南出版社2006年版，第1674页。

避而难犯。苟匿其制，晦其言，愚民不知而陷入焉，又从而刑之，则是罔民也”。[①] 为了达到“无刑”“止辟”的目的，人君理当将法律公之于众，并广为传播、大力宣讲，使人知法、懂法并守法，不至于因懵懂无知而罹陷法网。他说：“夫设法令以待天下，固将使民易避而难犯，顾乃深藏于理官、法家，自典正职掌之官犹不能遍知其所有，洞晓其所谓，况愚夫细民哉？闾阎之下，望朝廷之禁宪，如九地之于九天，莫测其意向之所在，及陷乎罪，从而刑之，是罔民也，岂圣王同民出治之意乎？”[②] 因此，国家法令不仅应当以成文的形式书写出来，还应当传播出去，“既布之以书，复表之以人，所以谆谆于国家之刑禁、朝廷之号令，使民知所遵守，而不至有所违犯焉”[③]，“苟为不然，蚩蚩蠢蠢之民，一举手，一动足，皆罹于宪网之中，而不知所以为生者矣。民不知所以为生，则求所以为生之路，求之不得，则舍死以求，祸乱之作往往以此。秦、隋之亡，其明验也”。[④]

第四，原情定罪，三刺决疑。刑狱之事关乎人命，“一人负冤，天地为之变色，和气为之感伤，人心为之丧失，乌可以轻忽哉？”[⑤] 因此，司法者必须秉承法意，公正办案，不枉不纵，使受刑之人与问刑之人两无遗憾，这才符合中正之道。但是，丘濬同时指出，听讼决狱的时候，不宜生搬硬套，削足适履，为法律条文所累，“天下之情无穷，刑书所载有限，不可以有限之法而尽无穷之情”[⑥]，尤其是涉及死刑判决，更加不可草

---

① （明）丘濬：《大学衍义补》卷107，载《丘濬集》，海南出版社2006年版，第1663页。

② （明）丘濬：《大学衍义补》卷102，载《丘濬集》，海南出版社2006年版，第1580页。

③ （明）丘濬：《大学衍义补》卷107，载《丘濬集》，海南出版社2006年版，第1664页。

④ （明）丘濬：《大学衍义补》卷101，载《丘濬集》，海南出版社2006年版，第1573页。

⑤ （明）丘濬：《大学衍义补》卷100，载《丘濬集》，海南出版社2006年版，第1555页。

⑥ （明）丘濬：《大学衍义补》卷102，载《丘濬集》，海南出版社2006年版，第1585页。

率从事，“人命至重，死者不可复生。今凭一吏之见，据一简之书，致一人于不可复生之地，安能保其皆当罪而无冤哉”[①]，“是故原情以定罪，而不拘于一定之法”。[②]他强调说：“论罪者必原情，原情二字，实古今谳狱之要道也。”[③]具体而言，对于一般案件，丘濬主张根据案情的实际情况，如犯罪的动机、情节的轻重、被害人的过错等情况来综合考量，“必备两造之辞，必合众人之听，必核其实，必审其疑，刑有疑则正于罚，罚有疑则正于过，必其有疑者无疑也，然后赦之其审克之者。如此，则人之于入刑者必当其罪，而罪不可入者则必得其情矣”。[④]其次，遇到疑难案件无法决断时，还应当辅之以三刺之讯，一刺讯群臣，再刺讯群吏，三刺讯万民，集思广益，共同决疑。丘濬分析说：“三刺之讯群臣、群吏、万民，即孟子所谓左右、诸大夫、国人皆曰可杀，然后杀之之意也。……以此三法，参酌民情而求其实，断制罪狱而折其中，情之重者服以上刑，轻者服以下刑，然后刑之杀之。则所刑者乃求其所以免不可得而后刑之，所杀者乃求其所以生不可得而后杀之，则刑与不刑、杀与不杀，皆合乎中道矣。谳狱恒以是存心，则死者与我俱无憾，而朝廷无冤狱，天下无冤民矣。”[⑤]此外，为了确保万无一失，明政府还实行死刑会议制度（类似于今天的死刑复核制），允许文武大臣集体参与讨论死刑案件，但形式大于内容，效果并不显著，丘濬建议将这一制度明确化、固定化，“乞为明制，每岁会议重囚，先期法司备将会议罪囚所犯事由及其招拟，通行知会，中间若有可疑可矜者，详具明白，当众辨诘，联名以闻。如此，则

---

① （明）丘濬：《大学衍义补》卷108，载《丘濬集》，海南出版社2006年版，第1681页。

② （明）丘濬：《大学衍义补》卷108，载《丘濬集》，海南出版社2006年版，第1675页。

③ （明）丘濬：《大学衍义补》卷108，载《丘濬集》，海南出版社2006年版，第1683页。

④ （明）丘濬：《大学衍义补》卷106，载《丘濬集》，海南出版社2006年版，第1641页。

⑤ （明）丘濬：《大学衍义补》卷108，载《丘濬集》，海南出版社2006年版，第1676页。

会议不为虚应故事，而民之犯罪死者无冤矣。”[①]

第五，赎非常刑，慎用勿滥。赎刑为五刑之外的附加刑，是古代慎刑恤刑思想的产物，规定犯罪者可以交付一定的金钱或实物以抵罪，从而免于刑罚。丘濬追本溯源，指出赎刑不是寻常之刑，其本意在于教育读书人懂得礼义廉耻，因而仅限用于鞭和扑两类轻刑，其他刑罚概不适用。他说：“赎刑，乃帝王之法。孔子修书载在圣经，盖惟用之学校，以宽鞭扑之刑，所以养士大夫之廉耻也。”[②]遗憾的是，后世完全悖逆了先王之意，将赎刑视为常刑，广泛适用于包括死刑在内的各种刑罚之中，甚至本该从轻处理的疑罪，也开始大量适用赎刑。丘濬对此大为不满，他说：“夫罪入五刑而可疑者，使富而有金者出金以赎其罪可矣。若夫无立锥之民而犯大辟之罪，何从而得金千锾乎？如是，则罪之疑者，富者得生，贫者坐死，是岂圣人之刑哉？”[③]赎刑之僭滥，不仅滋生了贪污腐败，败坏了社会风气，而且导致更加严重的贫富不均和社会不公：一方面官府大搞权力寻租，谋取私利，甚至到了肆无忌惮恬不知耻的地步，“今之藩臬州邑，往往假以缮造公宇、修理学校为名，随意轻重而取之，名虽为公，实则为己。朝廷虽有明禁，公然为之，恬无所畏。”[④]另一方面，有钱有势的富人即使犯了死罪，也可以拿钱消灾，逍遥法外，丘濬愤慨地指斥道：“若死者而可以利赎，则犯法死者皆贫民，而富者不复死矣。其他杂犯赎之可也，若夫杀人者而亦得赎焉，则死者何辜？而其寡妻孤子何以泄其愤哉？”[⑤]因此，丘濬告诫君主务必要慎而用之，尤其不可滥用于死刑，以确保“富者不以财而幸免，贫者不以匮而独死”[⑥]。

第六，赦非灵药，滥纵乃失。赦者，免也，即免除行为人的罪过，不予惩处。赦与宥、赎、流一样，都是慎刑恤刑思想在刑罚中的具体反

---

① （明）丘濬：《大学衍义补》卷108，载《丘濬集》，海南出版社2006年版，第1682页。
② （明）丘濬：《大学衍义补》卷105，载《丘濬集》，海南出版社2006年版，第1629页。
③ （明）丘濬：《大学衍义补》卷105，载《丘濬集》，海南出版社2006年版，第1624页。
④ （明）丘濬：《大学衍义补》卷105，载《丘濬集》，海南出版社2006年版，第1629页。
⑤ （明）丘濬：《大学衍义补》卷105，载《丘濬集》，海南出版社2006年版，第1628页。
⑥ （明）丘濬：《大学衍义补》卷105，载《丘濬集》，海南出版社2006年版，第1630页。

映，由君主自上而下发布赦令，下达赦书，有关部门即行释放相关囚犯，不再追究其法律责任。赦产生于尧舜时期，有严格的适用条件，仅限于免除个别情有可原的过失性犯罪，“夫帝舜之世所谓赦者，盖因其所犯之罪或出于过误，或出于不幸，非其本心固欲为是事也，而适有如是之罪焉，非特不可以入常刑，则虽流宥金赎亦不可也，故直赦之。盖就一人一事而言耳，非若后世概为一札，并凡天下之罪人，不问其过误故犯，一切除之也。”① 表面上看，赦完全符合天道人心，乃敬天爱民的仁德之举，且君主以一言而使千万人瞬间蒙赦，真可谓仁政与治效兼得，如此简单又高效同时还可赚得圣君之名的美事，何乐而不为呢？“后世遂以为故事，一遇国家有变革喜庆之事，则形于王言，颁之天下，不问情之故误，罪之当否，一切施以旷荡之恩。”②赦于是成为后世君主用以治世的灵丹妙药，而且屡试不爽，动不动就大赦天下③，且赦免的范围越来越大，“后世赦文乃至遍赦天下，已发觉未发觉，已结正未结正，罪无大小，咸赦除之；甚至十恶之罪、常赦所不原者，亦或赦焉”。④ 再后来，就更加失控而至于荒诞，完全背离了赦的本意，“赦之为言，释其罪之谓也。后世之赦，乃以蠲逋负、举隐逸、荫子孙、封祖考，甚至立法制、行禁令，皆于赦令行焉，失古人‘眚灾肆赦、赦过宥罪’之意矣”。⑤ 其结果只能是“非独刑法不足以致人惧，而赦令亦不足以致人感也。”⑥ 丘濬理性地认识到滥赦的弊端，指出赦并不是什么包治百病的灵丹妙药，而是对国家司法制度的干预和破坏，“无事而赦，固非国家美事；有事而赦，而又不

① （明）丘濬：《大学衍义补》卷109，载《丘濬集》，海南出版社2006年版，第1697页。

② （明）丘濬：《大学衍义补》卷109，载《丘濬集》，海南出版社2006年版，第1700页。

③ 据丘濬统计，赦令颁布最频繁的朝代为西汉。其中，高祖在位十九年，九赦；文帝在位二十三年，四赦；景帝在位十六年，五赦；武帝在位五十五年，十八赦；昭帝在位十三年，七赦；宣帝在位二十五年，十赦；成帝在位二十六年，九赦；哀帝在位六年，四赦。平均下来，大约不到三年就有一次大赦。参见（明）丘濬《大学衍义补》卷109，载《丘濬集》，海南出版社2006年版，第1700页。

④ （明）丘濬：《大学衍义补》卷109，载《丘濬集》，海南出版社2006年版，第1699页。

⑤ （明）丘濬：《大学衍义补》卷109，载《丘濬集》，海南出版社2006年版，第1704页。

⑥ （明）丘濬：《大学衍义补》卷109，载《丘濬集》，海南出版社2006年版，第1706页。

能守，使失信于人，尤非国家善治也”。[①]因此，为人君者绝不可滥用无度，否则不仅无益于治道，反而适得其反，“惠奸宄，贼良民，怙终得志，善良暗哑，失天讨之公，纵人欲之私，皆《春秋》之罪人也”。[②]他建议以宽民惠民为原则，将赦的适用限制在有利于民生的范围内，且严格程序，恪守信用，保证实效。他说：“臣愚以为，赦令之颁，宥罪之外，蠲逋减税、省刑已责、弛工罢役、宽征招亡，凡宽民惠下之道，因赦而行可也。非此属也，一切付之有司行焉。凡夫赦文之初作，条件之初拟也，必须会集执政大臣，各拟所司合行条贯，从公计议，必于律例无碍，必于事体无违，必于人情不拂，断然必可行，的然必无弊。如蠲逋也，其物必可除，后决不至于复追；如宽征也，其事必可已，后决不至于再作。其文意必不至解而两通，其前后必不至言而相戾，既处置其事宜，复讲解其文理，明白切当，然后著于赦文，行于天下，则上之所颁者无虚文，下之所沾者皆实惠矣。”[③]

第七，复雠有义，处之有方。复雠，又称复仇、报雠、报仇、报复，是指对仇人进行报复，以眼还眼，以牙还牙。虽然逝者已逝，人死不能复生，即使杀掉仇人，死去的亲人也不可能再生，且旧恨新仇，冤怨相报，永无宁日；但是，在丘濬看来，复雠的内在价值和积极意义是断断不容抹杀的：“先王以好生为德，恒恐一人之不得其生，而或有以戕其生者，故既本天地相生之理，制刑罚之常以弼教，又因五行相克之理，明报复之义以垂训，使人人知杀人之亲交者必死，杀己之亲交者必报，而皆不敢相戕害以丧其生，兼容忍以忘其死。”[④]因此，他充分肯定复雠的正义性和必要性，指出：“复雠之义，乃生民秉彝之道，天地自然之理。”[⑤]首先，复仇乃生者的责任。为自己至亲至爱的人报仇雪恨是每一个活着的人义不容辞的责任，完全符合天理人情和公法私义，“人之所生者，必

① （明）丘濬：《大学衍义补》卷109，载《丘濬集》，海南出版社2006年版，第1707页。
② （明）丘濬：《大学衍义补》卷109，载《丘濬集》，海南出版社2006年版，第1699页。
③ （明）丘濬：《大学衍义补》卷109，载《丘濬集》，海南出版社2006年版，第1704页。
④ （明）丘濬：《大学衍义补》卷110，载《丘濬集》，海南出版社2006年版，第1718页。
⑤ （明）丘濬：《大学衍义补》卷110，载《丘濬集》，海南出版社2006年版，第1717页。

报其所由生，是以相保爱，相护卫，不敢相戕杀，非但畏公法，亦畏私义；非但念天理，亦念人情。此人所以与人相安相忘，而得以遂其有生之乐也”。[①]因此，“为人子，为人兄若弟，为人交游，恒各以是存诸心，必报吾父，必报吾兄若弟，必报吾交游”。[②]其次，复仇乃止恶的利器。如果人人都存复仇之心，同仇敌忾，那么，行凶作恶的歹徒考虑到后果，必然心存戒惧，有所收敛，不敢轻易纵恶，“天下之人凡有生者皆相为死，则彼不逞之徒，不仁之辈，不敢起杀人之念，盖虑其人之有子若孙、有兄若弟、若交好、若游从，将必上告天子，下告方伯，赴诉于有司，声冤于鼓石也”。[③]当然，复仇也有底线，并非所有的仇都要报。概而言之，私仇可报，而公仇不可报：“人君诛其臣，民无报复之理；若有司假法以致人于死，则当赴愬于君以正其罪，亦不当私自报之。”[④]最后，丘濬还总结了处理仇杀案件的三种方法：一是赴愬于官，由死者的亲人朋友向官方报案起诉，然后由官方来解决，这是最常见也最主要的处理办法，“此圣人制其法于礼，使凡为人子、为人兄若弟，有父母兄弟之仇，则必赴愬于官；不幸而无子孙兄弟，则其所交游者虽非血属，亦得以为之伸理焉”[⑤]；二是奋义私报，但只能在符合条件的情况下适用，“苟愬于公，而公不为之报，或其势远而力弱，事急而情切，一时不能达诸公，奋其义而报之，则亦公义之所许也”[⑥]；三是调人和之，也即今天所谓的民间调解，仅限于解决因误杀、戏杀和过失杀引起的复仇纠纷，因为这类案件“若施之以法，则伤孝子之心，姑避之于他，少舒报者之愤”[⑦]，所以既不诉诸公，也不诉诸私，而由专门的调解机构（即调人）来处理，“是以先王立调人之官以和其难，凡过而杀伤人者，以民成之”。[⑧]丘濬认为，复

① （明）丘濬：《大学衍义补》卷110，载《丘濬集》，海南出版社2006年版，第1717页。
② （明）丘濬：《大学衍义补》卷110，载《丘濬集》，海南出版社2006年版，第1718页。
③ （明）丘濬：《大学衍义补》卷110，载《丘濬集》，海南出版社2006年版，第1718页。
④ （明）丘濬：《大学衍义补》卷110，载《丘濬集》，海南出版社2006年版，第1713页。
⑤ （明）丘濬：《大学衍义补》卷110，载《丘濬集》，海南出版社2006年版，第1718页。
⑥ （明）丘濬：《大学衍义补》卷110，载《丘濬集》，海南出版社2006年版，第1718页。
⑦ （明）丘濬：《大学衍义补》卷110，载《丘濬集》，海南出版社2006年版，第1717页。
⑧ （明）丘濬：《大学衍义补》卷110，载《丘濬集》，海南出版社2006年版，第1717页。

仇之事关系重大，为人君者应当明确复仇的真谛，并施以正确的解决办法，“如此，则于经于律两无违悖，人知仇之必报，而不敢相杀害以全其生，知法之有禁，而不敢辄专杀以犯于法，则天下无难处之事，国家无难断之狱，人世无不报之仇，地下无枉死之鬼矣。”[①]

第八，刑乃公器，勿徇私欲。丘濬明确指出：“夫人君奉天讨以诛有罪，乃承天意以安生人，非一己之私也。”[②]刑是捍卫社会公共利益的利器，并非君主个人的私产，因此，“人君赏罚，当合天下之公论，不可徇一己之私心”。[③]为人君者既不能用之以谋取私利，亦不可以私怒而刑人，“由是观之，则人君之刑赏，非一己之刑赏，乃上天之刑赏；非上天之刑赏，乃民心之刑赏也。是故赏一人也，必众心之所同喜；刑一人也，必众心之所同怒。”[④]人君理当克己奉公，敬天爱民，正确而谨慎地行使上天赋予的生杀大权，千万不可妄生杀念，滥施淫威。在丘濬看来，这是不证自明的为君之道，后世人主“往往以己心之喜怒、私意之好恶，辄加赏罚于人，则失天命、天讨之旨矣”。[⑤]为了防止君主利用手中的生杀大权谋私泄愤，滥杀无辜，身为臣子的丘濬可谓殚精竭虑，煞费苦心，不惜使出天理、国法、人情、圣王、祖宗、社稷、君位、民心等十八般武艺，引导君主敬刑、慎刑和恤刑，并晓之以理，动之以情，鉴之以史，以启沃君心，摒弃人欲之私，以存天理之公；同时，他还立足现实，针砭时弊，提出了五项禁止性意见，告诫君主：一勿与民争利，二勿假刑立威，三勿残人肢体，四勿牵连无辜，五勿法外设狱。

1. 勿与民争利。丘濬认为，天生万物以抚育万民，天下的财利名义上归君主所有，实际上为君民共享，“天生五材，民并用之，君特为民理之耳，非君所得而私有也”[⑥]，“天以天下之民之力之财奉一人以为君，非

① （明）丘濬：《大学衍义补》卷110，载《丘濬集》，海南出版社2006年版，第1720页。
② （明）丘濬：《大学衍义补》卷104，载《丘濬集》，海南出版社2006年版，第1611页。
③ （明）丘濬：《大学衍义补》卷3，载《丘濬集》，海南出版社2006年版，第73页。
④ （明）丘濬：《大学衍义补》卷3，载《丘濬集》，海南出版社2006年版，第70页。
⑤ （明）丘濬：《大学衍义补》卷3，载《丘濬集》，海南出版社2006年版，第69—70页。
⑥ （明）丘濬：《大学衍义补》卷21，载《丘濬集》，海南出版社2006年版，第404页。

私之也，将赖之以治之、教之、养之也”。[①]因此，君主不应违逆天意，将社会财富据为己有，更不能为了一己之私而设官立禁，搜刮民财，阴夺民利，他说：“天地生物以养人，君为之禁，使人不得擅其私而公共之可也，乃立官以专之、严法以禁之、尽利以取之，固非天地生物之意，亦岂上天立君之意哉？”[②]对于历代君主用严刑峻法来推行榷政[③]以牟取暴利的做法，丘濬更是痛加斥责，称：“天生物以养人，非专为君也。而君专其利，已违天意矣。为之禁且不可也，况又为之不称其罪之重刑哉！”[④]他认为盐铁之榷正是君主私欲膨胀的一大表现，也是激起民变的根本原因，“天下之事，有利必有害。吾[⑤]有天下之大，尚资盐以为利，则彼无寸尺之土、隔宿之储者，见利所在，岂能禁遏之，使其不趣赴[⑥]哉？禁遏之不止，则为之严刑，刑愈严而害愈甚，唐之黄巢、王仙芝，元之张士诚辈，皆贩盐之徒也”。[⑦]深谙历史的他郑重地告诫君主说：“后世大盗多起于盐徒，正是盐禁太严，有国者不可不知。”[⑧]

2. 勿假刑立威。丘濬痛切地指出：“人君不仁之政，固非一端，然皆假刑以行之，假刑以立威，尤不仁之政之大者也。”[⑨]杀人立威是暴君庸主用来维护皇权打击异己的惯用伎俩，由此也导致刑从上天赐予的正义之剑逐渐堕落为君主手中的行恶之具，其为祸之烈乃一切不仁之政之首。一旦

---

① （明）丘濬：《大学衍义补》卷24，载《丘濬集》，海南出版社2006年版，第443页。

② （明）丘濬：《大学衍义补》卷28，载《丘濬集》，海南出版社2006年版，第502—503页。

③ 榷政，又称禁榷制度，是朝廷为了增加财政收入而采取的一项敛财措施，规定对盐、铁、茶、酒、醋、矾、马等“利博而用广”的货物实行垄断经营，由官府专营专卖，禁止或严格限制民间自由买卖。

④ （明）丘濬：《大学衍义补》卷113，载《丘濬集》，海南出版社2006年版，第1769页。

⑤ 这里指君主，丘濬是站在君主的立场来讲这番话的，所以用“吾”。

⑥ 即“趋赴”。

⑦ （明）丘濬：《大学衍义补》卷24，载《丘濬集》，海南出版社2006年版，第506页。

⑧ （明）丘濬：《大学衍义补》卷113，载《丘濬集》，海南出版社2006年版，第1770页。

⑨ （明）丘濬：《大学衍义补》卷111，载《丘濬集》，海南出版社2006年版，第1724页。

臣民不服，便施以严刑酷罚，历史上多少忠臣良将、无辜百姓因之而丧生。尤其是像隋炀帝杨广那样的阴谋窃国者，更是刑人无数，杀人如麻。丘濬主张德主刑辅，反对不教而杀，更加痛恨君主滥施刑罚，假刑立威，认为秦隋之所以短命而亡，正是上天对暴虐之君的惩罚。他说："天立君以主生人，欲其则天道以为治，使天所生得全其生，今为天之子不能奉天道以养天民，反假天之威以害之，使天无知则已，天道有知，其肯容之耶？卒之不得其死，而其子若孙自相鱼肉，至于殄宗绝祀，孰谓天道无知耶？"[①]因此，为人君者，应当敬畏天命，经常反思："吾人也，彼亦人也，人以是加我，我能堪之乎？天道好还，吾害人以保已之富贵，人虽不奈我何，其如天道何？吾虽尊贵，彼虽卑贱，同一知识蠢动也。我与彼均禀性赋形于天地间，天生我，亦犹生彼也。不畏于人，独不畏于天乎？"[②]

3. 勿残人肢体。丘濬认为，刑以弼教辅治，弥补礼乐政之不足，并非是为了残害人的身体、剥夺人的生命。他说："用刑以刑人，将使人不敢为恶，而务于为善，然后吾刑不用矣。"[③]用刑的目的在于引导人们弃恶迁善，改过自新，用刑的最高境界是有刑而不用，也即"无刑"。事实上，对大多数人而言，不付诸实施的象刑就足够产生应有的震慑作用了。因此，他明确反对肉刑，更加反对不择手段而残人害人的酷刑，尤其痛恨用酷烈之刑来对待建言献策的忠良之士，他说："人君之酷刑，皆足以失人心而亡国。一旦苟有革心，犹足以善其后，惟杀谏者则无不亡之理，观诸汉、唐末世之君可见矣，有国家者尚鉴之哉。"[④]在《大学衍义补》中，丘濬历数各种以摧残人的肢体性命为能事的刑罚，其内心的痛恨、愤怒之情，亦难以自掩。谈到五刑，他说："唐虞三代以来，俱用肉刑，至汉

---

① （明）丘濬：《大学衍义补》卷107，载《丘濬集》，海南出版社2006年版，第1669页。

② （明）丘濬：《大学衍义补》卷113，载《丘濬集》，海南出版社2006年版，第1763—1764页。

③ （明）丘濬：《大学衍义补》卷100，载《丘濬集》，海南出版社2006年版，第1542页。

④ （明）丘濬：《大学衍义补》卷113，载《丘濬集》，海南出版社2006年版，第1758页。

文帝始废”[①]，“自是以来，天下之人犯法者，始免断支体、刻肌肤，百世之下，人得以全其身，不绝其类者，文帝之德大矣。”[②]文帝之后，肉刑时存时废；至丘濬所生活的时代，肉刑的适用则非常普遍，统治者甚至还别出心裁地发明了“廷杖”之刑，专门对付不听话的臣子。丘濬自知无力改变现实，但仍然大声疾呼，说：“近年以来，乃有等酷虐之吏，恣为刑具，如夹棍、脑箍、烙铁之类，名数不一，非独有以违祖宗之法，实有以伤天地之和。伏乞圣明申明旧制，凡内外有因袭承用者，悉令弃毁。”[③]丘濬认为，五刑之中，宫刑最重，“四刑惟残人之肌体，宫刑则绝人之种类，故虽死辟之大，不若宫刑之惨，大辟虽曰身首异处，然止于一身一时；而宫刑则上阏先传、下绝后继，非止一人一世焉”。[④]宋代在五刑之外，又实行刺配之法，“既杖其脊又配其人而且刺其面，是一人之身、一事之犯而兼受三刑也”。[⑤]因此，对于宋江等人的叛乱，丘濬一点也不感到意外，他说：“聚罪废无聊之人于牢城之中，使之合群以构怨，其愤愤不平之心无所于泄，心中之意虽欲自新，而面上之文已不可去，其亡去为盗，梃起为乱，又何怪哉？宋江以三十六人横行河朔，迄不能制之，是皆刺配之徒，在在而有以为之耳目也。”[⑥]到了元朝，又在刑法中增加了凌迟之刑，“所谓凌迟处死，即前代所谓剐也，前代虽于法外有用之者，然不著于刑书，著于刑书始于元焉。”[⑦]总之，丘濬极力反对暴君酷

① （明）丘濬：《大学衍义补》卷104，载《丘濬集》，海南出版社2006年版，第1614页。

② （明）丘濬：《大学衍义补》卷102，载《丘濬集》，海南出版社2006年版，第1591页。

③ （明）丘濬：《大学衍义补》卷104，载《丘濬集》，海南出版社2006年版，第1614—1615页。

④ （明）丘濬：《大学衍义补》卷113，载《丘濬集》，海南出版社2006年版，第1768—1769页。

⑤ （明）丘濬：《大学衍义补》卷105，载《丘濬集》，海南出版社2006年版，第1623页。

⑥ （明）丘濬：《大学衍义补》卷105，载《丘濬集》，海南出版社2006年版，第1625页。

⑦ （明）丘濬：《大学衍义补》卷104，载《丘濬集》，海南出版社2006年版，第1616页。

吏的治理模式，殷切希望君主施仁义，行王道，他说：“伏惟国家以仁立国，乞敕有司痛加禁革，敢有于律文讯杖之外巧意用刑者，坐以违制之律，造之者重罚，用之者除名，是亦顺天心寿国脉之一大事也。”①

4. 勿牵连无辜。族诛、连坐之刑，自秦以来，代代有之。一人犯法，亲族、邻居也跟着受罪，这是极不人道的做法。明成祖朱棣为了发泄私欲，甚至惨绝人寰地诛杀了方孝孺十族，因此案牵连被杀的有八百七十三人，入狱和充军流放者达数千人。丘濬认为，刑罚贵乎得中，一人犯法当罪及一身，不可殃及无辜。当然，作为臣子，他不得不有所避讳和顾忌，只能顾左右而言他，将矛头指向始作俑者，并大发议论：“古者五刑极于大辟，死一身之外无余刑也，至秦人始有三族之法，罪及于妻子同产，夫以一人之有罪而其妻子固无罪也，况一族乎？父之族同一气脉之相传且犹不可，又况于母族、妻族乎？是人家以一女子适人之故，而累及其一家一族无辜而至于绝宗殄祀，若推其类而至于义之尽，则生女可以不举矣。使家家皆惩之而不举，则人类不几于绝乎？”②又说：“所谓妖言之令，尤为无可凭据，言出于人之口而入于人之耳，甚无形迹也，徒以一人之言而坐其一人之罪且不可，况其家族乎？”③即使要连坐，也须有真凭实据，“必见于手书，著于简牍，成夫文理，质证对验，明白无疑，然后坐之”。④否则，不仅不能禁乱，反而因之生乱，最终自取灭亡。

5. 勿法外设狱。为了强化皇权，巩固君主专制，明统治者先后设立了锦衣卫、东厂和西厂，在国家正常的司法体制之外另起炉灶，建立了一套完全听命于皇帝的特务机构，充当耳目和爪牙，对全体臣民实行秘

---

① （明）丘濬：《大学衍义补》卷113，载《丘濬集》，海南出版社2006年版，第1771页。

② （明）丘濬：《大学衍义补》卷113，载《丘濬集》，海南出版社2006年版，第1753页。

③ （明）丘濬：《大学衍义补》卷113，载《丘濬集》，海南出版社2006年版，第1753—1754页。

④ （明）丘濬：《大学衍义补》卷113，载《丘濬集》，海南出版社2006年版，第1754页。

密逮捕，滥施淫刑，大搞恐怖活动，以致朝野上下，人人自危。厂卫均可不经刑部、大理寺和都察院三法司，直接奉诏受理词状。其中，最臭名昭著的就是锦衣卫的诏狱，它残害忠良，欺压百姓，无恶不作。丘濬对此深恶痛绝，他说："人君立法司以断庶狱人之有罪，一断以祖宗成法，无自处死之理"[①]，委婉地否决了这套完全不符合祖宗良法美意之制度的合法性。又说："国家常制，自有掌刑之官，原设之狱，罪无大小，皆有所司，又何用别开旁门，使权归于一人，祸及于百姓哉？"[②]因此，他严正告诫君主："国家置为刑狱，有一定之名，有一定之所，祖宗成法，子孙当遵守之不敢有加焉可也。汉唐以来，乃有诏狱之名，及有起大狱者，是于常宪之外而更为之异名，以罗人于死地，所以张奸臣之威，失天下之心，皆由乎此。后世人臣有请于祖宗常狱之外别起狱者，必奸邪也，人主宜痛斥之。"[③]

---

① （明）丘濬：《大学衍义补》卷112，载《丘濬集》，海南出版社2006年版，第1749页。

② （明）丘濬：《大学衍义补》卷104，载《丘濬集》，海南出版社2006年版，第1615页。

③ （明）丘濬：《大学衍义补》卷113，载《丘濬集》，海南出版社2006年版，第1766页。

第六章　丘濬的治法思想（下）

第一节　治法的效力

法的效力乃是法的生命力所在，也就是法以国家强制力为后盾，在什么时间、什么空间以及对什么人、对什么事产生普遍约束力的问题。任何法律都有其特定的效力范围，且都只能针对一定的时空或人事而发生效力，超出既定的时空人事范围，则当然无效。作为一整套治世良法，治法亦不例外，自有其确定的效力范围。

一　时间效力：起于尧舜而至于万世

中华文明因三皇五帝创物垂范而开启，中国法文化亦肇端于此。据史书记载，上古结绳记事，至伏羲始画八卦、造书契以代结绳之政，并逐渐形成了最早的经世之法，统称《三坟》《五典》，“伏羲、神农、黄帝之书，谓之《三坟》，言大道也；少昊、颛顼、高辛、唐、虞之书，谓之《五典》，言常道也。”[①]经过孔子的整理和删订，最终只保留了《五典》中的《尧典》和《舜典》，所以三皇五帝的书后世得以观瞻的只有《尚书》中的尧舜二典。丘濬对《尧典》和《舜典》推崇备至，认为尧舜之道就是经世之法的渊源，尧舜二帝亦为后世帝王的最佳楷模和最高典范，他说：“孔子删书，始于尧、舜，所以为万世法者皆日用常行之理，万世帝

① （明）丘濬：《大学衍义补》卷94，载《丘濬集》，海南出版社2006年版，第1452页。

王为治之大经大法，无出此者矣。”①

在丘濬的心目中，治法作为古圣先王创制的治世良法，自然是尽善尽美，非后世所能比拟。以礼为例，“自秦汉以来，礼文苟简，乃有行不行者。创业之君出于草创，继世之君拘于谅闇，遂无一定之制，宜以唐虞之世为则。”②意思是说，秦汉以来的礼法，有的尚能继续通行，有的则已经行不通了，因此，后世各朝，无论创业之君也好，还是继世之君也罢，都应当以尧舜时期的法为准则。

通观《大学衍义补》一书，“万世之良法”“万世之准绳”“万世之权度”“万世之法令格式”“万世彝典”“垂宪万世”“垂法万世”“垂万世之宪”“立万世之则”“可为万世通行者也”“可为万世法”“可法于万世”“万世之下不可易也”“万世所当遵守者也”“万世所当服膺者”“遵行万世无弊”“行之万世而无弊”“万世所当遵守而不可更革者也”等表述可谓俯拾即是，类似的美誉更是比比皆然，数不胜数。由此可知，在丘濬的观念里，治法是永远正确，永不失效的，其效力犹如一条射线，有起点而无终点，它始于尧舜之世，再往上还可以追溯到三皇五帝时期；但是，它没有终点，永远指导人们的言行和生活。

二　空间效力：行于中国而止于蛮荒

经世之法以“治国平天下”为旨归，“国”和“天下”就是其效力所及的空间范围。这里的“国”，即中国，是以华夏族聚居的中原地区为核心不断向外扩展而形成的国度。古人认为：“天地之生人，虽同一其天，而各异其地。”③与周边茹毛饮血不讲仁义道德的少数民族相比，华夏乃文明之地，自然得天地之厚爱，居天地之正中，故名之曰“中国”，而其他民族则分居四方，曰东夷、西戎、南蛮、北狄，后一律统称为“夷”，泛指华夏族以外的所有少数民族和外国人。因此，“治国平天下”的“天

① （明）丘濬：《大学衍义补》卷94，载《丘濬集》，海南出版社2006年版，第1455页。

② （明）丘濬：《大学衍义补》卷63，载《丘濬集》，海南出版社2006年版，第999页。

③ （明）丘濬：《大学衍义补》卷78，载《丘濬集》，海南出版社2006年版，第1215页。

下”，既不是大而无外的“普天之下”，也不是今天所谓“全世界”“全球”或“全人类”，而是中国之天下、华夏之天下。

丘濬指出：“天地间有大界限，华处乎内，夷处乎外，各止其所，而天下之理得矣”[①]；又说：“天地有大界限，华夷是也。华出乎中，夷处乎外，是乃天地以山川险阻界别区域，隔绝内外，以为吾中国万世之大防也。”[②]这就是古人根深蒂固的华夷之辨，“华处乎内，夷居乎外，天造地设而以山川为之疆域，所以别生分类而使之毋相混淆毋相侵越也，是以自古圣帝明王必严内外之辨。”[③]值得注意的是，丘濬所谓的“严内外之辨”，并不是主张以华制夷，更不是为了存华灭夷。在他看来，华夏与夷狄虽然秉性不同，习俗各异，但远未形成你死我活互为仇雠的态势，而是阴阳互补共生共存的关系，“大地间有华夷，犹天地之有阴阳，有此必有彼，决无灭绝其类之理”。[④]他之所以强调严内外辨华夷，主要是为了设大防以警后世，“辨之者，所以防之也。惟其辨之于微，防之于豫，此帝王之世，所以中国奠安，而无夷狄之祸也。”[⑤]历史上夷狄乱华甚至以夷变夏的现象屡有发生，对中原人民带来了深重灾难，丘氏家族和丘濬自己对此都有切肤之痛。丘家作为中原八大望族之一，之所以在西晋末年被迫南迁，就是因为五胡乱华；后来又从福建晋江退避海南荒岛，则是由于蒙元入主，丘濬认为这是中国有史以来最严重的一次以夷变夏之祸，他说：“臣恒谓天地开辟以来，夷狄乱华之祸莫甚于胡元”[⑥]，“当是之时，以夷狄之人为中国之

---

① （明）丘濬：《大学衍义补》卷143，载《丘濬集》，海南出版社2006年版，第2230页。

② （明）丘濬：《大学衍义补》卷144，载《丘濬集》，海南出版社2006年版，第2249页。

③ （明）丘濬：《大学衍义补》卷148，载《丘濬集》，海南出版社2006年版，第2411页。

④ （明）丘濬：《大学衍义补》卷147，载《丘濬集》，海南出版社2006年版，第2302页。

⑤ （明）丘濬：《大学衍义补》卷143，载《丘濬集》，海南出版社2006年版，第2229页。

⑥ （明）丘濬：《大学衍义补》卷144，载《丘濬集》，海南出版社2006年版，第2244页。

主，天地于是乎易置，华夷于是乎混淆，自有天地以来所未有也。三纲五常之道，诗书礼乐之教，一切坠地。……知有胡人而不知有吾中国帝王正统之传，……是真所谓大乱之世也。”[①]其切肤之痛，切齿之恨，溢于言表。

事实上，即使是在丘濬所生活的明代中前期，大明王朝最强盛的时候，夷狄之祸亦未能幸免。北有瓦剌雄踞，虎视眈眈，乙巳之变，掳走皇帝，兵临城下，国家一度陷入累卵之危；南有倭寇袭扰，烧杀抢掠，无恶不作，当地百姓苦不堪言。严酷的历史和现实使丘濬对夷狄不仅心存芥蒂，而且始终保持高度戒备，反复声称“所以严华夷之辨，万世王中国者所当鉴戒也”。[②]为了华夏人民的安宁与幸福，丘濬主张加强国防建设，以抵御来犯之敌，但他反对无故兴兵攻打夷狄，尤其反对残忍无道的种族灭绝。他说：“夷狄入吾境，贼吾民，不得已驱而出之，使吾民不罹其害可也。彼不犯吾边，乃无故兴兵出塞，求而击之，其曲直有在矣。……夫有华即有夷，有阳即有阴也，岂有尽灭绝之理哉？”[③]正因为如此，丘濬主张华夷分治，互相尊重领土主权，互不干扰内政，“是故华夷各止其所，而天下安矣”。[④]他对秦始皇、汉武帝、元世祖等君主好大喜功穷兵黩武的行径极其反感，认为他们不懂得为君之道，告诫“后世履二帝三王之位，为华夏人民之主者，慎勿效尤。”[⑤]

丘濬的华夷观可以用一句话来概括：人不犯我，我不犯人，睦邻友好，和平共处。这是我们今天常说的一句话，也是中华民族解决国际关系和民族关系的一贯态度和主张。因此，华夷之辨的结果必然是实行华夷分治，使华夏与夷狄各安其居，各得其宜。为了有效地推行华夷分治，

① （明）丘濬：《大学衍义补》卷101，载《丘濬集》，海南出版社2006年版，第1567页。

② （明）丘濬：《大学衍义补》卷143，载《丘濬集》，海南出版社2006年版，第2232页。

③ （明）丘濬：《大学衍义补》卷156，载《丘濬集》，海南出版社2006年版，第2436页。

④ （明）丘濬：《大学衍义补》卷156，载《丘濬集》，海南出版社2006年版，第2450页。

⑤ （明）丘濬：《大学衍义补》卷156，载《丘濬集》，海南出版社2006年版，第2457页。

尧舜禹时期就实行了五服之制，以王畿（即京城）为圆心，方圆五百里为一服，由内而外划分出甸服、侯服、绥服、要服和荒服五大区域，“甸、侯、绥为中国，要、荒已为夷狄”。[①]西周时期，又在五服的基础上重新做了划分，称“九服”，靠近王畿的侯、甸、男、采、卫五服为中国，远离王畿的蛮、夷、镇、藩四服为夷狄。总之，无论是五服还是九服，都始终坚持“内华外夷”的原则，圣王的道德教化主要施行于中国，所以中国为王化之地，而夷狄则为化外之地，“德在华夏文明之地，而与彼之荒落不毛之区无预焉”。[②]正如丘濬所言：“天子以天下为家，内而中国[③]其堂奥也，外而封疆其垣藩也，垣藩之外，则夷狄矣。是故天子布德行政，以内和其人民而外固其封守，此所以中国奠安而外侮不侵也。”[④]由此可见，经世之法的空间效力与中国的疆域和主权范围相一致，国境以外的区域则不受经世之法调整。这一点，在国家赋税的征收上也能得到印证。丘濬指出：“国家之用度，皆取于民，而取名之大纲，曰赋曰贡而已。”[⑤]国家的财政收入主要来自于国民的贡赋，政府有权向管辖范围内的居民征收赋税，当然其征税权的行使也仅限于国境以内，而不能延伸至国境之外；同样地，国民有义务向国家纳税交赋，但也只限定居在国内的居民才有此纳税义务，一旦远离国境或迁居外国，则不再负有这项义务。[⑥]丘濬反对统治者取民过重，征敛无度，认为国家应当量入为出，取之有道，但凡纳贡取赋“咸有一定之准则，用是之法，以成赋于九州之

---

① （明）丘濬：《大学衍义补》卷143，载《丘濬集》，海南出版社2006年版，第2229页。

② （明）丘濬：《大学衍义补》卷144，载《丘濬集》，海南出版社2006年版，第2248页。

③ 这里的“中国”为狭义，指中原。

④ （明）丘濬：《大学衍义补》卷143，载《丘濬集》，海南出版社2006年版，第2241页。

⑤ （明）丘濬：《大学衍义补》卷22，载《丘濬集》，海南出版社2006年版，第408页。

⑥ 我国古代战乱频仍，天灾人祸不断，往往导致人口大量流失，既影响社会秩序，也大大减少了国库收入。因此，自西汉以来，历代统治者都非常重视对人口的控制，禁止百姓随意迁徙，实行严格而周密的户籍管理制度，将民户的人口、年龄、性别、土地、财产等情况，详细登记在册，作为征课赋税、调派兵役徭役的基本依据，以达到稳定国家财政收入、维持社会秩序以及巩固统治等目的。

内；若荒服之外，则不敢例之以此也”。[①]此所谓“九州之内”“荒服之外”，指的就是经世之法的空间效力范围。

当然，不同的历史时期，不同的朝代，不仅建国立都之地（王畿）各有不同，而且国家主权所及的疆域范围亦不尽相同。丘濬深谙个中情由，他总结道：

> 二帝三王之盛，其所治之地，四方相距亦不甚远。考成周之故疆，而质以后世之职方可见也。洛阳为王城，而皋蛮氏陆浑戎，密迩乎其境。其东之莱牟、介莒，皆夷地。淮南为群舒，秦为西戎，河北、真定、中山之境，乃鲜虞肥鼓国。河东之域，而有赤狄甲氏。此外荆、楚、吴、越、闽、蜀，又皆在荒服之外。是时中国所有者，宋、晋、齐、鲁、卫、郑，通不过今数十郡地耳。周之盛时犹然，则夏、商以前可知已。说者谓自秦以上，西北袤而东南蹙；秦以下，东南展而西北缩。臣窃以为，今日地势，东南已极于海，至矣尽矣，更无不尽之处；惟西与北及西南之地，尚未底于海耳，然皆限以重山叠嶂，大荒绝漠，地气既恶，人性复犷，非复人所居之处。有与无，不足为中国轻重焉。[②]

由此可见，自唐虞三代至秦完成统一，再到丘濬所处的明代，数千年来，无论世事如何变迁，华夷分治的观念始终深入人心，但华夷之间的疆界却始终处于不断变化中。总体的趋势是，中国的疆域在不断扩展，主权范围在不断扩大，相应地，治法的适用空间也在不断在外拓展。

三　对人效力：详于中华而略于外夷

经世之法由君主制定、认可并颁布，然后施行于天下，以规范全体臣

---

① （明）丘濬：《大学衍义补》卷20，载《丘濬集》，海南出版社2006年版，第386页。

② （明）丘濬：《大学衍义补》卷143，载《丘濬集》，海南出版社2006年版，第2239—2240页。

民。因此，在中国的主权范围内，治法的效力普遍适用于除君以外的任何人。当然，“臣”这个群体地位相对特殊，兼为治人者和治于人者：一方面为国家公务员，统治阶级的一部分，奉君之命实际执行经世之法的具体内容，“人君则当奉顺天道，人君则当承顺君命”[①]；另一方面，又完全受命于君，唯君命是从，与民一起成为君的统治对象，属于广义上的“民”。总之，在古代君民两极化的社会结构中，君始终是唯一的、至高无上的，即使贵为皇嗣、王储，在君眼里，也不过是民而已。从这个意义上讲，臣也好，民也罢，归根结底都是被统治者。不容置疑的是，臣的身份和地位远远高于普通的民，因而在法的适用上也会显示出较大的差异，所谓“礼不下庶人，刑不上大夫”，古人援礼入法，身份法的特征尤为明显。

物以类聚，人以群分。较之臣与民而言，治法对人的效力更多地还是体现在华夷之辨上。我国自古就不是一个单一民族国家，华中夷外，且华中有夷，夷中有华，民族众多，民族关系复杂多变。华夷之辨，表面上看是地势之隔、内外之限，本质上实为人际之别、族群之分，甚而至于性禀之异、习俗之殊。丘濬准确地把握了这一基本国情，他说：“天地之大德曰生，而其所以生者，以人为贵。而人之中，有华有夷。华一而已，而夷则不止于一焉。盖华夏居中，夷狄处外。中者混而同其性禀，习俗虽有少异，而其大略则同也。外者环而绕之，有接续之际，而无混同之势，故其性禀习俗，始而近也，则大同而小异；终而远也，乃至于背戾而悬绝焉。”[②]华，即华夏，是今天汉族的前身，主要聚居于中原地区，是中华民族的核心和主体；夷，又称四夷、夷狄、蛮夷、戎夷等，是对华夏族以外的一切少数民族和外国人的泛称。可以说，除汉族以外的所有民族、除中国以外的所有国度，都可以用“夷”来指代。他们环中国而居，地广而人众，且语言文字、风俗习惯、法律制度等都与中国差异很大。当然，就空间效力而论，华人用华法，夷人用夷法，两不相

---

① （明）丘濬：《大学衍义补》卷5，载《丘濬集》，海南出版社2006年版，第114页。

② （明）丘濬：《大学衍义补》卷153，载《丘濬集》，海南出版社2006年版，第2385—2386页。

干，“华华夷夷，各止其所，然后生人安而世道清”。[①]

然而，现实的复杂性远远超出人们的想象，华夷分治虽然从理论上确定了经世之法效力所及的地域极限，“荒服之外，礼教所不及者，圣王所不臣，古今之大义也”[②]，“外化之人，处荒漠不毛之地者也”。[③]但却无法从根本上解决经世之法对人的适用问题，因为地是静止的，而人是活动的。无论是天然的地势悬隔，还是人为的划界而治，都难以遏制华夷之间的往来与交融。首先，从官方层面看，国家、民族之间因经济、政治、外交等方面的需要不可能不增进交往，加强联系，如汉之张骞通西域、明之郑和下西洋，即此类也；其次，从民间角度看，华夷混居杂处的现象自古有之[④]，加之战乱、饥荒、旱涝等天灾人祸频仍，内地人民不断外迁，而少数民族不断内移，多民族杂居、通婚的现象极其普遍，很多周边民族“生长中华，世有爵禄，结为姻娅，相与联比，皆华夏之人，久已忘其为夷矣”；[⑤]最后，从文化视野看，西学东渐以前，华夏文明一枝独秀，对周边少数民族有着莫大的吸引力，慕名而来的外族人络绎不绝，而华夏对此也从不排斥，一并采取包容和接纳态度，“然则夷狄之内附不可受欤？曰：彼以穷困而归我，我不受之，仁者不为也；彼以慕义而归我，我不受之，义者不为也。既受之矣，何以处之？曰：因其俗而制之，顺其势而安之”。[⑥]如此一来，夷狄之人就不断被华夏文明所同化，“聚居

① （明）丘濬：《大学衍义补》卷153，载《丘濬集》，海南出版社2006年版，第2388页。

② （明）丘濬：《大学衍义补》卷148，载《丘濬集》，海南出版社2006年版，第2316页。

③ （明）丘濬：《大学衍义补》卷147，载《丘濬集》，海南出版社2006年版，第2298页。

④ 舜的经历就是一个极好的佐证：舜乃东夷人，且出身卑微，来自社会底层，尧不仅以娥皇、女英妻之，最终还以天下授之，使之成为华夏和四夷的共主，这本身就说明华夏与夷狄早在唐虞之时就已经亲如一家，难分彼此。笔者甚至认为，这也许正是中国古人倡导和平共处，反对种族灭绝的深层次原因。

⑤ （明）丘濬：《大学衍义补》卷143，载《丘濬集》，海南出版社2006年版，第2234页。

⑥ （明）丘濬：《大学衍义补》卷143，载《丘濬集》，海南出版社2006年版，第2233页。

而托处，联络而亲比，日染月化，遂认并州为故乡者多矣。”[①]相应地，华夏也因夷狄的融入而不断发展壮大，最终成为今天的中华民族。可以说，数千年来，华夷之间虽有天然的地理上的分野，更有人为的观念上的隔绝，但是这一切都不足以抵挡民族大融合的潮流和趋势，内华外夷的界限其实早已被打破，华中有夷，夷中有华，早已不足为怪。如今看来，这也为中华法系的形成奠定了坚实的人文基础。

中国境内既然已经发展为华夷混居的格局，那么，“华华夷夷，各止其所”的原则也就仅适用于国与国之间，在中国范围内则难以畅行无阻。换句话说，在中国的疆域和主权范围内，经世之法的效力不可能只适用于华夏之民，对于居住在我国境内的少数民族和外国人也应当同样有效，“所谓民者，岂止中国之民哉？凡天地所覆载、具形体有知识者，皆吾赤子也。圣人一视而同仁，兼爱夫内外远近之民，惟恐一人之或失其所。”[②]“由是观之，可见先王之治戎狄，以吾边境为限。越境而入者，则治之；不及吾境者，则不治焉。”[③]“若夫化外之人，境外之夷，未尝侵吾地而害吾民，亦犹禽兽飞翔奔走于山林之中，固其所也。”[④]

但是，人君在治理过程中，也不能盲目地将这种一视同仁的原则绝对化、教条化，毕竟华夷有别，内外有分，“况彼戎夷禀性，绝与华人不同，而不可律以中国之人情”[⑤]，“惟其势异而情殊，故帝王所以治之也，修其教，不易其俗，齐其政，不易其宜，随机而应变，因事而制宜，要在使之各止其所而已”。[⑥]有鉴于此，有必要根据实际情况分而治之，丘濬提出了“详内略外”的主张，他说：“圣人详于治内而略于治外，因其名知其所在，随其俗而处之，斯为得矣。”[⑦]因此，“治中国则法度宜详，

---

① （明）丘濬：《大学衍义补》卷144，载《丘濬集》，海南出版社2006年版，第2258页。

② （明）丘濬：《大学衍义补》卷156，载《丘濬集》，海南出版社2006年版，第2440页。

③ （明）丘濬：《大学衍义补》卷146，载《丘濬集》，海南出版社2006年版，第2287页。

④ （明）丘濬：《大学衍义补》卷156，载《丘濬集》，海南出版社2006年版，第2432页。

⑤ （明）丘濬：《大学衍义补》卷144，载《丘濬集》，海南出版社2006年版，第2254页。

⑥ （明）丘濬：《大学衍义补》卷153，载《丘濬集》，海南出版社2006年版，第2386页。

⑦ （明）丘濬：《大学衍义补》卷155，载《丘濬集》，海南出版社2006年版，第2419页。

治以必治也；治夷狄则法度宜略，治以不治也”。[①]

当然，对于已经远离中国故土、远赴异国他乡定居的华人而言，由于他们已经不在中国的疆域范围内，治法对他们自然也就不发生任何拘束力了，其行为受所在地国家法律的约束。一句话，无论是对华人还是夷人，经世之法都只有域内效力而没有域外效力。也就是说，在华夏神州的地域范围内，无论华夷中外，都要受治法的约束，只是法律对外国人的要求没有那么详密；而一旦出乎我国境外，则无论华夷中外，皆不受治法的约束。

四　对事效力：基于养民而达于治教

法对事的效力，是指法律对什么事件和行为适用或有效，旨在告诉人们什么行为当为或不当为，什么行为可为或不可为，以及指明法律对什么事项有效或无效。治法对事的效力，集中反映在养民、治民和教民三件大事上。这也是传统儒家对君主治国提出的三大要求，源自孔子所提出的庶而富之、富而教之的观念。丘濬据此指出：“曰庶、曰富、曰教三者，自尧舜以来为治之大节目、大纲领也。盖天生斯民而立一人以为之司牧，付之以庶、富、教之三事，人君承上天之付托为万民之父母，必当尽治、教、养之三事，养之以至于繁庶，治之以至于富足，教之以至于仁厚，则尽乎父母斯民之责而无负乎上天付托之重矣。”[②]因此，君主治国、臣僚辅政，归根到底就是养民、治民和教民三件大事，这是上天交付给君主的三大任务，也是人君不可推卸的三大责任，以君主为核心所建立起来的整个国家机器都必须围绕这三件大事来运行，并为其服务。

丘濬认为，君乃天之子，理当以天下为家，治国理民是君的天赋职责，而上天之所以将养治教三事托付给君主，一方面在于天虽有好生之德，却不能亲自理民，另一方面也是由于民虽有命却又不能自遂其生，天和民各有其不足，因而只能由一国之君来完成，“天以天下之民之力之

---

① （明）丘濬：《大学衍义补》卷143，载《丘濬集》，海南出版社2006年版，第2229页。

② （明）丘濬：《大学衍义补》卷67，载《丘濬集》，海南出版社2006年版，第1060页。

财奉一人以为君，非私之也，将赖之以治之、教之、养之也”。[1] 当然，君有恩于民，民也会回报于君，拥护君的统治，并为之效忠，“盖民之所以聚而尊君亲上者，以上之人养之、教之、治之，既有其道，又有其素故也。是以先王之于民，既分田授井以养之，立学读法以教之，又制为禁令刑罚以治之焉”。[2]“分田授井”是指国家建官立制为民谋划生存大计，安顿民生，这是治法中“政”的主要任务；“立学读法”，是指国家兴办学校发展教育，教化万民，这是治法中“礼乐”的主要任务；而“禁令刑罚”，则是指治法中的“刑”，其主要任务在于治民。由此可见，治法所包含的礼乐政刑四大板块，都分别对应相应的事项，其中，政的目的在于养民，礼乐的目的在于教民，而刑的目的在于治民。

首先，政以养民。丘濬指出：“民之生也，少者赖父母以鞠之，老者赖子孙以养之，生有衣食之资，死有葬祭之具，则其生遂而不穷矣。然其所以遂其生者，实赖上之人为之制产立法，使之相生养、相保爱而不相弃背焉。”[3] 又说：“天下盛衰在庶民，庶民多则国势盛，庶民寡则国势衰，盖国之有民，犹仓廪之有粟、府藏之有财也，是故为国者莫急于养民。”[4] 由此可见，养民之事具有基础性和优先性，为人君者必须首先谋划如何养民安民，然后才是教民治民。当然，所谓养民，并不是要求君主亲力亲为，具体承担照顾百姓饮食起居之事，而是提醒君主要爱惜民力，轻徭薄赋，不过取于民，让百姓得以家给人足，安居乐业，“盖君以养民为职，所以养之者非必人人而食之、家家而给之也，惜民之力而使之得以尽其力于私家，而有以为仰事俯育之资、养生送死之具，则君之职尽矣”。[5] 在经世之法的体系中，“政”是主要用以规划养民事宜的，国家立政的目的就是为了养民，而不是养君或臣。因此，丘濬明确指出：“朝廷

---

① （明）丘濬：《大学衍义补》卷24，载《丘濬集》，海南出版社2006年版，第443页。

② （明）丘濬：《大学衍义补》卷106，载《丘濬集》，海南出版社2006年版，第1649页。

③ （明）丘濬：《大学衍义补》卷15，载《丘濬集》，海南出版社2006年版，第300页。

④ （明）丘濬：《大学衍义补》卷13，载《丘濬集》，海南出版社2006年版，第260页。

⑤ （明）丘濬：《大学衍义补》卷15，载《丘濬集》，海南出版社2006年版，第295页。

之上，人君修德以善其政，不过为养民而已。诚以民之为民也，有血气之躯不可以无所养，有心知之性不可以无所养，有血属之亲不可以无所养，有衣食之资不可以无所养，有用度之费不可以无所养，一失其养则无以为生矣。是以自古圣帝明王知天为民以立君也，必奉天以养民，凡其所以修德以为政，立政以为治，孜孜焉一以养民为务。"[①]

其次，礼乐以教民。中国古人特别重视人的价值，认为人之所以为人，在于懂得礼义廉耻、是非善恶，具有正确的人生观和价值观，也就是古人所谓的明理守义、通情达理。否则，即使过上了富足的生活，也不足以为人。古人甚至认为，富而不教，与禽兽无异。可见，素质和教养对一个人的重要性。不过，人的内在修养并非与生俱来，而是后天培养的，需要接受良好的教育才能获得。同时，作为君主而言，通过教化的方式引导人们去恶迁善，自觉守法，也是成本最低效果最好同时也特别符合人性的治理方式，"大抵人君为治，教道之废兴，系天命之去留。教道兴，则天理明而民彝叙，民知尊君亲上而不生背畔之心；不然，则智者欲欺愚，强者欲陵弱，令之而不从，治之而不服，而至于用刑罚、动干戈而国祚不能以久长矣"。[②]因此，君主不仅要代天养育万民，同时也要代天教化万民。那么，君主用什么来教化万民呢？就是经世之法中的礼和乐。礼乐本是一体，有时也统称为礼，是君主用以教民的主要工具，"礼以节之，则民之行也无不中；乐以和之，则民之言也无不和。"[③]因此，"礼也者，教化之所从出者也。"[④]

最后，刑以治民。所谓治民，就是以国家机器为后盾，采取强制措施惩罚有罪之人。君主治民的工具就是经世之法中的刑。因此，如果说礼乐体现了法的教育功能，那么，刑所体现的就是法的惩罚功能。但是，特别值得注意的是，儒家主张施仁义行王道，并不过分强调刑的惩罚功能，相反，特别注重刑的弼教和辅政功能。所谓弼教，是指刑的适用必

---

① （明）丘濬：《大学衍义补》卷1，载《丘濬集》，海南出版社2006年版，第45—46页。
② （明）丘濬：《大学衍义补》卷67，载《丘濬集》，海南出版社2006年版，第1051页。
③ （明）丘濬：《大学衍义补》卷36，载《丘濬集》，海南出版社2006年版，第615页。
④ （明）丘濬：《大学衍义补》卷67，载《丘濬集》，海南出版社2006年版，第1063页。

须是针对教化无效的情形，反对统治者对老百姓妄开杀戒，尤其反对不教而杀。所谓辅政，则是指刑的目的不单单是为了预防和打击犯罪，更是为了安顿民生，实现社会公平正义，“政所以安民生，狱所以治民罪，皆奉天子之命以牧养其民，……安民生固所以全其天命，治民罪亦所以全其天命也。有罪者治之则不敢复为恶，而无罪之民皆得遂其生而全其天矣。”①

第二节　治法的运行

法的运行是一个动态的运转过程，用今天的话说，包括法律从创立到执行、适用、遵守和监督的全部环节。法的效力和权威在法的运行过程中得到体现和实现，如果无法运行，法律不过是一纸空文，有其名而无其实，对现实生活起不到应有的规范作用，自然也不可能产生实际的社会治理效应。我国古代较早谈及这一问题并作出完整概括的文献是《管子》，其《任法》篇云：“有生法，有守法，有法于法。夫生法者，君也；守法者，臣也；法于法者，民也。君臣上下贵贱皆从法，此谓之大治。”（《管子·任法》）这是对我国古代法律运行的经典表述。意思是说，君的责任在于制定法律，臣的责任在于执行法律，而民的责任在于遵守法律。其中的“生法”“守法”和“法于法”，分别对应今天的立法、执法和守法。当然，古人所理解的执法，含义比较广泛，既包括法的执行，也包括法的适用和监督，属于广义上的执法。值得注意的是，《管子》不仅将君、臣、民与法的关系和职能进行了区分，还特别强调“君臣上下贵贱皆从法”的观念。从含义上判断，“从法”二字，就是服从和遵守法律，也就是“守法”的意思。《管子》不仅强调普遍守法的观念，而且明确表示这种自上而下普遍守法的状态其实就是所谓的“天下大治”！可

① （明）丘濬：《大学衍义补》卷111，载《丘濬集》，海南出版社2006年版，第1728页。

不是吗？如果举国上下包括君主在内都能自觉服从和遵守法律，这不正是厉行法治的基本要求和天下大治的具体表现吗？走笔至此，笔者惊奇地发现，《管子》书中这短短的十四个字，可谓言简意赅，意义重大，它所概括的就是古代中国的法治观，虽然还不能与亚里士多德的法治理论[①]相媲美，但在数千年特定的人治背景下，能够如此公开而明确地倡导法尊于权、权从于法的理念，这样的见识和胆魄委实罕见，即使在今天看来，亦不乏指导意义。[②]

丘濬在《大学衍义补》中对君、臣、民的法律义务亦有类似的表达，他说："治者，君也；所以为治者，民也；推君之治而致之民者，吏也。"[③]君主立法，臣下执法，百姓守法，很显然，丘濬的观点与《管子》所言并无二致，因为这本来就是中华民族自尧舜以来一致奉行的基本信念，被认为是千古不变的永恒法则，既为当时的政治实践所绝对遵从，也为人们的思想观念所普遍接受。不言而喻，作为封建正统法律思想的传承者，丘濬本人亦完全恪守这一信条。在此基础上，丘濬在书中还大量使用"立法""执法""守法"等字眼。因此，不妨以此为据，去探寻一下丘濬对治法运行中相关问题的看法。

一　人君代天出命的立法要诀

古人一致认为：法自君出，国家的立法权应当且必须归属于至高无上的君主。孔子曾经说过："天下有道，则礼乐征伐自天子出；天下无道，则礼乐征伐自诸侯出。"（《论语·季氏》）立法权在君或不在君成为

---

① 亚里士多德开创了西方社会的法治传统，他在《政治学》中准确而精炼地概括出法治的内涵，指出："法治应该包括两重含义：已成立的法律获得普遍的服从，而大家所服从的法律又应该是本身制定得良好的法律。"与亚氏的法治理论相比，《管子》"君臣上下贵贱皆从法，此谓之大治"的观点尚有不足，仅揭示出普遍守法的一面，而缺失了良法之治的另一面。

② 《管子》一书出自战国时期，假托管仲之名而成书，是当时思想自由百家争鸣大背景下昙花一现的产物；秦汉以后，思想钳制不断加剧，这样的观点再难立足和延续。因此，综观整个古代思想学术界，"君臣上下贵贱皆从法"的法治观曲高和寡，既高端，又高冷，没有知音，也始终未被超越。不幸的是，这也正是中华传统法律思想史上的一大憾事。

③ （明）丘濬：《大学衍义补》卷82，载《丘濬集》，海南出版社2006年版，第1287页。

古人衡量国家权力运行正常与否的重要标志，“陪臣执国命”被认为是礼崩乐坏上下失序的的乱亡之象，也是“是可忍，孰不可忍”的乱臣贼子之行，人人得而诛之。丘濬深受这种思想观念的影响，他极力主张君主独制，认为国家的立法、行政、司法等大权都应该牢牢地掌控在君主一人手中，臣下无权操纵：“其柄必出于上，非人臣所得专也。”[①]丘濬高度赞扬明太祖废丞相固君权的举措，称：“此我圣祖高见远虑，超出百王之上，……是以百年以来，朝廷无纷更之弊，臣宰无专擅之祸。”[②]由此可见，丘濬的立法观首先表现为明确立法权的归属，他认为立法权非君莫属，为人君所独有，人臣不得染指和窃取。丘濬强调指出：“君，代天出命者也；臣，代君行命者也。君出命，固不可违天之道；臣行命，亦不可侵君之事。苟臣侵君之事，则君失其命矣。君失其命，则不足以继天，而君非君矣；臣侵君命，则不知以事君，而臣非臣矣。”[③]君不君，臣不臣，必然是乱亡之象，为儒者所切齿。因此，立法权只能归属于君，这是绝对不容置疑的。

为人臣者尚不能成为立法者，等而下之的庶民百姓就更不用说了。因此，可以肯定，丘濬虽然极力主张立政为民，但其内心决然没有一丝一毫“主权在民”的思想。但是，这并不意味着法的制定不必考虑民意民情。恰恰相反，丘濬认为，经世之法的制定必须以民生社稷为重，“不为一身，而必为天下无终穷之虑”。[④]因此，君主虽然全面掌握了国家法律的制定权，并不意味着他可以任意妄为，随意立法，而必须受到多重限制和约束，以确保所制定的法律是体现天理之公的良法而不是充斥人欲之私的恶法。从这个意义上讲，丘濬所追求的也算一种良法之治。他说：“人君尽五伦之道，而立天下以标准，使四方万姓皆于此而取则焉。”[⑤]可见，正确地行使立法权，为天下人民制定正确的行为规范和准

① （明）丘濬：《大学衍义补》卷6，载《丘濬集》，海南出版社2006年版，第128页。

② （明）丘濬：《大学衍义补》卷5，载《丘濬集》，海南出版社2006年版，第120页。

③ （明）丘濬：《大学衍义补》卷3，载《丘濬集》，海南出版社2006年版，第81页。

④ （明）丘濬：《大学衍义补》卷3，载《丘濬集》，海南出版社2006年版，第80页。

⑤ （明）丘濬：《大学衍义补》卷158，载《丘濬集》，海南出版社2006年版，第2475页。

则，是人君不可推卸的责任。通览全书，丘濬对君主立法提出了如下几点要诀：

第一，以唐虞之世为最高法则。丘濬奉尧舜二帝为经世之法的开创者，认为只有唐虞时期的法律才是最理想最完美的，完全符合天意民心，足以行之万世通之万方，为后世立法的终极标准。唐虞之后，无论三代之时，还是三代以后，无论创业之君，还是继世之君，所立之法或多或少都各有其弊，他说："创业之君出于草创，继世之君拘于谅闇，遂无一定之制，宜以唐虞之世为则。"[①]当然，丘濬的意思并非是要后世君主完全照搬唐虞时期的法律条文，那是既不可能也没必要的，因为唐虞之法早已不复存在，且时移世易，时代和风气变了，法律也应当因时制宜，而不宜生搬硬套，削足适履。因此，对后世人君而言，他们所能做的就是深切领会唐尧虞舜的立法精神，"夫先王之制虽不可复，而先王之意则未尝不可师也。诚能惜民之力，爱民之财，恤民之患，体民之心，常使其仰事俯育之有余，丰年凶岁之皆足，所谓发政施仁之本，夫岂外此而他求哉？"[②]由此可见，丘濬强调以唐虞之法为准则，其实是希望君主在行使立法权的时候，能够始终围绕人民的利益和需求去设计和规划，兴天下之大利，除天下之大弊，这样才能制定出符合时代需要的治世良法。

第二，以祖宗成法为基本依据。对后世君主而言，立法工作并不是一张白纸，不需要从零开始。中华法系的原创早在三皇五帝时期就已经完成。换言之，尧舜以后的历代立法都不再是首创，而只是在前人基础上的再创或修订。三代之时，殷因于夏礼，周因于殷礼；三代以后，汉承秦制，隋则上承汉律，下启唐律，此后，宋元明清各朝都远承汉唐，代代相继，呈现出一条清晰的纵向继承轨迹。可以说，自夏以来历朝历代传承下来的法都是后世人君足资借鉴的宝贵资源，统称为祖宗成法。当然，从狭义上讲，祖宗成法仅指本朝开国君主制定的法。丘濬视创业之君的法为良法，在他看来，无论是狭义，还是广义，祖宗成法都是后

① （明）丘濬：《大学衍义补》卷63，载《丘濬集》，海南出版社2006年版，第999页。

② （明）丘濬：《大学衍义补》卷14，载《丘濬集》，海南出版社2006年版，第270页。

世人君立法的蓝本或样板，“稽古定制”是后世立法活动的基本要求。为此，他还特别提出要重用寿巉老成之人，称：“寿巉之人阅世久而涉历深，于凡前王之政、祖宗之典、古今兴衰治乱之迹、当世沿革废举之由，莫不有以知其所当然及其所以然，如此则是、如此则非，如此则成、如此则败，如此则治、如此则乱，灼然于心胸之间，了然于见闻之际，粲然于指画之顷。于事有所证，非徒为是空言也；于理无所遗，非徒为此驾说也。人君为治，诚能不遗斯人，惟其言之是咨是用，则其治效之臻，视夫用彼新进少年不经事者，其相去奚翅十百哉！”①

第三，以中正之道为指导思想。中正之道，也即中庸之道，简称中道，是传统儒家推崇备至的处事信条。丘濬指出：“先王立法制刑，莫不用中。中则无过，无不及，可以常用而无弊。”②人君立法亦当严格恪守中道，“不可偏于此，亦不可倚于彼，不可以不及，亦不可以太过”③，因为“法太严则不可行，法太宽则不能禁”。④就拿防奸止盗来说，丘濬认为，“立法以除盗贼，不可以不严，亦不可以过于严。不严，则有司不肯用心除贼，遂至养成大祸；过于严，则有司恐罪及己，上下相蒙蔽以避文法，因而驯致大乱。二者皆非中道也”。⑤因此，立法者在制定法律时必须以中道作为指导思想，权衡利弊，综合考量，尽量做到无过无不及，不偏不倚，宽严相济。

第四，以礼刑兼修为主要内容。丘濬视礼、乐、政、刑为一体，认为四者是经世之法不可或缺的组成部分。四者之中，礼乐为本，政刑为末，“王者之为治，能使礼修而乐和，而又有政以行之；政有不及，而又有刑以辅之。则凡普天之下，率土之滨，莫敢有越礼弃乐干政犯刑者

---

① （明）丘濬：《大学衍义补》卷6，载《丘濬集》，海南出版社2006年版，第136—137页。

② （明）丘濬：《大学衍义补》卷113，载《丘濬集》，海南出版社2006年版，第1756页。

③ （明）丘濬：《大学衍义补》卷77，载《丘濬集》，海南出版社2006年版，第1205页。

④ （明）丘濬：《大学衍义补》卷30，载《丘濬集》，海南出版社2006年版，第533页。

⑤ （明）丘濬：《大学衍义补》卷136，载《丘濬集》，海南出版社2006年版，第2122页。

矣”。[1]丘濬认为礼乐政刑四者兼行才能实现天下大治，他明确反对重本轻末和舍本逐末两种极端。当然，反映在立法层面，后世的偏颇之处突出地表现为舍本逐末，也就是更加偏向于制刑，而往往忽略修礼，而这正是导致后世不如古的一个重要原因。丘濬指出：“礼乐自天子出而用之于诸侯之国。帝舜巡守至方岳之下，于律[2]则同之，同之恐其有不一；于礼则修之，修之恐其有废坠。则是礼乐之制作，自古有之。……后世惟于创国之初一颁其制，继世之君不闻有所谓同律、修礼之举，详于政刑而略于礼乐，此治所以不及古欤。”[3]因此，立法者应当引以为鉴，在制定或修改法律之时，“凡仪文有所阙略，一皆以义起之，因时制宜，以为一代之礼，而不徒事乎政治刑罚之末”。[4]

第五，以风土人情为重要考量。传统儒家主张德主刑辅，刑以弼教，因而特别强调法的教化功能，而法的惩罚效用则退居其次。在这样的理念支持下，“化民成俗”成为以法治国应该达到的最高境界，由此而形成了独特的天理、国法、人情三位一体的观念。也就是说，任何法的制定都需考虑天理、国法和人情三个层面的因素，然后以中道为指导思想，将三者有机地结合起来，制定出具有国家强制力的法。加之我国疆域辽阔、民族众多，统治者就更加重视发挥人情世故和风俗习惯的作用，“处制天下之事，合于人情，宜于土俗，然后可以经久而不废，事莫不然”。[5]因此，风土人情自然成为立法的又一重要考量因素。事实上，这样的处理也是因地制宜化解矛盾的最佳方案，丘濬一语道破机关：“民禀天地之性以生，无不同也。然其所居之地，水陆川谷之土俗各异；所禀之气，刚柔迟速之剂量各殊。先王修其教，齐其政，固欲复其天地本然之性而归之同也，然土俗处处别，气禀人人殊，则有未易变易然者，苟不至于

---

① （明）丘濬：《大学衍义补》卷158，载《丘濬集》，海南出版社2006年版，第2482页。

② 这里的“律”不是指刑律，而是指乐律。

③ （明）丘濬：《大学衍义补》卷36，载《丘濬集》，海南出版社2006年版，第612页。

④ （明）丘濬：《大学衍义补》卷39，载《丘濬集》，海南出版社2006年版，第656页。

⑤ （明）丘濬：《大学衍义补》卷152，载《丘濬集》，海南出版社2006年版，第2380页。

反常而逆理，则亦不强之使同焉。”[①]由此可见，随其地，因其俗，完全符合我国古代的基本国情，而且投入少，收效好，不啻为古人治世的一大智慧。但是，值得注意的是，丘濬并不认同所有的习俗，他说：“天下之风俗，未必皆美也”[②]，因而法律对习俗的吸收应该是有选择的，对于焚尸、溺女、童养媳等恶俗，则不仅不能将其纳入法律保护，反而应当严令禁止，“诸如此类，皆宜行禁革，非独可止争讼，是乃厚人伦，美风化，而亦可以蕃生育之性，绝淫泆之端”。[③]

第六，以委曲审定为必经过程。丘濬认为：“国家处事，必须详察事理，曲尽物情，一事之行，必思其弊之所必至；一物之用，必思其患之所由来。”[④]法的制定是一项复杂高端的系统工程，且一旦制定出来，就期望行之久远，因而不可操之过急。丘濬强调说：“圣人立法缓而详，详而尽，真可以为万世法也，岂但使一世之庶绩咸熙而已哉？万世用之而万世咸熙矣。”[⑤]他以周公为榜样，称其“思兼前王，监视往代，集百圣之大成，立一代之定制，密察而详悉，曲而当，尽而不迂，有以通天下之理，成天下之务，周天下之变。……使之维持一世，则一世之人安；维持百世，则百世之人安；维持千万世，则千万世之人安。”[⑥]因此，人君立法，必须古今、上下、天理、人情、义利等通盘考虑，仔细斟酌，集思广益，面面俱到，“长虑却顾，深思远图，稽其所终所蔽，益之损之，与时宜之，必可为久远之规”。[⑦]此外，君主口含天宪，发号施令，一言一语更应当慎之又慎，“人君命令之颁，所以布君之德，感民之心，其机括之大，转移之妙，有如此者，可不谨哉！”[⑧]因此，委曲审定的立法过程不仅体现

① （明）丘濬：《大学衍义补》卷67，载《丘濬集》，海南出版社2006年版，第1058页。

② （明）丘濬：《大学衍义补》卷82，载《丘濬集》，海南出版社2006年版，第1278页。

③ （明）丘濬：《大学衍义补》卷50，载《丘濬集》，海南出版社2006年版，第828页。

④ （明）丘濬：《大学衍义补》卷33，载《丘濬集》，海南出版社2006年版，第575页。

⑤ （明）丘濬：《大学衍义补》卷11，载《丘濬集》，海南出版社2006年版，第205—206页。

⑥ （明）丘濬：《大学衍义补》卷75，载《丘濬集》，海南出版社2006年版，第1183—1184页。

⑦ （明）丘濬：《大学衍义补》卷3，载《丘濬集》，海南出版社2006年版，第80页。

⑧ （明）丘濬：《大学衍义补》卷3，载《丘濬集》，海南出版社2006年版，第77页。

在成文法的制定上，君主发布诏令、口谕等，亦当如此，“凡夫一事之施，一令之布，皆不可轻出，必委曲审定，以为久远之规焉”。①

第七，以经常简易为必备形式。国家立法是为了给天下人确立行为规范，让普天之下的人民有法可依，这就要求制定出来的法律规范尽可能明白浅近，一目了然，能够为普通人所理解。丘濬非常赞同宋儒欧阳修的观点，认为法的表现形式应当以“经常简易”为准则。他说：“所谓‘经常简易’四言者，深有得于古先哲王立法之至意也。盖经常，则有所持循而无变易之烦；简易，则易以施为而无纷扰之乱。以此立法，则民熟于耳目，而吏不能以为奸。不幸行之久而弊生，其间不能无有窒碍难行之处，则随时为之委曲，就其阙而补之，举其滞而振之，要不失祖宗立法之初意。”②“经常”和“简易”是良法必须具备的外在形式，分别代表法的稳定性和可行性两大特征。在丘濬看来，只有保持相对的稳定性，同时又要言不烦，简便易行，这样的法才有生命力，能够为老百姓所理解和接受，也可以防止不良官吏投机钻营，杜绝枉法裁判。这样的法，即使日久生弊，也能通过及时修订，适时调整，补其阙，振其滞，从而始终保持立法者的初衷和本旨。因此，他明确主张“直书其事，显明其义，用世俗浅近之言，备委曲详尽之义，……使天下有目者所共见，有耳者所共闻，粗知文义者开卷即了其义，不待思索议拟而皆了然于心目之间，昭然于见闻之顷，则民知所趋避，不陷于机穽矣”。③

综上所述，丘濬的立法观可概括如下：原则上，后世人君不宜轻易立法变制，必须严格遵守祖宗成法定制；但是，对于日积月累的各种弊政也必须有所作为，针砭时弊，拨乱反正。有鉴于此，后世之君在行使立法权的时候须做到以下七点：以尧舜之法为最高法则；以祖宗成法为基本依据；以中正之道为指导思想；以礼法兼修为主要内容；以风土人情为重要考量；以委曲审定为必经过程；以经常简易为必备形式。诚如

① （明）丘濬：《大学衍义补》卷3，载《丘濬集》，海南出版社2006年版，第83页。

② （明）丘濬：《大学衍义补》卷24，载《丘濬集》，海南出版社2006年版，第448页。

③ （明）丘濬：《大学衍义补》卷103，载《丘濬集》，海南出版社2006年版，第1604页。

是，则所制定出来的法即是善法、良法、久远之法，可以行之万世而无弊。

二　人臣致君泽民的执法要领

从含义上看，《大学衍义补》中的“执法”一词，兼有当前所讲的执法、司法和守法三重意思，这里仅取其与今义相同的理解，也就是国家行政机关及其公职人员依法行使管理职能的活动。从这个意义上讲，与此同义的表达在书中还有“行法”“用法”“奉法”“为法”“守法”等。丘濬认为，人君为治，在乎得人。徒法不足以自行，法律一旦制定出来，关键要靠人去付诸实施。因此，法的运行效果如何，直接与执法者的素质相关。那么，谁来执行法律呢？丘濬认为应当由君臣共同执行，君承天命总治于上，臣奉君命分治于下，君臣一心，上下合力，则国泰民安，天下太平。他说：“人君则当奉顺天道，人臣则当承顺君命。……君则奉乎天而顺之，臣则承乎君而行之，则生民无不得其所者矣。”①又说：“君有君之职，臣有臣之职。君之职在乎任人，臣之职在乎任事。君不任人而自任，则是君行臣职矣。君行臣职，则是以一身而代百工之事，力有所不及，虑有所不周，日力有所不给，本欲以防一人之奸，而适足以长百奸；本欲以虞一事之废，而适足以致百废。”②君主的职责在于选官任人，臣下的职责在于奉命行事。换言之，君主作为国家行政首脑，只要在宏观上牢牢把握住全体官员的人事大权，并对其进行公正客观的考评、奖惩和任免就足够了；至于大大小小的具体事务，则统统交由中央和地方大大小小的职能部门去办理，君主切不可越俎代庖，事事亲力亲为，否则不仅精力不济，而且于事无补，甚至平添弊端。由此可见，具体执行经世之法的人只能是专职任事的臣，也就是从中央到地方的各级官吏。

在古代，臣是一个数目庞大的官僚集团，有森严的等级之别和明确的职责之分。据《尚书·舜典》记载，我国古代的建官立制始于尧舜之

①（明）丘濬：《大学衍义补》卷5，载《丘濬集》，海南出版社2006年版，第114页。

②（明）丘濬：《大学衍义补》卷10，载《丘濬集》，海南出版社2006年版，第188页。

世，在中央设九官，总之于百揆[①]；在地方设十二牧，统之于四岳[②]，“朝廷之上，有百揆以统内之庶官，有四岳以统外之州牧；既分命之，又总命之”[③]，“所以上下相承，内外相维，而永无危乱之患也欤”[④]。西周立国后，实行分封制，地方基本上由各诸侯国自治，最终导致割据混战的春秋战国之乱；而在天子所居的王畿（中央），则进一步健全了官僚机制，设三公六卿[⑤]，各司其职，各尽其责，协助天子处理全国政务。秦统一后，吸取前朝教训，废除分封制，实行郡县制，将地方人事权悉收中央，建立了一整套从中央到地方的官僚体制，中央设丞相、太尉和御史大夫，地方则由郡守和县令负责，所有官员皆有皇帝直接任免，奠定了此后两千多年政治体制的基础。汉承秦制，将中央行政机构扩展为三公九卿[⑥]；隋唐以后，发展为成熟而完备的三省六部制[⑦]；但明初统治者为了加强皇权，彻底摆脱相权的牵制，撤销中书省，只保留六部，由皇帝直接控制，同时增设五军都督府、都察院、通政司等衙门，分理天下庶务。到了元代，地方建制也发生了重大变化，行省制覆盖了郡县制，行省成为地方最高行政机构；明朝建立后，改行省为承宣布政使司，主管地方民政；又设提刑按察使司掌刑狱，都指挥使司掌军事，合称三司，各执其事，互不相统，临大事则由三司共同会商决策。这样，到丘濬生活的时代，中央

① 这里的“百揆”，特指尧舜时总理国政之官，其职权相当于后世的丞相或宰相，后引申为各种政务或代指百官。

② 这里的“四岳”，特指分管东、西、南、北四方的长官，据传最早由尧臣羲和的四个儿子分别掌握。

③（明）丘濬：《大学衍义补》卷1，载《丘濬集》，海南出版社2006年版，第44页。

④（明）丘濬：《大学衍义补》卷5，载《丘濬集》，海南出版社2006年版，第115页。

⑤ 三公，或称三孤，指太师、太傅和太保三种官职；六卿，指天官冢宰、地官司徒、春官宗伯、夏官司马、秋官司寇和冬官司空。

⑥ 汉代的“三公”，即指秦时的丞相、太尉和御史大夫，分掌行政、军事和监察三项权力，三公之间互不统属，直接隶属于皇帝；九卿，则由西周的六卿发展而来，包括廷尉、治粟内史、奉常、典客、郎中令、少府、卫尉、太仆、宗正，具体执行司法刑狱、财政税收、宗庙祭祀、对外关系等事务。为了确保皇权的稳固，无论三公还是九卿，其职位都不得世袭，一律由皇帝任免调动。

⑦ 三省，指尚书省、中书省和门下省，主要掌管中央政令和政策的制定、审核与贯彻执行；六部，指吏部、户部、礼部、兵部、刑部和工部，分别执掌吏治、财政、教育、军事、刑狱、工程等具体事务。

的五府六部和地方的三司构成国家行政系统的主干，加上通政司、光禄寺、钦天监、太医院、内阁、都察院、大理寺、太常寺、翰林院、中书舍人、六科、国子监、太仆寺、禁卫、京尹、监司以及各地的府、州、县等众多职能部门，共同推动和维持着整个国家机器的正常运转，经世之法亦由此得到全面的贯彻和施行。①

在《大学衍义补》中，“臣”是现实政治中非常特殊也非常重要的一类主体，“典礼固自天子出，而所以辅相而推行之者，则不能无待于其臣焉，此所以必待于君臣上下同寅协恭，而后民彝物则各得其正”。②为人臣者，上奉君命，下应民情，是治国平天下的中坚力量，其职责就是辅佐君主治理社会，经世济民，具体执行国家的各项管理职能。丘濬指出：“人臣之职，在乎致君泽民。其为乎上也，必陈善闭邪以为乎君之德；其为乎下也，必发政施仁以为乎民之生。”③所谓“陈善闭邪”，是指向君主陈述善法美政，堵塞其邪心妄念，意思就是格君心之非，修养君德。臣的基本职责是致君泽民，具体内涵有二：一是陈善闭邪格君心非；二是施仁行义安定民生。从原则上讲，任何臣子都负有上弘君德下安民生的义务。但是，在实际履职的过程中，不同身份和地位的臣又肩负着不同的使命和职责，尤其是在朝廷为官与在地方为官，其职责又大不同，丘濬对此有不同于前人的独特见解，他说：

> 自昔论治体者，往往欲均内外之任，使无偏重偏轻之患。臣愚以为在内之官，莅事者也；在外之官，莅民者也。莅事者，固助其君以治民，又孰若莅民者，亲代其君以施政于民者，尤为切要哉！君以民为天。臣愚以为事轻于民，莅民者比之莅事者，尤为重也，

---

① 除此之外，明统治者为了强化皇权，巩固君主专制，还先后设立了锦衣卫、东厂、西厂等特务机构，由亲信和宦官统领，密切监视全体臣民的言行举止，充当皇帝的耳目和爪牙，其行为不受国家法律之约束，直接并完全听命于皇帝个人的意志。

② （明）丘濬：《大学衍义补》卷38，载《丘濬集》，海南出版社2006年版，第638页。

③ （明）丘濬：《大学衍义补》卷5，载《丘濬集》，海南出版社2006年版，第108页。

尤当优之以礼秩，加之以恩典，岂特均之云乎！[①]

由此看来，丘濬将作为执法者的臣分为两大类，一类是在内之官，也即京官、朝臣，他们距君近而离民远，主要职责是协助君主处理各项具体事务，因而为莅事者；另一类是在外之官，也即地方官，包括封疆大吏、郡守、县令等，他们离君远而距民近，奉君之命代表君主实际治理地方百姓，处理地方事务，因而是莅民者。丘濬始终坚持民为邦本的理念，认为天之立君、君之任臣，都是为了造福天下苍生，他甚至惊世骇俗地喊出了“君以民为天”的口号，并由此认为作为莅民者的地方官所承担的责任远比作为莅事者的京官更重，作用也更大，因而也更应当受到重视和优待。

当然，无论是在内之官的莅事，还是在外之官的莅民，都应当遵照君主的旨意，尽忠职守，秉公办事，这是对所有执法者的基本要求，也是一名称职的官员理当奉行的基本原则。丘濬将这种遵从君命严格依法办事的官员称为“循良之臣”，并且特别指出：“人君欲其政教之行于天下，非得循良之臣承流而宣化于下，其势不能以遍及也。”[②]意思是说，没有一支依法办事素质精良的官僚队伍，再英明伟大的君主也是不可能将其仁政礼教实际施行下去的。因此，做一个循良之臣是执法者的基本素养。

需要强调指出的是，丘濬还认为，要想达到致君泽民的执法效果，单纯的莅事或莅民也还是不够的，还需要分别对君和民发挥一定的启发引导作用。首先，在内之官应当启沃君心，弘扬君德，引导君主做出正确的抉择。他说：“夫立法者，君也；而导君而为是法者，左右之臣也。”[③]君主既是国家法律的制定者，也是最高的行政长官，执法过程中的大事要事经过层层上报，最终还得由君主来定夺，朝中大臣事君左右，

① （明）丘濬：《大学衍义补》卷18，载《丘濬集》，海南出版社2006年版，第359页。

② （明）丘濬：《大学衍义补》卷82，载《丘濬集》，海南出版社2006年版，第1280页。

③ （明）丘濬：《大学衍义补》卷113，载《丘濬集》，海南出版社2006年版，第1770页。

因而有责任引导君主遏制私欲和恶念，格君心之非，弘扬君的善德。其次，在外之官也应当教化百姓，醇厚民风，使社会秩序稳定而和谐。丘濬指出："国家设守令，将使之奉宣德意，以为民造福也。"[①]郡守、县令作为地方官，理当为官一任造福一方，在进行社会治理的过程中，也要仰奉君命对治下的百姓实施礼乐教化，这样，百姓更有教养，国家也会更加兴旺。

三　奉法而不奉意的司法要义

"司法"一词在《大学衍义补》中未曾出现，取而代之的主要是"守法"[②]和"掌法"两种表达。我国古代一直实行集权制，理论上不存在分权学说，实践中也没有对国家权力进行分割，但自唐虞之世始，就已经在建官立制中设有专门的官职以执掌法律的适用，"虞廷九官，伯夷作秩宗典礼，皋陶作士师掌刑"。[③]"秩宗"即是礼官，专掌礼典的履行；"士师"即刑官，专掌刑辟的实施。伯夷和皋陶是我国历史上最早的司法长官，也是礼和刑的实际制定者，因而有所谓"伯夷降典""皋陶制刑"之说。丘濬深深折服于这种礼刑并施的治理模式，他说：

> 夫伯夷，礼官也，所降者典，而折民惟刑；皋陶，刑官也，所制者刑，而教民祗德，可见有虞为治，专以礼教为主，而刑辟特以辅其所不及焉耳。礼典之降而折以刑，所以遏其邪妄之念而止刑辟于未然；刑罚之制而教以德，所以启其祗敬之心而制刑辟于已然。礼教、刑辟之相为用如此。帝世之制，所以本末兼举，而民协于中，自不犯于有司也欤。[④]

---

① （明）丘濬：《大学衍义补》卷18，载《丘濬集》，海南出版社2006年版，第354页。

② "守法"一词在《大学衍义补》中出现了十数次，其基本含义有三：一是依法行使管理职能，相当于今天狭义上的执法；二是依法断案，惩恶扬善，相当于今天的司法；三是遵守法律规范，相当于今天的守法。

③ （明）丘濬：《大学衍义补》卷101，载《丘濬集》，海南出版社2006年版，第1559页。

④ （明）丘濬：《大学衍义补》卷101，载《丘濬集》，海南出版社2006年版，第1560—1561页。

西周时期，国家建立了专门的司法部门，称“准人”，与“常伯”“常任”[①]共同协助天子处理朝政。丘濬解释道：“守法之有司曰准人，准之云者，掌法之官，刑罚当如准之平。”[②]“准人”类似于唐虞时期掌刑罚的“士师”。此外，根据《周礼》的记载，西周设官分职，实行三公六卿制，其中，六卿中的“秋官”主寇贼法禁，官名为“司寇”。由此可见，西周以后，礼与刑早已渐行渐远，各行其是，其交相为用的功能远不如唐虞之世，丘濬对此大为感慨，叹息道：“后世风气日漓，民心不古，顾无有大臣以专掌教事，所以禁之者，仅见于刑官弼教之设，此亦可以观世变矣。”[③]

秦汉时期，中央实行三公九卿制，九卿中的“廷尉”专掌天下刑狱，为国家最高司法长官。廷尉根据皇帝的诏令，可以逮捕、囚禁和审判有罪的王公大臣，并主管修订律令的有关事宜。国家的礼仪、律令，皆藏于廷尉。民间的争讼则主要由郡守、县令等地方官裁决。隋唐以后，实行三省六部制，则由六部中的“刑部”主管刑狱之事。此外，还设有大理寺和御史台，分别相当于今天的最高人民法院和最高人民检察院。凡遇重大案件，须由大理寺卿与刑部尚书、侍郎及御史中丞会审。明太祖改前代御史台为都察院，此后，大案要案和疑难案件则由大理寺、刑部和都察院会审，称三法司。丘濬在书中指出：“本朝之制，凡有刑狱皆掌于法司，而平允于理寺。理寺具成狱上诸朝，及秋后处决，乃集文武大臣会审于外廷，即此制也。”[④]又说：“本朝有狱事，先由刑部、都察院鞫问，然后送大理寺，有不允者，驳回再问；既允，然后问，闻奏取旨。事体归一，可为万世彝典。”[⑤]三法司会审的决狱权一般在刑部，但大理寺

---

① 常伯为牧民之长，相当于尧舜时期的四岳；常任为任事之公卿，相当于尧舜时期的典礼、典乐、百揆之官。

② （明）丘濬：《大学衍义补》卷5，载《丘濬集》，海南出版社2006年版，第109页。

③ （明）丘濬：《大学衍义补》卷5，载《丘濬集》，海南出版社2006年版，第117页。

④ （明）丘濬：《大学衍义补》卷106，载《丘濬集》，海南出版社2006年版，第1648页。

⑤ （明）丘濬：《大学衍义补》卷111，载《丘濬集》，海南出版社2006年版，第1739页。

不同意时，可以上奏皇帝，请求圣裁。所谓“事体归一”，指的就是最终的司法裁决权由皇帝一人掌控。丘濬认为这是非常理想的一种制度设计，值得万世流传，因为人君乃治狱之根本。[①]

有必要加以补充的是，自宋以后，民间纠纷的诉讼制度也有所改进，在地方行政长官主审的基础上，国家又成立了专门的司法派出机构，可以随时前往各州县检查刑狱。朝代不同，该机构的名称也不同。在宋为提点刑狱司，在元为肃政廉访司，在明为提刑按察司，负责监督管理所辖州府的司法审判事务，并有权弹劾在刑狱方面失职的地方官员。

如此看来，到丘濬所处的时代，我国古代的司法体制已经完全成熟，最高裁判权为皇权的一部分，高度集中于君主一身；皇帝之下，从中央到地方都有一套完备的司法机构和相应的法官队伍。在丘濬眼里，这无疑是一套堪称完美的司法运作体系。不幸的是，这种“事体归一”的制度在实际运作中却存在严重的问题，其根源就在于君主本身。丘濬认为，君主作为最高司法裁判者，应当具备仁、义、信三种品质，他说：“人君为治，大要在仁义，所以持仁义者，信也。不当死而死之，非仁；当死而不死之，非义；既许以不死而又死之，非信。失此三者，何以为国？”[②]他理想中的最高统治者是唐尧虞舜那样的圣人，他们仁德圣明，敬天爱民，因而慎刑恤刑，存钦恤之心，视刑为辅政弼教的工具，不到逼不得已，绝不动用刑罚，后世君主岂能望其项背？“先王制刑，本以制民，使之不敢为恶。后世为恶者，乃以刑为行恶之具，其惨酷有如武后时酷吏之所为者。”[③]现实政治中的君主大多是不仁不义不信之徒，常常

---

① 唐太宗君臣曾就如何治狱进行讨论，大臣王珪认为应当重视刑官的人选，由良善平恕、断狱允当者执掌刑狱之事，则奸伪自息。丘濬对此并不完全认同，他说：“欲得狱平允，王珪欲选良善平恕、断狱允当者赏之。臣窃以为断狱之吏，固欲选良善平恕者，然其本则在人君焉。人君苟存好生之心，‘钦哉！钦哉！惟刑之恤’，虽不赏之，彼亦不敢深刻矣。”参见（明）丘濬《大学衍义补》卷111，载《丘濬集》，海南出版社2006年版，第1736页。

② （明）丘濬：《大学衍义补》卷113，载《丘濬集》，海南出版社2006年版，第1761页。

③ （明）丘濬：《大学衍义补》卷113，载《丘濬集》，海南出版社2006年版，第1763页。

以私怒刑人，为了一己之私，不惜杀人立威，伤天害理，甚至假借天讨有罪之名而滥杀无罪之人，以致天怒人怨，人神共愤。丘濬痛斥这类现象，说：“刑者，天讨有罪之具。人君承天以行刑，无罪者固不可刑，有罪者亦不敢纵也。人君不循天理而以己意操纵乎人，亦犹人臣不奉国法而以己意操纵乎囚也，可乎哉！人臣如此，君必诛之无赦，臣畏国法必不敢如此，人君以己意纵罪人，而又以己意舍之，独不畏天乎？！”[①]

那么，面对这种现实，作为司法官员，作为臣子，应该怎么办呢？丘濬指出：“刑狱之事，实关于天。典刑者惟一循天理之公，而不循乎人欲之私。权势不能移，财利不能动，如此，用刑者无愧于心，受刑者允当其罪，吾之心合天之心矣。”[②]又说：“为刑官者，毋逢君之恶；为大臣者，必匡君之失。”[③]因此，他明确地提出了“奉君之法而不奉君之意”的口号，认为这是每一个司法工作者都应当恪守的基本准则，也是丘濬对古代司法精神的高度概括。为此，丘濬特意用了长长一段话来加以分析论证，他说：

> “刑，天讨也。天以是而齐乱民，不得已而为一日之用尔，非常用以为治之具也。人君奉天道以出治，所以为治者，德也。刑非所先也，民有不齐者，不得已而用刑以治之，姑以为一日齐民之用也，所以为治者，不颛颛在是也。典狱之官，必当敬逆[④]天之命以奉承乎君。过之当宥者，则承天之命以宥之；不当宥者，君虽宥之，不宥也。过之当辟者，则奉天之命以辟之；不当辟者，君虽辟之，不辟也。所以然者，守君之法，所以奉君也，顺天之理，所以敬天也。奉君之法而不奉君之意，则是能敬迎天命矣。所以敬迎天命者，敬

---

① （明）丘濬：《大学衍义补》卷112，载《丘濬集》，海南出版社2006年版，第1745页。

② （明）丘濬：《大学衍义补》卷111，载《丘濬集》，海南出版社2006年版，第1726页。

③ （明）丘濬：《大学衍义补》卷113，载《丘濬集》，海南出版社2006年版，第1745页。

④ 原文如此，但从后文来看，似乎改为“敬迎”二字更为确切。

五刑以成三德而已矣。敬五刑以为一日之用，成三德以立万世之则，刑用而即已，德立而无穷，所以为国家之庆者，容有既乎？兆民以之而永赖，国祚由是而延长，三代有道之长用此道也。秦人恃刑罚以为一世之用，卒之流毒海内，二世即亡，岂非永鉴哉！①

这段话高屋建瓴，立意高远，而且大气磅礴，字字铿锵。概括起来，主要回答了如下三个问题：

首先，为什么要奉君之法而不奉君之意？丘濬的理由主要有二：一方面，刑乃公器，是人君奉天出治讨伐有罪的工具，并非其个人私有，刑的处罚对象仅仅是一小撮不受教化的乱民，并非针对天下所有臣民，切不可随意扩大用刑范围殃及无辜，更不能挟私报复，把刑异化为纵欲行恶的私器；因此，掌法之官必须一心为公，循天理之公，而不徇人欲之私，不为权势、财利所屈服，“狱之于人，乃性命之所关系，顾不以公而以私，不以理而以欲，以人之性命而成吾之私家，其与杀越人于货，其心一也”。②另一方面，刑乃凶器，是人君代天临民辅政弼教的工具，非到不得已而不能用，即使是针对不受教化的乱民，仍是以礼乐教化为主，不能一味采取刑罚的手段，否则必然有违上天好生之德；有鉴于此，典狱之臣当存钦恤之心，悲天悯人，明德慎刑，“折狱之官，人命所系，是以自古典狱之官，必用易直仁厚之长者以任之”。③

其次，如何做到奉君之法而不奉君之意？丘濬认为，人命关天，典狱之官手握他人的生死，应当站在天道之公的立场上来侍奉君主，敬迎天命以奉乎君。换言之，就是要以天理之公来排除君主的人欲之私，而不是舍弃天道是非，曲意迎合君主个人的喜好。他说：“为刑官者，执一

① （明）丘濬：《大学衍义补》卷101，载《丘濬集》，海南出版社2006年版，第1562—1563页。

② （明）丘濬：《大学衍义补》卷113，载《丘濬集》，海南出版社2006年版，第1752页。

③ （明）丘濬：《大学衍义补》卷111，载《丘濬集》，海南出版社2006年版，第1729页。

定之成法，因所犯而定其罪，岂容视上人宽急而为之轻重哉？”[①]因此，司法者在断狱用刑的时候，不能以君主个人的意志为转移，而应当依循天理国法来论处，该放过则放过，当追究则追究。丘濬认为，这样做才是真正意义上的忠君爱君，因为“臣能奉公，与天无间，是即君之所以无间于天也。”[②]

最后，奉君之法而不奉君之意有何重要意义？司法官员秉公断案，执正守法，用一时之刑，成万世之德，上合天理，下顺人心，既是对君心的匡正，也是对君德的弘扬，于君于民，于国于家，都是值得庆贺的大好事。如此，则国泰民安，天下太平，江山永驻。反之，如果不能奉公持法，恪尽职守，一味地曲意逢上，滥纵刑罚，必然导致司法不公，冤案丛生，怨声载道，最终落得个失民心而失天下的下场，亡秦之覆就是明鉴。“秦不师古，专用刑法，以致民不聊生，而天下溃叛，后世所当以为鉴戒者也。”[③]

这一番理论推导堪称完美，然而，现实却是另一番景象。在皇权独尊君主专制的时代，不顺从君意的臣子是要付出惨重代价的，轻则丢官，再则丧命，重则灭族，因而“王言一出，臣下奉承之不暇，明知其非而不敢言者，多矣。”[④]更为糟糕的是，后世的君主视天下为私产，一心为己，“后世人主，惟恐其臣不徇己。有不徇己者，或怒或斥”。[⑤]所以，丘濬所期许的“奉法而不奉意”的司法官员并不多见，且众多掌法者本身仅有中人之资，禀赋能力有限不说，更缺乏捍卫真理的勇气和坚定的理

---

① （明）丘濬：《大学衍义补》卷112，载《丘濬集》，海南出版社2006年版，第1746页。

② （明）丘濬：《大学衍义补》卷111，载《丘濬集》，海南出版社2006年版，第1727页。

③ （明）丘濬：《大学衍义补》卷113，载《丘濬集》，海南出版社2006年版，第1753页。

④ （明）丘濬：《大学衍义补》卷112，载《丘濬集》，海南出版社2006年版，第1749页。

⑤ （明）丘濬：《大学衍义补》卷111，载《丘濬集》，海南出版社2006年版，第1725页。

想信念，“中人之性，畏罪而求全，不能人人执德不回，守法不挠”。[①]更不用说，还有不少溜须拍马唯利是图的小人混迹其中，“况彼小人无深识远虑，委曲奉承上人之不暇，且人微言轻，又安敢逆上意哉？”[②]因此，在现实政治中，往往是某些臣僚为了达到自己不可告人的目的，与利欲熏心的君主沆瀣一气，结成利益同盟，打着代天罚罪的幌子，残害忠良，鱼肉百姓，司法不公、司法腐败因之蔚然成风。丘濬在书中总结了其中的原因，指出：“刑罚之所以不中者，非讫于威则讫于富。讫于威所以徇人之势，讫于富所以阜己之财，用是以断制刑狱，虐乱无辜之人，民怨于下，天怒于上”[③]；又说：“要之狱所以不公者，外为权势之嘱托，内为财利之贿赂故也。然典狱之官所以不讫于威富者，其根本则又在于上之人焉。上之人诚严申明祖宗之法，使有罪者不以贿免，戒饬左右之人，使掌法者得以执奏。而所用以居是官者，又必得夫存心敬畏、秉性刚直之人用之，则法不至于私滥，人不死于非命，人心允合于天心，逆气不伤于和气乎。”[④]由此可见，丘濬始终认为人君才是为治之本，君正则国立，君不正则国危。相应地，导致司法不公和司法腐败的根本原因也在君，应当由君来承担其主要责任，并采取相应的措施，如严明法纪（严申明祖宗之法）、排除干扰（戒饬左右之人）、选贤任能（得夫存心敬畏、秉性刚直之人用之）等，以确保司法工作的正常进行。

四　责上而不责下的守法要求

“守法”一词，在《大学衍义补》中亦不鲜见，但其含义并不明确，根据所使用的语境不同，可以分别理解为今天的执法、司法或守法，但主要还是执法和司法的意思。从作者的用词习惯来看，书中的“遵守”

① （明）丘濬：《大学衍义补》卷112，载《丘濬集》，海南出版社2006年版，第1746页。

② （明）丘濬：《大学衍义补》卷24，载《丘濬集》，海南出版社2006年版，第450页。

③ （明）丘濬：《大学衍义补》卷113，载《丘濬集》，海南出版社2006年版，第1752页。

④ （明）丘濬：《大学衍义补》卷111，载《丘濬集》，海南出版社2006年版，第1727页。

一词倒是更多地契合了现代意义的“守法”概念，但也须放置在一定的语境下才能将其所蕴含的意思完整地表达出来。比如，“朝更夕改，民不知所遵守”[①]；“祖宗良法美意有如此者，此又万世所当遵守而不可更革者也”[②]；“而我圣祖又制为教民榜文昭示天下，使之人人儆省，世世遵守”[③]。类似的表述还有不少，此不赘述。[④]

守法是法律运行中不容忽视的重要环节，立法的目的就是为了使制定出来的法律得到普遍的遵守，无论个人、社会组织或国家机构都能自觉地依法行使权利或权力，承担义务或职责，否则法律即便制定出来，也形同虚设，有之等于无之，是以清末法学家沈家本指出：“法立而不行，与无法等，世未有无法之国而长治久安也。”[⑤]另一方面，守法也是法律关系主体的一项基本义务，法律一旦生效，就对主体产生约束力，并以国家强制力为后盾加以保证，如果主体不遵守甚至违反法的规定，就会受到法律的追究和惩罚。因此，可以说，守法所体现的正是社会治理的效果。一个社会，守法的人越多，秩序越好；反之亦然。

诚如《管子》所言，君臣、上下、贵贱，人人都守法，天下大治的理想就实现了。然而，在纲常伦理观念盛行的古代中国，这样的理想根本没有实现的可能。首先，君主是不受治法约束的。作为最高统治者，君主集国家的立法权、行政法、司法权于一身，他高高在上，口含天宪，本身就是法律的化身，从理论上讲，除了天，谁也没有资格约束君主，臣下虽有责任格君心之非，匡君德之失，但其自身高度依附并受制于君，没有独立的法律地位，更没有对抗君主的权力，君主不纳谏，也只能徒

---

① （明）丘濬：《大学衍义补》卷3，载《丘濬集》，海南出版社2006年版，第81页。

② （明）丘濬：《大学衍义补》卷10，载《丘濬集》，海南出版社2006年版，203页。

③ （明）丘濬：《大学衍义补》卷18，载《丘濬集》，海南出版社2006年版，第350页。

④ 类似的表述书中还有多处，如“俾人人知所趋避，世世得以遵守，永为定制云”；“礼法兼行，万世之下所当遵守者也”；“如此，则民知所遵守，吏不能为奸也”；“惟我圣祖则斟酌古今，立为一代之制，使子孙百世遵守焉”；“立为一定之法，使之永远遵守”；以及“立为定式，俾其遵守”等。参见（明）丘濬《大学衍义补》，载《丘濬集》，海南出版社2006年版，第742，837，1596，1869，1955，2164页。

⑤ （清）沈家本：《历代刑法考》（第三册），中华书局1985年版，第34页。

唤奈何，一旦龙颜大怒，还可能身家性命不保。其次，皇亲国戚、王公大臣、文武百官等依法享有一定的特权，在某些情况下也不受国法约束，而且他们有权有势，有身份有地位，即使违了法，犯了罪，仍有机会受到法律的宽宥或特赦。最后，财力丰厚的地主、乡绅、富商、大贾等，也可能通过钱权交易来逃避法律的制裁。这样一来，法律真正得以约束的主要对象就是处于社会最底层的小民百姓，守法基本上成为被统治者的专有义务，法律所惩治的也主要是无权无势无依无靠之人。由此可见，治法在数千年的实际运行中，早已发生了质变，从尧舜时期为民谋利的法嬗变为为君谋利的法，或者再放大一点说，变成了为大大小小形形色色的统治者谋利的法，处在社会最底层的民沦为最大的受害者，而身处金字塔尖的君则成为最大的受益者。因此，无论朝代如何更替，世事如何变迁，老百姓总是生活在贫穷困苦中，所谓“兴，百姓苦；亡，百姓苦”，真是对古代民情的精准概括。

作为儒者士大夫，丘濬深察民间疾苦，哀民生之多艰，同时他也深知法制败坏的根源在上而不在下，因而总是更加重视和强调为人上者（尤其是君主）的守法义务，对下民百姓则并不苛责或强求。首先，从道理层面讲，君为民之师帅，肩负着化民成俗的重任，且身教重于言传，理当一马当先，率先遵守法律，发挥模范带头作用，否则如何教导众人守法？“人君一身为风化之本，乌可不慎其所自出哉！”[①]其次，从事实角度看，祖宗的良法美意之所以得不到遵守和维护，归根结底还是因为继世之君擅自变更或废弃所致，与普通百姓何干？“创业垂统之君烛理既明，涉世既深，所以制为一代之制者，灼知其源之所自来，而逆料其流之所必至，不徒然也为之。后者不推究其本末、轻重，有所更革焉不可也，况又去之乎？”[②]最后，退一万步讲，即使百姓不守法，甚至铤而走险，犯上作乱，其原因也主要集中于以下四个方面：第一，自身愚昧无知，不慎落入法网；第二，法律朝令夕改，民不知所遵守；第三，律

① （明）丘濬：《大学衍义补》卷81，载《丘濬集》，海南出版社2006年版，第1259页。

② （明）丘濬：《大学衍义补》卷39，载《丘濬集》，海南出版社2006年版，第658页。

文过于晦涩，民不能解其意；第四，法苛而又刑严，官逼以致民反。在丘濬看来，愚民无知而自落陷阱，其情可原，君有教化之责，切不可不教而杀，滥施刑罚；至于后三种情况，很明显都是君的过错，不宜归罪于民，而应该由君主采取相应的措施来加以解决。

有鉴于此，在守法方面，丘濬一以贯之地秉持着“责上而不责下”的原则，对君主高标准严要求，对百姓则总是报以无限的怜悯、同情、包容和理解，基本不做任何强制。他在书中不厌其烦地强调“天理”、“尧舜之道”、“传心经世遗法”、“圣人之法”、“祖宗良法美意”等的重要性和权威性，时时处处都在提醒、告诫或教导时君以史为鉴，不可轻变擅废祖宗成法，以免流弊丛生，遗祸无穷。譬如，在谈到国家赋税收取的问题时，丘濬劝谏君主要吸取前朝教训，恪守明初常制，轻取于民，以巩固国本，他说：“我祖宗自立国以来，凡取于民者有定制、有成法、有常额，世世遵守，不敢有所纷更加减，逾百年于兹矣，其间虽不能无偏滞不举之处，然惟许其随时补救以振举之，使害去而利存，要之不失祖宗之旧也。伏惟明主鉴宋人之失而恪守祖宗成宪，以为子孙千万年无穷之计。”①

丘濬认为，要想让百姓守法，必须首先使之知法、懂法，然而“蚩蚩之民不能皆读律令，及其读之又有所不逮者，则其不幸而陷于罪者，岂非上之人之过哉！”②因此，为人君者在编制法典时要尽可能不假文饰，直书其事，显明其义，“使愚夫愚妇闻之必悟”③，“如此，则群疑释而人心服，乱根永绝而国是明著矣”④；对于难以理解的条文，还应当责令通晓法意的儒臣深入浅出地做出解释，“必使人人易晓，不待思索考究，而自有以得于言意之表，则愚民知所守，而法吏不得以容情卖法矣”。⑤

---

① （明）丘濬：《大学衍义补》卷24，载《丘濬集》，海南出版社2006年版，第454页。

② （明）丘濬：《大学衍义补》卷103，载《丘濬集》，海南出版社2006年版，第1595页。

③ （明）丘濬：《大学衍义补》卷103，载《丘濬集》，海南出版社2006年版，第1603页。

④ （明）丘濬：《大学衍义补》卷3，载《丘濬集》，海南出版社2006年版，第79页。

⑤ （明）丘濬：《大学衍义补》卷103，载《丘濬集》，海南出版社2006年版，第1595页。

其次，君主还应当采取积极措施，努力维护法律的统一和稳定，使下之人有所依傍和遵守，以免民心迷惑，无措手足。他强调说："夫以四海之大、兆民至众，人各一心，心各一见，人人有意欲行其私，苟非上之人撮其枢要，总摄而整齐之，使一其归，人人必济其所欲，物物必遂其所私，事事必行其所见，天下何由而统于一也？"[①]为此，他针对性地向时君提出了以下三点要求：

1. 整顿司法实务，再建刑典权威。有明一代通行的是太祖制定的《大明律》，凡四百六十条，是在总结历代法律经验教训的基础上编制而成，简约而不简单，丘濬对此评价颇高，称其"立百世之准绳"，"为百王之宪度"，"诚一代之良法"，认为后世人君应当严格遵守，不可擅自更革。但是，经过一百多年的运行后，丘濬发现，该法的很多规定已经在现实中慢慢变味、走样，逐渐偏离了太祖的立法本意。为了使《大明律》得到严格有效的遵守，他强烈要求时君下令司法机关进行内务整饬，及时彻查、纠正和惩处徇私舞弊、玩忽职守、枉法裁判等不法行为，要求内外法司断案一律以《大明律》为准，使司法工作重新回归正常的运行轨道。他说："今法司于律文之中，往往有不尽用者，律文如此，而所以断罪者如彼，罪无定科，民心疑惑。请下明诏，会官计议，本之经典，酌诸事情，揆之时宜，凡律文于今有窒碍者，明白详著于本书之下；若本无窒碍，而所司偶因一事，有所规避，遂为故事者，则改正之。仍敕法司，自时厥后，内外法司断狱，一遵成宪。"[②]

2. 完成太祖遗愿，编制礼典颁行。丘濬认为，礼乃为治之本，因而特别重视礼典的编纂。事实上，明太祖也曾大规模组织人力着手编制礼典，但效果并不理想，以后便搁置下去了："臣窃闻开国之初，太祖皇帝不遑他务，首以礼乐为急，开礼、乐二局，征天下耆儒宿学分局以讲究礼典、乐律，将以成一代之制。然当草创之初，废学之后，稽古礼文之

---

① （明）丘濬：《大学衍义补》卷78，载《丘濬集》，海南出版社2006年版，第1219页。

② （明）丘濬：《大学衍义补》卷103，载《丘濬集》，海南出版社2006年版，第1602页。

事，诸儒容或有未足以当上意者，当时虽辑成《大明集礼》一书，然亦无所折衷。”[①]丘濬勉励君主继承太祖的遗志，将明初编制的《大明集礼》、《洪武定制》、《礼仪定式》、《稽古定制》以及礼部各司掌握的相关资料汇总起来，编纂为一体，制为礼典，颁行全国，他说：“乞命掌礼大臣著为一书以颁赐中外，使天下后世咸知我朝一代之制，永永遵守，亦俾后世作史者有所根据云。”[②]

3. 汇编经典判例，实行律例并用。有道是智者千虑，必有一失；祖宗成法再好，难免百密一疏。当法律没有明文规定时，判例正好可以作为判案依据，以弥补成文法典之不足。因此，丘濬还相当重视判例的价值和作用。他要求君主诏令司法部门广泛稽考建国一百多年来的所有经典案例，分门别类地进行梳理辑录，汇编成册，然后统一颁行天下，与《大明律》一起作为法官的判案根据。他说：“伏乞特下明诏，……命在廷大臣及翰林儒臣会三法司官，将洪武元年以来至于成化丁未以前事例通行稽考，会官集议，取其可为万世通行者，节其繁文，载其要语，分类条列，以为一书，颁布中外，与《大明律》并行。”[③]但是，为了防止司法官吏容情卖法，不主正律，以例代律，枉法裁判，丘濬又严格限定判例的适用条件，认为法典始终是首要的判案根据，只有在法律没有明文规定时方可援引判例，他强调指出：“法者，祖宗所制，百世之典。例者，臣僚所建，一时之宜。法所不载，而后用例可也；既有法矣，何用例为？”[④]

最后，对于统治者最为忌惮的乱民造反问题，丘濬反复申明，要想避免百姓以下犯上，颠覆朝廷，根本的途径还在于薄取厚予，施仁行义。他说：“欲民之不犯法，其道何繇？曰：《管子》有言‘仓禀实，知礼

① （明）丘濬：《大学衍义补》卷37，载《丘濬集》，海南出版社2006年版，第633页。

② （明）丘濬：《大学衍义补》卷40，载《丘濬集》，海南出版社2006年版，第675—676页。

③ （明）丘濬：《大学衍义补》卷103，载《丘濬集》，海南出版社2006年版，第1596页。

④ （明）丘濬：《大学衍义补》卷103，载《丘濬集》，海南出版社2006年版，第1606页。

节'，必也。制节谨度，薄税敛，宽力役，使其家给人足，则民不穷而人不犯于有司矣。"[①]只要君主敬天爱民，施仁行义，恪守祖宗良法美意，则天下人人安居乐业，家家幸福美满，百姓对生活无限热爱，对未来充满希望，自然安分守己，自觉守法，绝无可能心生怨怼而悖上抗法。他不惜笔墨地写道："人主之于百姓，要必使之皆乐其生而重其死，则祸乱无从作矣。然则所以使之乐生重死者，其道何由？曰：圆颅方趾之民，莫不爱其身体气力也，莫不爱其父母妻子也，莫不爱其田庐赀产也。上之人不以兴作疲其筋力，不以刑法残其体肤，不以征役散其父母妻子，不以诛求耗其田庐赀产，则凡民之所爱皆为其所有，民不幸而死犹不忍舍去，况舍去而死哉？为人上者诚能省刑罚，薄税敛，不穷兵以黩武，不营作以劳人，则民咸有乐生之愿，而无轻死之心，祸乱不作，而君位永安，国祚无穷矣。"[②]

---

① （明）丘濬：《大学衍义补》卷113，载《丘濬集》，海南出版社2006年版，第1757页。

② （明）丘濬：《大学衍义补》卷13，载《丘濬集》，海南出版社2006年版，第253页。

第七章　丘濬的法历史观

治法自古圣先王创立和实施以来，在尧舜时期开创了雍熙泰和的大同盛世，在夏商周三代则缔造了刑仁讲让的小康社会。但是，二帝三王之后，被丘濬视为行之万世而无弊的治法，似乎再也没有得到充分而有效的推行，国家和社会的治理效果随之也急转直下，一落千丈。古圣先王和大同小康犹如昙花一现，离现实越来越远，成为中国人心中难圆的梦和永远的痛。丘濬在《大学衍义补》中两度总结了治法的运行规律：第一次是在分析钞法[①]的沿革及其弊端时，无限感慨地指出："其立法之始未尝不善，然皆以不善终之，古今一律也。"[②]第二次是在谈及唐穆宗下诏爵赏无功之将时，再次喟然长叹，曰："自古创业之君立为法制以遗子孙，未有不尽善尽美者，但事久而弊生，弊积之久而弊中又有弊焉，古今同一律也。"[③]前后两次表述，虽然引发议论的前提不同，但表达的意思基本相同，那就是：治法自创立以来，在历朝历代的开国之初都能得到很好的贯彻和执行，但是时间久了，难免滋生弊端，而且历时越久，积弊越多，最终沦为百弊丛生的恶法。三代以降，治乱交替，治法也总是处于"以善始，以不善终"的恶性循环中，王朝的兴衰与治法的存废同起落共沉浮，成为传统政治难以逃避的历史宿命。

---

① 钞，即钱币、货币。钞法即我国古代规范货币使用和管理的法律制度。

② （明）丘濬：《大学衍义补》卷27，载《丘濬集》，海南出版社2006年版，第496页。

③ （明）丘濬：《大学衍义补》卷140，载《丘濬集》，海南出版社2006年版，第2181页。

那么，以实现外王事功为目的的治法在历朝历代都不得善终的运行规律到底是如何形成的？换言之，是法之弊，还是人之弊？丘濬坚定地认为，其弊在人，而不在法。他说："自古国家其初立法未尝不善，而其末流之弊，皆生于子孙轻变祖宗之成法。"[①]开国君主们都曾历经磨难，饱经风霜，在旷日持久艰苦卓绝的斗争中，赢得民心，打下江山，深知天下得之不易，天意民心不可违，是以"自古创业之君经事多而虑患远，其所创制立法皆有深意"[②]，其立法多以社稷民生为重，以期实现社会的长治久安，与二帝三王的良法美意不谋而合，因而每一个朝代立国之初的法都称得上是良法。但是，继世之君们则不然，他们出生高贵，锦衣玉食，呼风唤雨，不食人间烟火，不知世道艰难，胸无大志，纵情声色，所立之法主要是为了自身享乐，满足个人私欲，所以每一个朝代中后期的法律都会逐渐偏离先王之道，最终堕落为祸国殃民亡国败家的恶法。这样的道理，丘濬后来在给明孝宗的上疏中更加详细地作了剖析，他说："中世继体之君皆生于世道丰亨之际，宫闱安乐之中，不历险阻，不经忧患，天示变而不知畏，民失所而不知恤，人有言而不知信，好尚失其正，用度失其节，信任非其人，因循苟且，无有奋发之志，颠倒错乱，甘为败亡之归也。"[③]由此可见，古往今来一切弊政的根源不在法，而在人。具体而言，就是丘濬在《大学衍义补》书中反复强调的"后世人主"。正是由于这些后世人主耽于享乐，不思进取，为了一己之私而擅自变更先王之法，才会产生各种弊端，日积月累，积重难返，最终归于败亡。

有鉴于此，丘濬对继世之君的立法活动始终保持谨慎态度，认为祖宗成法已经足够完好，后世人君只需遵而行之即可，不可擅自改作变更，他强调说："古人必不得已而后改作，非甚不得已，必不肯快一己之私意，废前人之成功。"[④]所以他在心法中要求君主以舜为榜样，中心无为，

① （明）丘濬：《大学衍义补》卷24，载《丘濬集》，海南出版社2006年版，第448页。

② （明）丘濬：《大学衍义补》卷144，载《丘濬集》，海南出版社2006年版，第2257页。

③ （明）丘濬：《论厘革时政奏》，载《丘濬集》，海南出版社2006年版，第3969页。

④ （明）丘濬：《大学衍义补》卷15，载《丘濬集》，海南出版社2006年版，第298页。

以守至正。但是，另一方面，眼看祖宗之法屡遭破坏，人欲之私远胜天理之公，丘濬又强烈地希望后世有为之君能够挺身而出，法先王，法尧舜，肩负起拨乱反正救偏补弊的重任，“示法则于上，而施政教于下，使天下四方咸面内环拱之，如众星之于北极焉”。[①]因此，在反对君主擅立新法的同时，丘濬又不遗余力地大声疾呼：“方今圣明在上，必有当制作之任者，行古之礼，复古之乐，政有望于今日。”[②]不用说，这样的心态也直接影响到丘濬对立法、执法、司法和守法等方面的看法。

第一节　后世何以不若古

丘濬是一位典型的复古主义者，他时时处处奉古尊古，以古为是，以古非今，尤其醉心于尧舜之道和唐虞之治。他对古代盛世越痴迷越向往，对现实政治就越不满越失望。在《大学衍义补》中，丘濬丝毫不掩饰自己内心对三代以前的渴慕和对三代以后的不屑，字里行间都充满了对后世不古的遗恨和痛心。譬如在论及“广陈言之路”时，他说：“后世人主无帝舜万分之一，已有过失，惟恐臣下之有言；一有面折廷诤者，斥责辄加之；宁受人之面谀，而不恤人之背言；此其过恶所以益彰，而治效所以不古若欤。”[③]谈到君臣关系时，他说：“君以臣为耳，臣以君为心，此泰和之治所以独在虞廷，而后世不能及也欤。”[④]对于后世将礼乐与政刑本末颠倒的做法，他批判道：“后世不知教事之为重，而往往从事于政治、刑法之间，间有为之者，亦是慕其名而无其实，立人以为师徒充其位，聚人以为徒徒冒其名，治道所以不古若者，其病根实在于是。”[⑤]他甚至还发出了“后世事事不如古”的感慨，足见他对现实的悲

---

① （明）丘濬：《大学衍义补》卷86，载《丘濬集》，海南出版社2006年版，第1322页。
② （明）丘濬：《大学衍义补》卷66，载《丘濬集》，海南出版社2006年版，第1041页。
③ （明）丘濬：《大学衍义补》卷4，载《丘濬集》，海南出版社2006年版，第86页。
④ （明）丘濬：《大学衍义补》卷41，载《丘濬集》，海南出版社2006年版，第681页。
⑤ （明）丘濬：《大学衍义补》卷70，载《丘濬集》，海南出版社2006年版，第1103页。

观与绝望。[①]

那么，在丘濬看来，后世为什么不如古呢？总括其意，大致可以归纳出两方面的原因，一是人的责任，二是法的问题，当然，归根到底还是人的责任。

一 人的责任

丘濬曾言：君、臣、民、事、物，该尽天下之理。五者之中，人居其三，可见人的重要性。那么，从国家治理的角度看，君、臣、民三者到底谁应当为后世不古的结果负责呢？从丘濬君臣共治的逻辑来分析，理当由君和臣来承担，民作为被治者，是没有任何责任的，且民的生存状态与风俗习惯还是考察君臣治效的主要指标，百姓丰衣足食，民风淳朴敦厚，社会治理的效果就好，反之亦然，他说："天下之治乱，验于风俗之厚薄，衣食之有无。骨肉相残者多，其风俗之偷也可见；盗贼之劫掠者众，其人之穷也可知。"[②]

而对君和臣而言，其责任大小轻重亦有区分：上天将天下的治理托付给君，君又将国家大事分派给大大小小的臣，自然应当由君承担主要责任，而臣承担次要责任。何况君乃一国之主，既肩负着养民、治民、教民的伟大使命，同时也掌握着天下人的生杀予夺大权，对国家的治乱兴衰起决定性作用，"盖天下之大，藩服都邑非止一处，百官庶尹非止一职，士农工商非止一民，蛮夷戎狄非止一类，有身者赖我以生，有家者赖我以养。我发一念之仁，则彼无不得其所者矣；我兴一念之不仁，则

① 丘濬对现实政治的弊端多有不满，常常情不自禁地发出"后世不古"的感慨，如："后世一惟资格用人，稽考簿书岁月次序，无复先王论辨之意，此所以任用不得其人而治效不古若也"；"后世人君之于臣下，不过于严则过于渎，此上下之情所以不孚，而治功之成恒不若于古欤！""《易》言天地交而为泰，观《鹿鸣》诸诗，天子所以燕飨其臣者如此，此泰和之治，所以后世不能及"；以及"自古文武无二道。有文事者，必有武备。未有文而不武，武而不文，非所以为武也。然此三代之学也。后世事事不如古，生于世者皆今之人，而所为之事必欲古之复，是务虚名而无实效。"等等，不一而足。参见（明）丘濬《大学衍义补》，载《丘濬集》，海南出版社2006年版，第110，132，749，2030页。

② （明）丘濬：《大学衍义补》卷106，载《丘濬集》，海南出版社2006年版，第1650页。

彼有不得其所者矣。”[1] 因此，无论从哪个角度考察，后世不如古的主要责任都应当由君来承担，这是毋庸置疑的。《大学衍义补》旨在阐发帝王为治之道，丘濬也是以格君心之非的姿态，站在君主的立场来发现问题、分析问题和解决问题，所以本书也将重点概括丘濬对君主责任的分析。

在丘濬看来，君主的责任主要表现在内圣和外王两个方面：

首先，内圣修养不足。与由圣而王的古代圣王不同，后世君主都是先有其位，再修其德，所以在个人修养方面都存在严重的先天不足，即使加上后天努力，也不一定人人都能修成正果，达到内圣的境界。事实上，以丘濬的评判标准，历史上除汉文帝、唐太宗、明太祖等极个别英君明主外，绝大多数统治者都是昏庸无能之辈，此外还有不少暴虐之主、虚诞之君，这样的人君结构必然导致治少而乱多，因而注定会出现后世不如古的结局。归纳起来，君主们在德行修养方面普遍存在的问题主要有四：（一）不持敬。“敬”乃心法第一要义，但大多数君主都很难坚持做到这一点，他们不敬天，不爱民，对上天交付的治、养、教三事无动于衷，没有使命感和责任感，这是君主失德的根本原因，也是导致各种现实弊政的根源所在。正是因为缺乏敬畏之心，后世之君才敢于为了一己之私，置百姓的生死于度外，置江山社稷于不顾，擅自更革祖宗成法，任意搜刮民脂民膏，致使民生凋敝，哀鸿遍野。（二）不谋公。君主理国必须要有一颗公心，以一人之心体天下人之心，真正施仁行义、为民造福，不可以掺杂半点私欲。然而，要做到这一点，统治者就得时时处处克己奉公，存天理之公，而灭人欲之私，这对于大多数君主而言，无异于比登天还难，能够有所收敛，已属不易，怎么可能真正做到大公无私？现实的情况是，致力于为万民造福，为万世开太平的君主可谓凤毛菱角，而利欲熏心者却比比皆是，为了一己之私不惜杀人立威者亦不在少数，长此以往，其结果可想而知。（三）不守勤。治天下者不仅责任重大，而且事务繁多，即使日理万机，也可能处理不完，因此不勤政显然

---

① （明）丘濬：《大学衍义补》卷160，载《丘濬集》，海南出版社2006年版，第2510页。

是不行的。道理如此，实际的情况却又是另一番完全不同的景象，后世君主大多耽于享乐，无心政事，有的甚至假无为而治之名，肆意荒政怠政，丘濬对此现象深有感触，他毫不客气地批评道："后世人主不务恭己而但欲无为，则是怠惰恣肆而已矣，岂其无事可为哉？事有可为而不肯为，以致废弛败坏而不可救药，隳祖宗之成功，坏国家之善治，贻生民之隐祸，是徇虚名而自诒伊戚也。"[①]（四）不亲贤。贤人和小人的根本区别就在于人生观和价值观的不同，前者胸怀天下，志存高远，光明磊落，且顾大局，谋公利，走正道，后者则正好相反，心胸狭隘，鼠目寸光，自私自利，蝇营狗苟，甚至为达目的不择手段。为国者理当亲贤人，远小人，这样才能增进内圣的功夫和外王的能力，亦得以汇聚一大批能臣干将共图大业。然而，现实总是贤人失意而小人得志，君主们为了自身的利益往往更加乐意听信和倚重小人，而真正的贤能之士则往往报国无门郁郁而终。"夫人君用人以图治，惟其贤能而用之，则国家之治原于此矣；苟舍其贤者能者，惟己之所亲爱者是用，虽有可恶之德不问也，如此，则列之五等、布之庶位者，皆不仁不义之人、无礼无智之士，天下岂有不乱者哉？"[②]

当然，不持敬、不谋公、不守勤、不亲贤只是大多数君主易犯常犯的过失，更有甚者，君德不修，品质败坏，完全不受心法的约束，他们纵情声色，腐化堕落，根本没有心思治理朝政，为了满足自己的私心和贪欲，毫无节制地滥用民力，挥霍民财；更有残忍暴虐之主，全无仁心仁德，骄奢淫逸，草菅人命，罪恶累累，以致天怒人怨，人神共愤。

其次，外王能力不足。治理天下不是纸上谈兵，空有内圣功夫，而没有治国理政的真才实干必然也是无济于事的。在这方面，历代统治者暴露出的弊端就更多了，其中，最难以避免的错误便是不知本、失其本，不善于抓住事物的主要矛盾和矛盾的主要方面，总是本末倒置，舍本逐

① （明）丘濬：《大学衍义补》卷158，载《丘濬集》，海南出版社2006年版，第2486页。

② （明）丘濬：《大学衍义补》卷5，载《丘濬集》，海南出版社2006年版，第109页。

末，把主要精力浪费在无关痛痒的细枝末节上，捡了芝麻而丢了西瓜，付出与回报肯定难成正比。在丘濬看来，“不务本”绝不是一个小问题，而是一个影响国计民生的大是大非问题，兼有方向性和方法性双重错误。君主作为整个国家机器的领航人，既把握不了正确的方向，也没有正确的方法来解决问题，结果只能是随波逐流，迷失在茫茫大海中，甚至还可能与平治天下的目标背道而驰，彻底走向理想的对立面。以治、养、教三事而言，养民乃是最基础最根本的国之大事，养民的问题解决了，老百姓丰衣足食，安居乐业，然后再施以教化与治理之事，岂不顺理成章水到渠成吗？因此，为人君者应当首先将主要精力用于为老百姓致富上面，“盖天立君以为民，民有常生之道，君能使之不失其常，则王政之本于是乎立矣。后世人主不知出此，而其所施之政往往急于事功、详于法制，而于制民之产反略焉，是不知其本也。后世之治所以往往不古若者，岂不以是欤？”[①]其次，如何才能让老百姓富裕起来呢？当然得发展生产，创造社会财富，由此就得重农抑商，“盖以农者，王政之本。”[②]因此，“周公之辅成王，陈言以献忠于上者，惓惓以稼穑为言；建官以分治于下者，谆谆以农事为急，其知本乎！”[③]遗憾的是，“后世往往重珠玉而轻谷粟，其不知所重也”。[④]更有甚者，后世设置农官的目的也发生了本质变化，不再是劝课农桑，指导生产，而是征收租赋，征发徭役，“古之帝王致力于农事也如此，后世之君听民自耕自获，所以命官以治之者征租赋、督力役而已，能勿扰之，使其得以尽力南亩已为幸矣，况求其戒敕农官劝相农民勤勤恳恳如是夫？”[⑤]

舍本逐末之弊多为碌碌无为而又刚愎自用的君主所常犯，他们的认知能力有限，是非观念模糊，看不透事物的本质，因而常常导致决策失

① （明）丘濬：《大学衍义补》卷14，载《丘濬集》，海南出版社2006年版，第269页。

② （明）丘濬：《大学衍义补》卷15，载《丘濬集》，海南出版社2006年版，第283页。

③ （明）丘濬：《大学衍义补》卷15，载《丘濬集》，海南出版社2006年版，第284—285页。

④ （明）丘濬：《大学衍义补》卷15，载《丘濬集》，海南出版社2006年版，第291页。

⑤ （明）丘濬：《大学衍义补》卷15，载《丘濬集》，海南出版社2006年版，第283页。

误，这是可以理解的。然而，历史上也曾出现过秦始皇、汉武帝、隋炀帝、元世祖等雄才伟略的君主，可他们带给国家人民的不是福祉而是灾难，这又是为什么呢？丘濬认为主要是由于急功近利、利欲熏心所致。在利益和欲望的驱动下，对内滥施刑罚，草菅人命，对外则好大喜功，穷兵黩武，国力、民力岂不双双耗尽？！此外，唐玄宗治国的教训也特别深刻，作为缔造了开元盛世的一代英主，最终却引发了天宝年间的天下大乱，几至亡国，其原因自然是多方面的，但丘濬以为，玄宗最主要的过失还是在于用人失当，所托非人，以致朝政壅蔽，上下不通。他说："夫朝廷之政，其弊端之最大者莫大乎壅蔽。所谓壅蔽者，贤才无路以自达，下情不能以上通是也。贤才无路以自达，则国家政事无与共理，天下人民无与共治；下情不能以上通，则民间利病无由而知，官吏臧否无由而闻，天下日趋于乱矣。"[①]

二　法的问题

从法的角度看，后世不如古也是不可避免的结局。但是，丘濬认为，无论是心法还是治法，其本身都是至善至美无懈可击的，后世人君要想实现治国平天下的宏愿，非二帝三王以来的传心经世遗法不可，只有完全把握住这套良法的精髓要义，并将其功效完全发挥出来，才能产生应有的社会治理效果，否则就无济于事；当然，发挥不好或者操作失误，还可能适得其反，这也是不容置疑的。

那么，法的问题到底出在哪儿呢？丘濬以为，归根结底还是人身上，或者说，最终仍是君的责任。何以见得呢？首先，心法没有得到遵守。心法，也即二帝三王口耳相传之法，是专门针对君主一人而制定的，要求君主以天和圣为榜样，诚意正心，修身立德，存天理，灭人欲，然后施仁行义，克己奉公，以一人之身为天下人谋利。可是，继传说中的二帝三王之后，有德有位的"圣王"始终没有在现实政治中出现过，即使

① （明）丘濬：《大学衍义补》卷1，载《丘濬集》，海南出版社2006年版，第41—42页。

是丘濬退而求其次的“王圣”，也几乎没有哪位君王完全符合其标准。这样的结果，于今天的人们看来，可能更倾向于认为是法本身存在瑕疵，而不是人的问题。换言之，法的标准设置太高太严，非人力所及，因而完全丧失了可行性和现实的指导意义。但是，丘濬并不以为然，他始终坚持这套规则是行之万世而无弊的良法，只是为人君者修养不足，没有达到它的要求，因而没有发挥出它应有的价值罢了。再说，人君一人乃风化之本、天下臣民的表率，如果其自身尚不能严格自律，谨守心法，又何以推己及人，要求臣民遵守治法呢？“居人上者立法制、明禁令，必先有诸己，然后为之；夫然，则所令无不行、所禁无不止矣。苟徒知责人而不知责己，是岂《大学》絜矩之道哉？”①

其次，礼乐政刑四大治法在实际执行中也存在严重问题。本来，古圣先王设计的这套规则不仅完全符合天意民心，遵循天理人情，而且有体有用、有本有末、有先有后，可谓尽伦尽制，尽善尽美。有志于二帝三王之治者，舍此而何求？然而，如此一套美轮美奂的治世良法在现实中却被运用得支离破碎，完全背离了古圣先王的立法本意，“古人创之于前，祖宗述之于后，凡吾今日之所餔啜者，皆古人之糟粕；所衣被者，皆祖宗之余裔。”②譬如，礼乐乃帝王为治之本，为国者应当先礼乐，后政刑，分清主次，依次推进，不可颠倒顺序，更不可舍本逐末，“后世急于刑罚、事功，失古人为治之意矣。”③又如，国家设守令，意在使其成为民之师帅，“谓之师，所以教民也；谓之帅，所以率民也。教民使之知礼义，率民使之趋事功。是则守令兼治教之责，非但使之治簿书、督财赋、理词讼而已也；后世人主专责守令以吏治，而于教化之事略不计焉，失古人命官之意矣。”④即使是微不足道的服饰点缀，后世的做法也早已背离了古道，以朝服和祭服上所配饰的玉为例，“古之玉人所以制造之者必有其度，然后能使声之所中协于角、徵、宫、羽之音，其大小厚薄必有等差，

① （明）丘濬：《大学衍义补》卷81，载《丘濬集》，海南出版社2006年版，第1264页。
② （明）丘濬：《大学衍义补》卷39，载《丘濬集》，海南出版社2006年版，第661页。
③ （明）丘濬：《大学衍义补》卷37，载《丘濬集》，海南出版社2006年版，第629页。
④ （明）丘濬：《大学衍义补》卷18，载《丘濬集》，海南出版社2006年版，第352页。

惜后世之无传也。今制，朝祭服皆有制，三品以上用玉，四品以下药玉，近乃有铸铜为之者，殊失古制。”①凡此种种，都表明古圣先王的良法美意没有在后世受到应有的尊重和重视，更没有得到有效的贯彻和实施，因此，后世不如古乃是必然之果，毫无悬念可言。

正是由于后世人主不遵心法，对天、圣、祖宗缺乏应有的恭敬和畏戒，所以常常为了满足自己的私欲，擅自变法，甚至为了排斥异己而大开杀戒，完全背弃了礼乐为本、政刑为末的基本原则，彻底打乱了礼乐政刑的先后顺序，原本浑然一体秩然有序的治法体系开始分崩离析，到了西周末年，终于出现了礼崩乐坏的混乱状态，中国社会由此跌入第一次大变局中，这就是持续五百多年的春秋战国之乱世。当时的人们早已忘记礼乐的精神实质，错把看得见的玉帛和听得到的钟鼓当作礼乐，根本不知道礼乐之本为何物，“周末文灭其质、礼废乐坏之时，人但知以玉帛、钟鼓为礼乐，而忘其本”。②秦汉以后，国家虽然统一了，但礼崩乐坏的局面始终没有得到改变。礼乐从此失去了为治之本的地位，礼乐的精髓也随之烟消云散，流行于世的则是越来越多的繁文缛节和靡靡之音，“盖三代以前，以礼为治天下之大纲；三代以后，以礼为治天下之一事，古今治效所以有隆污之异者以此。”③

礼乐崩解后，国家的治理轻则流于苟简之政，重则陷于暴虐之刑。诚然，无论是苟简之政，还是暴虐之刑，都是君主一手造成的；而且，无论是苟简之政，还是暴虐之刑，都已经彻底走向了治法的对立面，堕落为真正意义上的恶法，沦为君主纵欲行恶残民害民的工具。在这样的大背景下，古圣先王的治世良法早已面目全非，有其名而无其实，根本不可能产生为民造福、惩恶扬善的效果，所谓家给人足、国泰民安、大同小康，都不过是痴人说梦而已！

---

①（明）丘濬：《大学衍义补》卷96，载《丘濬集》，海南出版社2006年版，第1493页。
②（明）丘濬：《大学衍义补》卷37，载《丘濬集》，海南出版社2006年版，第629页。
③（明）丘濬：《大学衍义补》卷40，载《丘濬集》，海南出版社2006年版，第675页。

第二节　后世如何能复古

丘濬无疑是一位坚定的复古主义者，无论个人的遭遇多么坎坷不幸，都不足以动摇他追求理想的决心。他对现实越失望，对理想就越执着。在《大学衍义补》中，丘濬不仅从方方面面分析了后世不如古的原因，对于如何恢复古代的盛世景象，使社会秩序趋于稳定和谐，让天下苍生过上幸福美满的生活，他也提出了不少解决办法，其大要有三：一须君臣相得；二须礼乐为本；三须后继有人。

一　君臣相得

丘濬认为，治国平天下的关键在人而不在法，因此，只要为治者适得其人，自然就能平治天下。一句话，得其人则治，不得其人则乱。当然，这里的人，指的是君和臣两类，而与民无关。他强调说：“有是君而无是臣，有是臣而君不能用，用之而其臣不足以负荷，而欲成天下文明之化，难矣哉！”[①]意思是说，只有君得其人，臣亦得其人，君与臣精诚合作，和衷共济，才能驶向理想的彼岸。“君臣相得”的最佳状态出现在唐虞之世，“当是时也，一堂之间，君臣之际，臣敬君，则拜稽以飏其言；君敬臣，则致拜以俞其语。君臣一心，上下忘势，此虞廷之君臣所以为万世法，而其治效所以为不可及欤。”[②]

不过，唐尧虞舜皆为德位兼备的圣王，非后世所能企望。丘濬理性地接受了二帝三王之后不再有圣王的现实，主张走由王而圣的路线，在既有的政治格局下有条件地创造可堪大任的圣君贤臣组合，只要君主愿意接受心法的约束，自觉修身立德，施仁行义，均可成为王圣的人选。因此，他所强调的君臣相得主要表现为君主如何选用臣僚并与之相处。也就是说，

① （明）丘濬：《大学衍义补》卷67，载《丘濬集》，海南出版社2006年版，第1049页。

② （明）丘濬：《大学衍义补》卷6，载《丘濬集》，海南出版社2006年版，第133页。

君的职责就是任人，选用合适的人才来实际处理国家的各项具体事务，这就是《大学衍义补》中的“正百官”一目。丘濬对这一问题非常重视，其地位仅次于“正朝廷”。在总论任官之道后，丘濬又列举出十项具体的措施和要求，指导君主如何选官任人，依次为：定职官之品、颁爵禄之制、敬大臣之礼、简侍从之臣、重台谏之任、清入仕之路、公诠选之法、严考课之法、崇推荐之道和戒滥用之失。毋庸置疑，所有这些举措都是为了君臣相得，但对君主而言，更重要的是要做到以下五点：

首先，虚怀若谷，广开言路。丘濬强调说：“天下之患莫大于人君处危亡之地而不自知，人臣知危亡之祸而不敢言。为人上者诚能广陈言之路，弘容言之量，言之善者有赏，言之非者无罪，当言而不言者有罚，则大臣不至于持禄，小臣不至于畏罪，而下情上通矣。天下国家又岂有危亡之患哉？”[①] 君主要想听到真话，了解实情，并在众多臣僚中发现人才，首先就得敞开胸怀，让臣下畅所欲言，而不是控制思想，压制言论。他还以三代为例，指出广开言路的重要性：“三代之王，未必人人皆贤圣也，而其所以为治，后世辄推之以为不可及者，诚以当是之时，人人得言。”[②]

其次，明辨是非，善于纳谏。要想治理好天下，仅靠人君一人的智慧和能力是远远不够的，还需要集思广益，充分听取各方意见，从中吸收和采纳有利于国计民生的嘉言善语，从而做出最明智的决策。当然，这就要求君主摒弃个人好恶，善于接受正确的意见和建议，不为谗言所蒙蔽。在这方面，唐太宗无疑是一个楷模，“有面折廷诤者，必为霁雷霆之威而明言奖纳；有上封献议者，必为黜心意之欲而手敕褒扬。故得有过必知，知而必改，存致雍熙之化，没齐尧舜之名。此后世人主所当取法者。”[③]

第三，尊贤敬能，以礼待臣。丘濬认为，君臣之间虽然地位悬殊，

① （明）丘濬：《大学衍义补》卷4，载《丘濬集》，海南出版社2006年版，第105页。
② （明）丘濬：《大学衍义补》卷4，载《丘濬集》，海南出版社2006年版，第94页。
③ （明）丘濬：《大学衍义补》卷4，载《丘濬集》，海南出版社2006年版，第99页。

但君臣有义，尊贤敬能是礼的基本要求，君使臣以礼，则臣事君以忠，只有礼贤下士，才能赢得臣子的敬重和效忠。因此，君主求贤用善，必须放下身段，以礼待臣，君臣关系亲近、和谐，臣下才会知无不言，言无不尽，"所以上下相承，内外相维，而永无危乱之患也欤。"[①]否则，如果君臣关系疏远，相互猜忌，则必然有所顾忌和保留，不可能发挥出应有的才干。

第四，不拘资格，任人唯贤。丘濬认为，选官任人的最大弊端莫过于以资格取人，不问贤愚，一律论资排辈。他尖锐地批评说："资格之说，始于崔亮[②]。……自有此格以来，世世用之，使其君子不幸而不得以展有用之才，其小人不幸而不得以蒙夫至治之泽，是皆亮作俑之尤也。"[③]君主在选官任人的时候，必须坚持唯贤才是用的原则，不可以貌取人，不可任人唯亲，更不可资格用人，尤其是在左右辅弼之臣的选择上，万万不可掉以轻心，要注意吸取唐玄宗天宝之乱的教训，这样，"有大臣理国之政，有亲臣在君之侧，二者皆得其人，则君之左右所闻所见者，无非正理；国之任用所施所行者，无非仁政。任官如此，天下岂有不治哉！"[④]

第五，养才必用，汰退冗员。丘濬认为，除了资格之弊外，另一个堵塞人才通道的因素就是吏之冗员，他们在其位而不谋其政，于国于民有害无利不说，还严重阻碍了真才实学者的晋升之途，"吏多而阙少，在宋时犹一官而三人共之，今待一官之阙不止三人也，将因其故而不问欤，则人才日积愈多，及其资次而用之已衰老矣，衰老之人志气消沮、筋力不逮，用如是之人以理务治民，而欲事妥民安，难矣"[⑤]，况且，"国家养才而不得用，及其用之，皆衰老昏眊不能事事之人，此非独人才之病，

① （明）丘濬：《大学衍义补》卷5，载《丘濬集》，海南出版社2006年版，第114页。

② 崔亮（460—521），字敬儒，清河东武城人，南北朝时北魏的吏部尚书，资格之说由其首倡。

③ （明）丘濬：《大学衍义补》卷10，载《丘濬集》，海南出版社2006年版，第186页。

④ （明）丘濬：《大学衍义补》卷5，载《丘濬集》，海南出版社2006年版，第110页。

⑤ （明）丘濬：《大学衍义补》卷10，载《丘濬集》，海南出版社2006年版，第195页。

其为国家之累也大矣”。[①]因此，他极力主张采取措施淘汰并安顿好那些可有可无的冗官，“必使入仕者有及时效用之实，汰退者无后时失所之叹，斯可矣”。[②]

二　礼乐为本

丘濬认为，为治之道固在于得其人，但亦不可以不依托于法。他所强调的法，自然是二帝三王以来的传心经世遗法，其中，心法以正君，治法以正臣民，心法、治法双管齐下，德、礼、乐、政、刑五者俱全，才能实现雍熙泰和之治，达到圣神功化之极。但是，从治国平天下的角度来分析，君德自然是为治的前提、基础和保障，但仅仅强调德的重要性和必要性，也是远远不够的，更不可忽视的还是治法功效的启动与发挥，否则，无论君主一人的德行多么完美，也不可能完成平治天下的重任。而在治法的操作与运行中，为人君者必须牢牢把握一点要诀，那就是务必确保礼乐为尊、礼乐为先、礼乐为本，否则一旦颠倒错位，必然遗祸无穷，后世不古的教训就会不断上演，引发新一轮的治乱循环之恶果。因此，不可不慎！

所谓礼乐为本，有两层含义：首先，从治法的大范围来看，应当以礼和乐作为治国理政的根本，而以政与刑为之辅弼，人君为治之大本，惟在于礼乐，是故详于政刑而略于礼乐，必然导致后世不古，治无实效；其二，从礼与乐自身的小范围来看，应当以二者内在的精神实质为根本，而不应纠缠于玉帛钟鼓等细枝末节之中，“后世人主一切惟口腹耳目之是恣，下民化之，此人道所以日流于邪淫，而世道日沦于污下也欤！”[③]

以丘濬的观点来看，乐由中出，礼自外作，礼主敬，乐主和，礼为静，乐为动，礼以安上治民，乐以移风易俗，因此，礼与乐乃一体两面，须臾不可离，有礼必有乐，有乐必有礼，有礼而无乐，或者有乐而无礼，

① （明）丘濬：《大学衍义补》卷10，载《丘濬集》，海南出版社2006年版，第196页。

② （明）丘濬：《大学衍义补》卷10，载《丘濬集》，海南出版社2006年版，第196—197页。

③ （明）丘濬：《大学衍义补》卷36，载《丘濬集》，海南出版社2006年版，第615页。

都不可能产生理想的治效。另一方面，礼与乐也都各有自己的本与末，礼之本为义，乐之本为文，“礼以饰貌，必有其义，其义既立，则检于外者各得其宜，宜则人心安而不乖；乐以合情，必有其文，其文既同，则存于中者各有其理，理则人心定而不乱”。[①] 由此可见，以“敬”“和”为核心价值的礼乐之道才是为国者必须把握的用以治世的良法，而耳目得以闻见的繁文缛节声容制度等通通不过是礼乐之末，不足以成为代代相承的立法依据，“夫礼乐之不可沿袭者，其声容、制度耳，若夫和敬之本原，根于人心之固有，出乎天理之自然者，虽百世不易也”。[②] 这里，丘濬明确区分了作为为治之法的礼乐和作为生活细节的礼乐，指出后世舍本逐末所理解的礼乐并非古人所认可的为治之道，二者不仅内涵不同，而且功效殊异，仅仅是名称相同而已，他说：“若夫后世所以为治者，专意于簿书期会之末，所谓礼乐者，皆非古之所谓礼乐；间有一二仅存，亦名同而已，实则非焉。”[③]因此，坚持礼乐为本，就必须厘清生活中的礼乐与治法中的礼乐，不可将二者混为一谈，更不可以世俗化的礼乐取代以敬和为旨归的礼乐之道。

最后，强调礼乐为本，还必须坚持义文并重，和敬相协，将礼之本与乐之本完美地结合在一起，举而措之，才能产生应有的功效，“必有义与文焉，互相为用，然后贵贱以之而等，上下由是而和，此礼乐所以四达而为王道之备欤”。[④] 总之，从法的角度看，丘濬认为必须坚持礼乐为本的基本原则，他明确指出：“后世君臣有志于复三代之治者，其尚视此言以为准则，痛革后世苟简之政，而必以礼乐为本，凡其所以施于政治之间者，或寓三代礼乐之意于中，庶几今世复见古昔之盛治，岂非万世之幸哉！”[⑤]

---

① （明）丘濬：《大学衍义补》卷36，载《丘濬集》，海南出版社2006年版，第616页。
② （明）丘濬：《大学衍义补》卷36，载《丘濬集》，海南出版社2006年版，第619页。
③ （明）丘濬：《大学衍义补》卷38，载《丘濬集》，海南出版社2006年版，第639页。
④ （明）丘濬：《大学衍义补》卷36，载《丘濬集》，海南出版社2006年版，第616页。
⑤ （明）丘濬：《大学衍义补》卷37，载《丘濬集》，海南出版社2006年版，第631页。

三　后继有人

丘濬指出，人君为治，必须达于天下之大、万民之众、百世之远，绝非一蹴而就之事，“非积久而至于数十百年不可也”。[①]毫无疑问，治国平天下乃是一项薪火相继世代相承的千秋伟业，需要千千万万有志于二帝三王之治的后世君臣承上启下，继往开来，风雨同舟，携手并进。站在这样的高度看问题，丘濬以为，人君所要考虑的就不应当仅仅局限于现世的君臣之间，更应当高瞻远瞩，深谋远虑，为将来做打算，建立一个人才库，着力培养接班人，补充后备力量，以便将宏图大业持续稳定地推动下去，“国家之有贤才，犹人家之有子孙也。所以培养之者，乌可以不加之意哉？”[②]

那么，什么样的人有可能被视为贤才呢？换言之，是不是天下人人都有资格被选入国家人才的储养范围呢？当然不是。丘濬解释说：“天下之大，亿兆之众，必欲人人养育之，非独力之不能及，而亦势之所不能及也。是以于众人之中，择其贤者以养之，使其推吾所以体天地养物之心以养乎人人。”[③]国力有限，条件也不允许，所以只能择其贤者而养之了。事实上，丘濬所倡导的君臣共治模式，本质上仍属于精英治国的范畴，自然只有极少数幸运者有机会跻身体制之内。确切地讲，在古代，只有两类人有资格成为国家人才库中的备选者。一类为胄子，也就是皇室贵戚与公卿大夫的子弟，他们有天然的身份优势，无论贤愚，皆可直接进入国家最高学府接受教育，“胄子者，天子之元子、众子，与公卿大夫元士之适子，皆将有天下国家之责者，不可无豫教之法”。[④]另一类为士子，也就是读书人家的子弟。士是我国古代身份非常特殊的一个

① （明）丘濬：《大学衍义补》卷158，载《丘濬集》，海南出版社2006年版，第2483页。

② （明）丘濬：《大学衍义补》卷70，载《丘濬集》，海南出版社2006年版，第1098页。

③ （明）丘濬：《大学衍义补》卷68，载《丘濬集》，海南出版社2006年版，第1065页。

④ （明）丘濬：《大学衍义补》卷70，载《丘濬集》，海南出版社2006年版，第1095—1096页。

阶层，三代以前，他们是最低级别的贵族，排在天子、诸侯和大夫之后；三代以后，又沦为最高等级的平民，位居四民之首，排在农、工、商之前。自孔子以来，士已经自觉担当起经世济民的伟大使命，以仁为己任，主观上有强烈的入仕愿望，客观上作为社会精英治国，也有利于国家的稳定与发展。不过由于身份并不高贵，士子不可能享受胄子的特殊待遇，一般只能在私塾或地方官办学校完成教育。隋唐以前，士子入仕主要靠乡举里选，隋唐以后，则实行科举取士制度，通过严格的科场考试来选拔人才。明代以后，科举制度趋于完备，分乡试、会试和殿试三级。丘濬自己也是这一制度的受益者，虽然参加科考的过程并非一帆风顺，但他终究还是成功地进入到国家官僚体系，获得了施展才华的机会。事实上，对丘濬这样的寒门子弟而言，除了科举这一条独木桥外，也没有更好的晋升之路了。

丘濬从国家发展的全局出发，特别重视人才的培养，极力主张兴办学校，发展教育。他强调说："天下不可一日无师儒之功，国家不可一日弛学校之教。本儒以设教，立师以明道，会友以讲学，所以系邦国者在是，所以安万民者在是，毋徒视以为虚文，苟应故事，以为不急之务。"①又说："世道之治乱，系乎人才之有无，人才之有无，由乎学校之兴废也。然则修学宫、育贤才，使青青子衿有喜乐之心，无佻达之失，岂非王政之大务欤？"②

而要发展教育，就必须要重视师儒之职的人选，他说："臣窃以为国家要务，莫急于储贤，储贤必先于教养。所以代君以施教养者，师儒之职也，其任若轻而实重。"③又说："夫国家之治，由乎政事修举；政事修举，由乎人才众多；人才众多，由乎师道得人也。"④因此，"教官得人，

---

①（明）丘濬：《大学衍义补》卷70，载《丘濬集》，海南出版社2006年版，第1095—1096页。

②（明）丘濬：《大学衍义补》卷70，载《丘濬集》，海南出版社2006年版，第1096页。

③（明）丘濬：《大学衍义补》卷70，载《丘濬集》，海南出版社2006年版，第1096页。

④（明）丘濬：《大学衍义补》卷70，载《丘濬集》，海南出版社2006年版，第1099页。

则生徒充业，而国家有得人之效，所以成世务、寿国脉，此其基也。”①

总之，以丘濬的视角来看，后世不如古的原因可以大致归结为人和法两方面，而要想恢复古治，仍需要从人和法两方面来应对。当然，无论是分析问题，还是解决问题，丘濬始终更加强调人的因素，因为他相信治法是存在的，只是缺乏善用治法的治人。从这个意义上讲，他多少还是跳出了荀子“有治人，无治法”的窠臼，比大多数儒者更加重视发挥法的作用，但也尚未达到黄宗羲“有治法而后有治人”的认识高度。

① （明）丘濬：《大学衍义补》卷70，载《丘濬集》，海南出版社2006年版，第1095—1096页。

第八章　结语

从本质上讲，丘濬的后世不古论与黄仁宇大失败的历史观，都是对我国古代数千年政治史的经典概括。这样的认识自古迄今并不新鲜，可以说既是中国史的常态，也是中国人的常识。自先秦轴心时代以来，对历史的深刻反省一直在持续进行，孔子的“人存政举，人亡政息”，《左传》的“其兴也悖焉”“其亡也忽焉”，孟子的“一治一乱”，《六韬》[①]的“一盈一虚，一治一乱”，罗贯中的“分久必合，合久必分”，王夫之的“一离一合”，乃至梁漱溟的“一断一续，断断续续”、黄炎培的“历史周期率”等说法，都是对我国古代治乱循环的历史运行规律所做的客观评价，而且含义都基本一致，当然最经典也最为人所熟知的表述还是“一治一乱”。一言以蔽之，传统中国的发展史，其实就是一部后不如前、今不及古、不断走下坡的失败史。事实上，从二帝到三王，从公天下到家天下，从禅让制到世袭制，历史的演进与跨越早在文明之初就已经定格成型，此后便停滞不前，自夏至清，四千多年的王朝更替不过是踩着家天下的车轮不停地做机械重复运动而已，而且越陷越深，遂致不能自拔。用清末思想家严复的话来诠释是再合适不过了，他说：“三代以降，上之君相，下之师儒，所欲为天地立心，生人立命，且为万世开太平者，亦云

---

① 《六韬》，又名《太公六韬》，战国时期黄老道家的重要典籍，作者不详。该书以姜太公与周文王、周武王父子对话的方式编成，以文、武、龙、虎、豹、犬为标题，各一卷，共六卷，凡六十篇，是我国古代军事文化遗产的重要组成部分。“一盈一虚，一治一乱”之说出自“文韬”中的《盈虚》篇，也是全书的开场白。

众矣。顾由其术，则四千年仅成此一治一乱之局，而半步未进。”①

黄仁宇先生将大失败的原因归结为“以道德代法制”，指出古代政治的最大弊端就是片面强调和夸大道德的作用，也就是对内圣外王理论的迷恋，天真地认为修一人之身就能实现治国平天下的宏愿，将天下人的幸福寄托在一个人的修养之上。这就好比在沙堆上建立摩天大厦一样不切实际，由此而导致理想幻灭于现实，自然是情理之中的事。当然，黄先生也特别强调说自己反对以道德代替法律，只是为了破除古人心中的道德万能观，并非是要全盘否定道德的作用，他说：“《万历十五年》指出道德非万能，不能代替技术，尤不可代替法律，但是从没有说道德可以全部不要，……因为道德是一切意义的根源，不能分割，也不便妥协。”②

笔者非常认同黄先生的观点，因为“以道德代法制”的现象在古代中国的确非常普遍，其中，最显著的表现就是数千年的主流思想长期坚持任人而不任法的观点，强调为政在人、取人以身、修身以道、修道以仁，主张有治人、无治法。这是典型的内圣外王思维，也是导致道德极端化绝对化的根本原因。当然，先秦法家可能是一个例外，然而追根究底，法家所倡导的以法为治并不是真正意义上的法治，而是君主操控之下的严刑峻法之治，其本质仍是权大于法的人治，而且其严酷和暴虐甚至到了惨无人道、惨绝人寰的地步，是赤裸裸的暴政和霸道，注定不会成为多数人的选择。相形之下，儒家的仁政和王道思想，在当时特定的时空背景下，无论是对统治者还是被统治者而言，都是互利双赢的：一方面，老百姓能够过上相对安稳的生活；另一方面，统治者也能维持更加长久的统治。时间久了，就形成一种思维惯性，以为内圣外王是最完美的治理模式。于是，一种类似于温水煮青蛙的效应就产生了，越来越多的人醉心于此、痴迷于此，他们热切地憧憬着“圣王”的降临，坚信只有圣王才能给大家带来幸福。为了巩固这样的思想，仁以为己任的儒

---

① ［法］孟德斯鸠：《法意》，严复译，北京时代华文书局2014年版，第153页。

② 黄仁宇：《万历十五年》，生活·读书·新知三联书店2012年版，第317页。

者士大夫们自觉担负起了经世济民的重任，他们有意识地将二帝三王塑造成以德治民的典范，强调非圣人不足以为王，并且宣称五百年必有王者兴，让人们在希望中慢慢地等待；而当人们在漫长的等待中绝望后，又有人主张格君心之非，以现世君主为改造对象，着力培养一个“王圣”来取代“圣王”。如此循环往复，千千万万的人都在理想与现实、希望与绝望的煎熬之中慢慢地消耗掉自己的青春和热血，同时也慢慢地放弃了自己的信仰和抱负。当然，也总会有一些人至死不渝，始终不会放弃自己对内圣外王的信仰，亦不会放弃治国平天下的抱负，比方说孔子、孟子、荀子、二程子、朱子等，他们是公认的圣贤，为天地立心，为生民立命，被奉为儒学的灵魂。

丘濬也是其中之一，虽然他在儒学中的地位远不及上述诸子，但他建立并健全了心法和治法为支柱的社会治理规则体系，对儒学尤其是儒家法思想的发展做出了卓越的贡献。“心法”与“治法”二语，虽不是丘濬所发明，但却是丘濬将它们发扬光大，并上升到“传心经世之法”的高度，以“传心经世之法”统摄“心法”“治法”，又以“心法”和“治法”支撑整个“传心经世之法”的体系，使之成为一整套修己治人的社会治理规则体系。事实上，丘濬所阐发的心法治法体系为后世帝王所普遍接受，尤其对康雍乾三朝影响巨大。这一点，通过对文渊阁《四库全书》电子版的查询，也得到了明确的印证。据统计，“心法”和“治法”在《四库全书》中分别出现的频率高达2352次和3713次。不仅如此，还出现了两词同时并用的情形，其中，“心法治法”共出现43次，“治法心法”则为5次。而在众多的引述中，使用最集中也相对较多的是《钦定四库全书总目》《日讲易经解义》《日讲书经解义》《日讲春秋解义》《日讲四书解义》《钦定书经传说汇纂》《钦定续通志》《钦定日下旧闻考》《钦定续文献通考》《钦定南巡盛典》《钦定周官义疏》《太祖高皇帝圣训》《太宗文皇帝圣训》《世祖章皇帝圣训》《圣祖仁皇帝圣训》《世宗宪皇帝圣训》《世宗宪皇帝朱批谕旨》《圣祖仁皇帝庭训格言》《皇朝文献通考》《御批历代通鉴辑览》《御定孝经衍义》以及《万寿盛典初集》《八旬万寿盛典》等书。因此，可以明确，到《四库全书》编纂之时，“心法”“治法”的观念不仅得到了广泛传播，为当时的思想界、学术界所熟知和接受，而且已经成为帝王口中的惯用术语和治国理政的基本框架，这不能不归功于丘濬及其《大学衍义补》。

不过，回到“以道德代法制”的问题上，丘濬虽然重视法律的作用，但在法律和道德的天平上，他和普通的儒者并没有本质的不同，也是更多地倾向于道德一面。他的心法其实就是道德法，而他的治法在很大程度上也是以道德为主，始终未能摆脱德主刑辅的藩篱。事实上，这样的状况直到清末修律前也未曾有过任何动摇或改变。明清之交的黄宗羲虽然明确主张“有治法而后有治人”，断言“三代以上有法，三代以下无法”，并且惊世骇俗地提出了“君乃天下之大害”的观点，但是他骨子里还是非常信奉内圣外王、德主刑辅那一套理论的，《明夷待访录》无疑就是这种思想的直接反映。

无比完美的理论终至于无效，无限美好的愿景终至于落空，不仅没有发挥出应有的功效，实现最低的奋斗目标，反而走向了理想的对立面，这样的结果的确让人错愕唏嘘，难以接受，就像法国大革命时期人们的感受一样：“正是那种想把我们带向天堂的努力，却把我们带到了地狱。”毫不夸张地说，这种越努力越苦闷、越期待越失望的心情不仅丘濬有之，自孔子以来，历朝历代志在恢复二帝三王之治的儒者士大夫，皆有同感。尽管如此，即使在困顿和煎熬中，他们仍然不忘反思和追问，并在反思和追问中查找原因，思考解决的办法。唐陆贽[①]就是比较典型的一位，他曾上疏德宗皇帝说：

> 臣每读史书，见乱多治少，因怀感叹，尝试思之。窃谓为下者莫不愿忠，为上者莫不求治；然而下每苦上之不治，上每苦下之不忠，若是者何？两情不通故也。下之情莫不愿达于上，上之情莫不求知于下。然而下恒苦上之难达，上恒苦下之难知。若是者何？九

① 陆贽（754—805），字敬舆，吴郡嘉兴（今浙江嘉兴）人，中唐著名政治家、文学家、政论家，曾官至宰相，著有《陆宣公翰苑集》（24卷）和《陆氏集验方》（50卷）。

弊不去故也。所谓九弊者，上有其六，而下有其三。好胜人，耻闻过，骋辨给，炫聪明，厉威严，恣强愎，此六者，君上之弊也。谄谀、顾望、畏懦，此三者，臣下之弊也。上好胜，必甘于佞辞；上耻过，必忌于直谏；如是则下之谄谀者顺旨，而忠实之语不闻矣。上骋辨给，必剿说而折人以言；上衒聪明，必臆度而虞人以诈；如是则下之顾望者自便，而切磨之辞不尽矣。上厉威，必不能降情以接物；上恣愎，必不能引咎以受规；如是则下之畏懦者避罪，而情理之说不申矣。[①]

看得出来，陆贽的九弊说针对的只是君臣关系，且强调的是个人私德，属于内圣方面的问题，其视野远不如丘濬开阔，但他对君主的批评明显高于对臣子的责备。这一点倒是与丘濬的观点相契合。不过，与黄宗羲《原君》的观点不同，陆丘二人的批判皆只停留在对君主个人的道德谴责上，尚未上升到制度层面，没有真正认识到君主制的危害及其对整个传心经世之法的破坏，这又正好成为二人的软肋。黄宗羲之后，清末郑观应[②]再写《原君》篇，指出：

自传贤之局变为世及[③]，后世沿袭，因有攘夺篡弑之害，乃以举国为私产，兆庶为奴隶。推其原故，良由名分太尊，堂廉太远，习惯自然，忘乎天之立君者何为，民之仰望于君者何事也。或借公而济私，或挟私而废公。为主者既各私其公，为臣者亦各私其私，君若臣皆得各擅其私利。而熙熙攘攘之民遂交受其害，而不得复沾其

① （明）丘濬：《大学衍义补》卷4，载《丘濬集》，海南出版社2006年版，第101—102页。

② 郑观应（1842—1922），字正翔，号陶斋，祖籍广东香山（广东省中山市），中国近代最早具有完整维新思想体系的理论界，启蒙思想家，也是实业家、教育家、文学家、慈善家兼著名的爱国人士，代表作《盛世危言》。

③ 传贤之局，是指尧舜时期的禅让制；世及，也就是世袭制，始于禹之传位于启，也就是夏朝的建立。

利。然蕴利生孽，不利于民者终亦不利于君。[①]

郑观应的分析不仅再次印证了黄宗羲“君乃天下之大害”的观点，而且提出另一个重要命题，那就是：不利于民者，终亦不利于君。这一结论显然又与丘濬在《大学衍义补》中惯有的观点和思路一脉相承，如出一辙。

郑观应之后，严复在孟德斯鸠的启蒙下，对君主制做了如下点评，说：

> 酷矣！孟德斯鸠之论君主也！使非生于狭隘酷烈之朝，而又值公理将伸之世，彼又乌能为此言哉！夫君主，以言其精神则如此，以言其形质又如彼！而吾中国自黄炎以至于今，且以此为继天立极惟一无二之治制。君臣之义，无所逃于天地之间。詈桀纣，颂尧舜，夫三代以前尚矣不可考已，则古称先者得凭臆以为之说。自秦以降，事迹分明，何治世之少而乱世之多也？且《春秋》所载二百余年，而《国策》所纪七国之事，稽其年代，皆去先王之泽未远也。顾其时之人心风俗，其为民生幸福又何如？夫已进之化之难与为狉獉，犹未辟之种之难与跂文明也。以春秋战国人心风俗之程度而推之，向所谓三代，向所谓唐虞，只儒者百家其意界中之制造物而已，又乌足以为事实乎？思囿乎其所已习，而心常冀乎其所不可期，此不谓之吾国宗教之迷信，殆不可已。[②]

显然，严复对丘濬坚信不疑的二帝三王之治是颇有怀疑的，认为所谓的由圣而王不过是儒者们一厢情愿的臆造罢了。

由此可见，中国古代对大失败历史的反思早已有之，其批判的矛头要么指向人，要么指向法，甚至指向君主制，但是有一点非常明确，那

① （清）郑观应：《盛世危言》（上），夏东元编，中华书局2013年版，第108页。

② ［法］孟德斯鸠：《法意》，严复译，北京时代华文书局2014年版，第28—29页。

就是直到鸦片战争以前，始终没有人对内圣外王的治道提出过任何批评和置疑，对德主刑辅的治国模式坚信不疑。因此，笔者有理由认为，整个古代中国，几乎没有人清醒地认识到“以道德代法制”的弊端，更没有提出相应的解决办法。原因何在？笔者也无从得知，只是朦胧地感觉可能与温水煮青蛙的效应有关。当所有的人都习惯于某种思维（如内圣外王）并发自内心地坚信这种思维惯性的力量之后，每一个人的精力和智慧都用于思考如何来建构心目中的理想世界，而对于自己的理想大厦是否建立在沙堆之上却浑然不觉。

尽管如此，丘濬在内圣外王基础上建构起来的以心法和治法为支柱的社会治理规则体系并非没有任何现实意义。首先，从理论上讲，丘濬的法思想研究有助于我们从法学理论的角度重新审视和认识我国古代的法体系。中华法系虽然早已崩解，但其原貌和全貌如何，学界至今还是有争议的。通说认为，中华法系乃律令体系，所谓的法，指的就是“刑”，包括律、令、格、式等。近年来，又有学者提出中华法系应该包括礼和刑两部分，认为礼也是法的一部分，俞荣根教授就是这一观点的主要倡导者，其代表作为《礼法传统与中华法系》一书。此外，2011 年编纂完成的《中华大典·法律典》之《法学理论分典》也采纳了这一观点，将礼和刑纳入其范围之中。然而，无论是律令体系还是礼法传统，与丘濬的传心经世之法相比，都显得相对狭隘和不足。毋庸置疑，心法与治法的二分法应该更加符合传统儒家的奋斗目标和思维逻辑，因此也值得我们深入学习和研究。其次，从现实的角度看，丘濬所揭示的“以善始以不善终”的法律运行规律也值得今天的我们深刻反思。中华文明卓然独立于世界之林，成为数千年人类历史长河中唯一不曾中断的古代文明，这不能不归结为我国先民的智慧与努力。作为中华儿女，我们由衷地感到自豪和骄傲！然而，中华法系终至于分崩离析，行之万世而无弊的法最后却不善而终，这种大失败的惨痛历史带给国家和民族的深刻教训同样是不容忽视的。铭记历史，牢记教训，是我们复兴中华的前提和基础，也是实现民族复兴的根本保障。因此，个中的是非得失还是值得我们深入挖掘，以便在今后的法治建设中引以为鉴。

同为炎黄子孙，今天的中国人提到国家民族的发展时，用得较多的词是"复兴"，而五百多年前的丘濬则惯用"复古"一词来表达他对理想社会的向往与追求。事实上，不仅仅是丘濬一人如此，自孔子以来，诸子百家和历代先贤都以"复古"作为其最高理想。这几乎成为三代以后一个非常普遍的文化现象和社会心理，汉语中常用的"人心不古""世风不古""古道热肠""古貌古心""信而好古""乐道好古"等成语亦可作为资证。笔者常常在心里琢磨，"复兴"与"复古"不过一字之差，从字面意思看，都蕴含着厚古薄今、古为今用、借古开新的情结，似乎没有实质性的不同。那么。二者的区别到底何在呢？仔细分析后发现，其差异还是相当明显：对复兴者而言，古与今乃是两条各自独立、永远也不可能相交的平行线，古对今的意义主要在于参照与借鉴，或者更准确地说，是激发后人不断前行的内在动力；而对复古者而言，古与今则是两条重合的直线，古就是今的目标和方向，后人要做的就是要努力恢复到古人曾经的状态。为什么会这样呢？笔者以为，这并不意味着丘濬等先贤食古不化、泥古拘今，缺乏发展眼光和创新精神，实在是由于各自所处的时代不同，因而导致看待问题的视野不同罢了。换句话说，今天的中国人之所以强调复兴，而不提倡复古，并不是因为我们比前人高明一筹，而是更加幸运地站在了一个更大更高更宽的平台上来审视历史和现实而已。

中华民族以轩辕黄帝为始祖，上下五千年的历史，悠久而绵长，创造了世界上唯一不曾中断的古代文明。与丘濬所处的 15 世纪相比，21 世纪的今天，人们的视野更加广阔，追求也更加高远，因为在新的时代高点上，我们幸运地看到了国家民族由盛而衰几至灭亡继而绝地反击以致否极泰来的完整过程。这是一个"U"形的历史发展轨迹，自上而下的一段意味着老大帝国的沉落，自下而上的另一段则预示着少年中国的崛起，连接其间的凹陷则是那场突如其来的惊天巨变所引发的剧烈的社会变革和时代转型。而我们正好与少年中国同在，站在了日新月异扶摇直上的第二条线上，曾经的辉煌与苦难都是激励华夏儿女奋发向上重振雄风的原动力，但绝不可能引导后人重走老路，回到过去。但是，五百多年前的丘濬则没有这么幸运，他个人的命运与日薄西山的老大帝国紧紧地捆绑在一起，他所看到的仅仅是一条不断下滑的直线，而且这条直线还远没有落到最底处。在他看来，最美好的时光就是已经一去不复返的二帝三王时期，最理想的状态就是尧舜所建立的大同盛世与三代帝王所建的小康社会，当然，他心中更加向往的还是大道通行天下为公的唐虞之治。因此，他最大的愿望就是要改变现实政治的走向，重新回到过去，恢复远古的光荣。

值得注意的是，复兴者与复古者不仅视野不同、追求各异，即使在对“古”的理解和态度上也大有分歧：对复兴者而言，“古”的外延抽象而空泛，并无具体的所指，凡是以前的、过去的、历史的，都一概以古视之，而且在内涵上也几乎不作区分，是非对错、功过得失，统统包括在内；而对复古者而言，“古”的含义则异常明晰，从时间上看，特指春秋以前的远古和上古治世，所谓三皇五帝、二帝三王、唐虞三代、大同小康是也，称谓虽然多变，但指向明确，绝无歧义。不仅如此，复古者还刻意对“古”进行粉饰遮掩、精雕细琢，剔除假恶丑，夸大真善美，不遗余力地将“古”理想化、完美化、标准化，成为后世可望不可即甚至永远不可能实现的梦。

时至今日，历史的车轮早已驶入崭新的轨道，传统社会的一切早已改天换地，所谓君臣之义、纲常伦理都不复存在了。中华法系已经崩解，心法治法不再成为今天人们的行为规范，但是，在重新建构新中国自己的法学理论的过程中，一味地移植西方，完全割裂传统，鄙弃本土法律资源的做法，显然也是不可持续的。因此，理性地对待古代法律文明，批判地继承具有现实指导意义的古代法律思想，仍是我辈的职责所在，笔者的探索正是立足于此。

参考文献

一　核心研究资料

（明）丘濬：《大学衍义补》（上、中、下），京华出版社 1999 年版。

（明）丘濬：《大学衍义补》（一、二），吉林出版集团有限责任公司 2005 年版。

（明）丘濬：《大学衍义补》，载《丘濬集》（第一至五册），海南出版社 2006 年版。

二　先秦典籍与古代文献（以朝代前后为序）

李学勤主编：《礼记正义》，北京大学出版社 1999 年版。

陈晓芬、徐儒宗译注：《论语·大学·中庸》，中华书局 2015 年版。

方勇、李波译注：《荀子》，中华书局 2011 年版。

汤漳平、王朝华译注：《老子》，中华书局 2014 年版。

黎翔凤：《管子校注》，中华书局 2004 年版。

（西汉）戴圣：《礼记》，北京燕山出版社 1995 年版。

（西汉）司马迁：《史记》，韩兆琦评注，岳麓书社 2012 年版。

（宋）真德秀:《大学衍义》,朱人求校点,华东师范大学出版社 2010 年版。

（宋）胡宏：《胡宏集》，中华书局 1987 年版。

（宋）朱熹：《四书章句集注》，中华书局 2011 年版。

（宋）朱熹、吕祖谦：《朱子近思录》，严佐之导读，上海古籍出版社 2000 年版。

（宋）司马光：《资治通鉴》，岳麓书社 2012 年版。
（明）谈迁：《国榷》，中华书局 1958 年版。
（明）黄佐：《嘉靖广东通志·琼州府》，海南出版社 2006 年版。
（明）胡应麟：《少室山房笔丛》，上海书店出版社 2001 年版。
（明）丘濬：《世史正纲》，载《丘濬集》，海南出版社 2006 年版。
（明）丘濬：《琼台诗文会稿》，朱逸辉、劳定贵等校注，内蒙古人民出版社 2002 年版。
（明）黄瑜：《双槐岁钞》，上海世纪出版股份有限公司、上海古籍出版社 2012 年版。
（明）焦竑：《玉堂丛语》，中华书局 1981 年版。
（明）焦竑：《国朝献徵录》，载周骏富辑《明代传记丛刊·综录类 26》，明文书局 1991 年版。
（明）廖道南：《殿阁词林记》，载周骏富辑《明代传记丛刊·学林类 15》，明文书局 1991 年版。
（明）过庭训：《明分省人物考》，载周骏富辑《明代传记丛刊·综录类 36》，明文书局 1991 年版。
（明）雷礼：《内阁行实》，载周骏富辑《明代传记丛刊·名人类③》，明文书局 1991 年版。
（明）雷礼：《国朝列卿纪》，载周骏富辑《明代传记丛刊·名人类⑦》，明文书局 1991 年版。
（明）唐胄：《正德琼台志》，海南出版社 2006 年版。
（明）李贽：《四书评》，上海人民出版社 1975 年版。
（清）黄宗羲：《明夷待访录》，载《黄宗羲全集》，浙江古籍出版社 1985 年版。
（清）黄宗羲、全祖望：《西山真氏学案》，载黄宗羲、全祖望《宋元学案》，中华书局 1982 年版。
（清）王夫之：《读四书大全说》，中华书局 1976 年版。
（清）张廷玉：《明史》，中华书局 1974 年版。
（清）永瑢、纪昀等：《钦定四库全书总目》，台湾商务印书馆 1982 年版。

（清）谷应泰：《明史纪事本末》，中华书局 1977 年版。
（清）陆世仪：《思辨录辑要》，海南出版社 2006 年版。
（清）张岳崧：《道光琼州府志》，海南出版社 2006 年版。
（清）郑观应：《盛世危言》，夏东元编，中华书局 2013 年版。
（清）沈家本：《历代刑法考》，中华书局，1985 年版。
（民）朱为潮、徐淦等：《民国琼山县志》，海南出版社 2004 年版。

三 近现代著作

梁启超：《要籍解题及其读法》，岳麓书社 2010 年版。
梁启超：《儒家哲学》，岳麓书社 2010 年版。
钱穆：《中国学术通义》，九州出版社 2012 年版。
钱穆：《中国历代政治得失》，九州出版社 2012 年版。
钱穆：《朱子学提纲》，生活·读书·新知三联书店 2014 年版。
钱穆：《四书释义》，九州出版社 2010 年版。
梁漱溟：《中国文化要义》，世纪出版集团、上海人民出版社 2011 年版。
梁漱溟：《东方学术概观》，凤凰出版传媒集团、江苏文艺出版社 2008 年版。
梁漱溟：《东西文化及其哲学》，商务印书馆 1999 年版。
梁漱溟、［美］艾凯：《这个世界会好吗？》，生活·读书·新知三联书店 2015 年版。
杨鸿烈：《中国法律思想史》，中国政法大学出版社 2004 年版。
瞿同祖：《中国法律与中国社会》，中华书局 2003 年版。
张君劢：《儒家哲学之复兴》，中国人民大学出版社 2009 年版。
张君劢：《明日之中国文化》，中国人民大学出版社 2009 年版。
牟宗三、罗义俊：《中国哲学的特质》，上海古籍出版社 2007 年版。
冯友兰：《新原道：中国哲学之精神》，生活·读书·新知三联书店 2007 年版。
张学智：《中国儒学史·明代卷》，汤一介、李中华主编，北京大学出版社 2011 年版。
叶崇信：《中国学术名著提要·政治法律卷》，复旦大学出版社 1994 年版。

许纪霖、宋宏：《史华慈论中国》，新星出版社 2006 年版。
黄仁宇：《万历十五年》，生活 · 读书 · 新知三联书店 2012 年版。
黄仁宇：《中国大历史》，生活 · 读书 · 新知三联书店 2007 年版。
黄仁宇：《我相信中国的前途》，中华书局 2015 年版。
朱鸿林：《中国近世儒学实质的思辨与习学》，北京大学出版社 2008 年版。
高鸿钧：《清华法治论衡——中华法文明的当代省思》，清华大学出版社 2006 年版。
俞荣根：《儒家法思想通论》，广西人民出版社 1998 年版。
俞荣根主编：《中国法律思想史》，法律出版社 2000 年版。
俞荣根：《礼法传统与中华法系》，中国民主法制出版社 2016 年版。
李光灿、张国华：《中国法律思想通史》，山西人民出版社 2001 年版。
武树臣：《中国法律思想史》，法律出版社 2004 年版。
马建红、刘笃才、徐祥民编：《中国法律思想史》，北京大学出版社 2014 年版。
马小红：《中国古代法律思想史》，法律出版社 2004 年版。
马小红：《礼与法：法的历史连接》，北京大学出版社 2017 年版。
程燎原：《中国法治政体问题初探》，重庆大学出版社 2012 年版。
雷海宗：《国史纲要》，武汉出版社 2012 年版。
甘阳：《古今中西之争》，生活 · 读书 · 新知三联书店 2006 年版。
王绍光：《理想政治秩序：中西古今的探索》，生活 · 读书 · 新知三联书店 2012 年版。
陈来：《中华文明的核心价值》，生活 · 读书 · 新知三联书店 2015 年版。
陈来：《传统与现代》，生活 · 读书 · 新知三联书店 2009 年版。
程潮：《儒家内圣外王之道通论》，湖南人民出版社 2005 年版。
胡水君：《内圣外王——法治的人文道路》，华东师范大学出版社 2013 年版。
李国祥、杨昶主编：《明实录类纂（广东海南卷）》，武汉出版社 1993 年版。
李焯然：《丘濬评传》，南京大学出版社 2011 年版。
吴建华：《明代经世儒臣丘濬》，广东人民出版社 2007 年版。

吴建华、傅里淮：《丘濬》，广东人民出版社 2012 年版。

唐启翠：《此生如痕——丘濬传》，南方出版社 2008 年版。

吴坤雄：《秀才丘浚》，云南科技出版社 2013 年版。

朱逸辉：《丘濬海瑞评介集》，海南出版社 2004 年版。

王万福：《明丘文庄公濬年谱》，台湾商务印书馆 1985 年版。

四　期刊文章

（一）关于内圣外王的相关文章

黄俊杰：《内圣外王——儒学传统中道德政治观念的形成与发展》，台湾《中国文化新论》第 2 期。

朱岚：《儒家内圣外王之学论要》，《齐鲁学刊》1997 年第 4 期。

任剑涛：《内圣外王：早期儒家伦理政治构想的理想境界》，《齐鲁学刊》1999 年第 1 期。

路杰：《论“内圣外王”之道》，《河南社会科学》1999 年第 1 期。

叶岗：《论原始儒学中的内圣与外王》，《学术月刊》1999 年第 6 期。

苏凤捷：《关于儒家道德社会哲学——〈内圣外王〉评介》，《阜阳师范学院学报》（社会科学版）2000 年第 1 期。

蹇河沿：《简说“内圣外王”理想的遗病》，《云南艺术学院学报》2001 年第 1 期。

张立文：《内圣外王新释》，《中共桂林市委党校学报》，2001 年 3 月第 1 期。

王杰：《大学之道：构建以“三纲八目”为核心的道德修养体系》，《中国文化研究》2001 年秋之卷（总第 33 期）。

启良：《“内圣”七议》，《湘潭大学社会科学学报》2003 年 9 月（第 27 卷第 5 期）

袁玲红、袁杰：《“内圣外王”之探求与分析》，《江西农业大学学报》（社会科学版）2003 年 12 月（第 2 卷第 4 期）

陈迎年：《“内圣外王”还是“外王内圣”——评李泽厚的“新内圣外王之道”，兼论“西体中用”》，《华东理工大学学报》（社会科学版）2004 年第 1 期。

顾士敏：《何为“内圣外王”？》：《云南大学学报》（社会科学版）2006年第1期。

程勇:《内圣外王之道与儒家文论话语构建的原初向度》,《广州大学学报》（社会科学版）2006年12月（第5卷第12期）。

刘建华：《内圣、外王与中国政治构建》，《吉林广播电视大学学报》2007年第3期。

宁陶、谢有长：《“内圣外王”思想的源流及其发展历程探析》，《哈尔滨学院学报》2007年第9期。

郑臣：《原始儒家的内圣外王之道》，《聊城大学学报》（社会科学版）2007年第1期。

朱明贤、郑克卿、张雪：《内圣外王》，《北华航天工业学院学报》2007年6月（第17卷第6期）。

黄万盛：《全球化视域中的儒家内圣外王之道》，《西安交通大学学报》（社会科学版）2007年9月（第27卷第5期）。

雷永强：《孔子乐教的“内圣外王”指向》，《哈尔滨学院学报》2009年8月（第30卷第8期）。

雷信来：《解析“内圣外王”与“外王内圣”的思想悖论》，《世纪桥》2009年第10期。

许俊莹：《梁启超“趣味说”与“内圣外王”》，《五邑大学学报》（社会科学版）2009年11月（第11卷第4期）。

李进：《“内圣外王之道”的衍化》，《井冈山大学学报》（社会科学版）2010年3月（第31卷第2期）。

陈博:《先秦儒家的内圣外王观》,《内蒙古农业大学学报》(社会科学版)2010年第3期。

张怀承、姚站军：《“内圣外王”思想及其时代价值新探》，《湖南大学学报》（社会科学版）2010年11月（第24卷第6期）。

魏苏、王琦：《略论“内圣外王”的历史演变与现代境遇》，《江西社会科学》2011年第2期。

王豪：《从“君子”之政到内圣外王：儒家政治理想的起点分析》，《成都理工大学学报》（社会科学版）2012 年 7 月（第 20 卷第 4 期）。

杨泽波：《内圣外王之辨及其当代价值——对一个学术公案的迟到解读》，《河北学刊》2012 年 7 月（第 32 卷第 4 期）。

黄建跃：《儒家“内圣外王之道”的三个维度》，《伦理学研究》2012 年 7 月第 4 期（总第 60 期）。

张奇伟：《荀子圣王思想浅议》，《邯郸学院学报》2013 年 3 月（第 23 卷第 1 期）。

梁涛：《〈庄子·天下〉篇“内圣外王”本意发微》，《哲学研究》2013 年第 12 期。

宋华先:《系统论视域下的“大学之道”》,《聊城大学学报》(社会科学版) 2014 年第 4 期。

苟东锋：《“内圣”能否开出“外王”？》，《天津行政学院学报》2013 年 11 月（第 15 卷第 6 期）。

洪佳景、李咏吟：《从“一”与“裂”看“内圣外王”》，《厦门大学学报》（哲学社会科学版）2014 年第 3 期。

韩星：《内圣外王之道与当代新儒家重建》，《新疆师范大学学报》（哲学社会科学版）2016 年 11 月（第 37 卷第 6 期）。

耿宇佳：《从修己以敬到修己以安天下——孔子的内圣外王之道》，《新东方》2017 年第 2 期。

周可真：《儒、道、法的“内圣外王之道”》，《江淮论坛》2017 年 4 月。

（二）关于丘濬及其《大学衍义补》的相关文章

段秋关：《丘濬法律思想述评》及其续篇，《西北政法学院学报》1984 年第 4 期，1985 年第 1 期。

林冠群：《邱浚和他的〈大学衍义补〉》（上、下），《新东方》1995 年第 5、6 期。

袁兆春：《析〈大学衍义补〉中的法律思想》，《济南大学学报》1996 年第 4 期。

张秀军、袁兆春：《丘濬〈大学衍义补〉对中国封建正统法律思想的继承和发展》，《临沂师专学报》，1998 年 10 月第 5 期。

赵靖:《丘濬——市场经济的早期憧憬者》,《海南大学学报》(社会科学版)1998年第1期。

何勤华:《简论丘濬的法律思想》,《法学论坛》2000年第2期。

周伟民、唐玲玲:《丘浚年谱》,《海南大学学报》(人文社会科学版)2000年3月(第18卷第1期)。

陈永正:《从〈大学衍义补〉看丘濬的法律思想》,《泉州师范学院学报》(社会科学)2002年9月第5期。

余德仁:《最先提出劳动价值论的是我国明朝学者丘濬》,《河南师范大学学报》(哲学社会科学版)2003年第6期。

徐公喜、聂东平:《丘濬君臣民思想承续与发展》,载《闽学与武夷山文化遗产学术研讨会论文集》,2006年。

毛晓燕:《丘濬法律思想初探》,《理论界》2006年第2期。

陈应琴:《丘濬论刑何须有》,《山东社会科学》2006年第5期。

李月华:《丘濬民本思想君主观与黄宗羲君主论的相似性》,《广西社会科学》2007年第7期。

赵玉田:《丘濬经世情怀与明中期社会变迁》,《古代文明》2007年第7期。

陈应琴:《丘濬论典狱之官》,《华南理工大学学报》(社会科学版),2008年12月。

曹迪、陈应琴:《丘濬"便民为本"立法思想的刑法观照》,《云南行政学院学报》2009年第2期。

赵玉田:《丘濬及其身后的"丘濬"》,《文史杂志》2010年第6期。

朴志勋:《真德秀的〈大学衍义〉及邱濬的〈大学衍义补〉对韩国性理学的影响》,《黑河学刊》2011年第6期。

崔永东:《明代丘濬〈慎刑宪〉中的慎刑思想》,《中国刑事法杂志》2012年第4期。

陈彦军、王宏海:《论〈大学衍义补〉在〈大学〉经世演进中的价值》,《衡水学院学报》2013年6月。

黄英:《由王而圣始,由内而外终——丘濬《大学衍义补》的内在理路》,《孔子研究》2016年第6期。

张扬:《丘濬经世之策及其哲学内核》,《文物鉴定与鉴赏》2018 年第 14 期。

赖伟钧：《丘濬年谱续编刍议》，《采写编》2019 年第 1 期。

赖伟钧：《浅议丘濬丘文庄公姓氏名讳》，《产业与科技论坛》2019 年第 11 期。

（三）关于心法、治法的相关文章

孙利:《朱熹“十六字心诀”释义》,《河北大学学报》（哲学社会科学版）2001 年第 2 期。

徐公喜：《朱熹十六字心传道统思想形成论》，《宜宾学院学报》2004 年第 1 期。

杨浩：《孔门传授心法——朱熹〈四书章句集注〉对儒家道统论的理论贡献》，《首都师范大学学报》（社会科学版）2012 年第 3 期。

常玉娜：《丘濬〈大学衍义补〉中心学教育思想研究》，《兰台世界》2013 年 7 月上旬。

刘腾飞：《朱熹“十六字心传法”之发微》，《太原师范学院学报》（社会科学版），2016 年 11 月。

张文智:《儒家的心法与密理——〈易〉〈学〉〈庸〉之间的互通互融性》,《儒学论衡》2016 年第 1 期。

彭彦华：《儒家心学与中国人的精神家园》，《贵阳学院学报》（社会科学版）2016 年 2 月。

朱冶：《〈圣学心法〉与明成祖治国理念的表达》，《江西社会科学》2018 年第 1 期。

徐岱：《论胤禛“有治人，即有治法”的吏治思想》，《吉林大学社会科学学报》1997 年第 6 期。

允春喜:《黄宗羲“治法”思想研究》,《北京工业大学学报》(社会科学版）2008 年 6 月。

允春喜：《在“治法”与“治人”之间——黄宗羲“有治法而后有治人”思想研究》，《华南农业大学学报》（社会科学版）2009 年第 1 期。

张晋藩：《论治法与治人——中国古代的治国方略》，《法律科学》（西北政法大学学报）2011 年第 4 期。

刘凤云：《“有治人无治法”：康雍乾三帝的庸人治国理念》，《求是学刊》2014 年第 3 期。

程燎原：《中国法治政体的始创——辛亥政治革命的法治论剖析与省思》，《法学研究》2011 年第 5 期。

程燎原：《中国法治思想的“突破”》，《法商研究》2011 年第 3 期。

程燎原：《千古一“治”：中国古代法思想的一个“深层结构”》，《政法论坛》2017 年第 3 期。

马小红：《中华法系中“礼”“律”关系之辨正——质疑中国法律史研究中的某些“定论”》，《法学研究》2014 年第 1 期。

李宜蓬：《从礼器到礼教：礼乐文化推衍的内在逻辑》，《孔子研究》2014 年第 4 期。

李存山：《儒家文化的“常道”与“新命”》，《孔子研究》2016 年第 1 期。

俞荣根：《礼法之治——中国古代的“良法善治”追求》，《孔学堂》2017 年第 4 期。

俞荣根：《礼法之治：传统良法善治方略钩沉》，《法治现代化研究》2017 年第 5 期。

（四）其他相关文章

杨阳:《试论孔子思想及其政教一体化思维》,《齐鲁学刊》1999 年第 1 期。

谢景芳：《致君尧舜与强权政治——论明代士大夫与专制皇权的冲突》，《学习与探索》2000 年第 3 期。

范忠信：《唐代以后中国法律思想的定型化或僵化》，《湖南省政法管理干部学院学报》2000 年第 6 期。

任强：《中国传统法律思想的研究范式》，《现代法学》2001 年第 1 期。

张分田：《“天下为公”是中国古代的统治思想》，《阴山学刊》2003 年第 3 期。

方潇：《中国古代天学视野下的刑罚运行》，《河南省政法管理干部学院学报》2004 年第 6 期。

林乾：《从“法与天下共”论传统中国法权与君权的关系》，《南京大学法律评论》2005 年春季号。

张分田:《“民贵君轻”再解析——略论“民贵君轻”是中国古代统治思想》,《天津社会科学》2005 年第 6 期。

俞荣根:《寻求“自我”——中国法律思想史的传承与趋向》,《现代法学》2005 年 3 月。

俞荣根:《寻求“中道”——儒家之法的精神及其普世价值》,《现代法学》2006 年 11 月。

朱人求:《衍义体:经典诠释的新模式》,《哲学动态》2008 年第 4 期。

张中秋:《概括的传统中国的法理观——一中国法律传统对建构中国法理学的意义为视点》,《法学家》2010 年第 2 期。

李媛:《明代国家祭祀体系中的“天”——一种政治文化视角的分析》,《古代文明》,2010 年 4 月。

邓红蕾:《“慎刑”与“重德”缘何能达成共识——以中国法律思想史为例》,《中南民族大学学报》(人文社会科学版)2011 年 9 月。

向燕南:《4—16 世纪中国史家对于社会结构与历史演进的理解》,《廊坊师范学院学报》(社会科学版)2011 年 10 月。

平飞:《儒家治理文化五大理念论》,《华南师范大学学报》(社会科学版)2011 年第 6 期。

赵玉田:《晚明“利玛窦现象”新解》,《贵州社会科学》2011 年第 8 期。

赵玉田:《丘濬教育理念与“成化时代”》,《海南师范大学学报》2012 年第 5 期。

赵玉田:《“成化时代”与明朝灭亡》,《贵州社会科学》2012 年第 8 期。

韩星:《重建中国式的道统与政统关系》,《学术前沿》2013 年 7 月(下期)。

王颖、吴翠丽:《良序的追寻与建构:孔子社会秩序思想探微》,《南昌大学学报》(人文社会科学版),2014 年 1 月(第 45 卷第 1 期)。

邓国光:《〈虞书〉与“王道”:礼治的“王制”原型研究》,《扬州大学学报》(人文社会科学版)2014 年 11 月。

易中天:《底线是最重要的》,《采写编》2012 年第 2 期。

周小山:《宋人丘濬生平、著述考》,《中国典籍与文化》2012 年第 3 期。

张分田:《中国学术界一个集体性的重大历史事实误判》,《史学月刊》

2016年第9期。
卢冰：《明清以来天下观的变迁》，《学术探索》2017年第2期。

五 学位论文

宋大琦：《天理循环——程朱礼法学研究》，博士学位论文，中国政法大学大学，2007年。
郄军红：《〈大学衍义补〉治民思想研究》，博士学位论文，南开大学，2009年。
向鸿全：《真德秀及其〈大学衍义〉之研究》，博士学位论文，台湾“国立中央”大学，2005年。
沈锦发：《孟子内圣外王思想之研究》，博士学位论文，华东师范大学，2011年。
张维新：《中国古代法制史学史研究——以历代古籍为中心》，博士学位论文，华东政法大学，2011年。
陈永正：《从〈大学衍义补〉试析丘浚思想》，硕士学位论文，福建师范大学，2002年。
李月华：《〈大学衍义补〉中的天、君、臣、民观》，硕士学位论文，东北师范大学，2004年。
刘雪晶：《明代“利”论中的君、国、民关系思想研究——以丘浚、李贽为例》，硕士学位论文，东北师范大学，2005年。
吕东波：《〈大学衍义补〉与明中期社会变迁》，硕士学位论文，东北师范大学，2007年。
陈敏：《丘濬研究述评》，硕士学位论文，东北师范大学，2008年。
耿松：《〈大学衍义补〉研究》，硕士学位论文，华东师范大学，2007年。
张旋：《中国古代“法”概念研究》，硕士学位论文，南京师范大学大学，2011年。
连小娟：《丘浚慎刑思想研究》，硕士学位论文，甘肃政法学院，2012年。
牟聪：《丘濬〈大学衍义补〉法律思想研究》，硕士学位论文，青岛大学，2013年。

赵侠：《〈大学衍义补〉法律思想研究》，硕士学位论文，海南大学，2012 年。

于蓓蓓：《邱浚慎刑思想研究》，硕士学位论文，海南大学，2013 年。

陈绵能：《明代丘濬的学术思想和成才原因研究》，硕士学位论文，海南师范大学，2017 年。

王珏：《南宋真德秀法律思想探微》，硕士学位论文，上海师范大学，2011 年。

张云：《丘濬的司法思想研究》，硕士学位论文，上海师范大学，2016 年。

商雒清：《丘濬、黄宗羲法思想比较研究》，硕士学位论文，上海师范大学，2017 年。

贺光耀：《〈庄子·天下篇〉研究》，硕士学位论文，山东大学，2012 年。

六　中文译著

［德］罗哲海：《轴心时代的儒家伦理》，陈咏明、瞿德瑜译，大象出版社 2009 年版。

［美］狄百瑞：《儒家的困境》，黄水婴译，北京大学出版社 2009 年版。

［美］布迪、莫里斯：《中华帝国的法律》，朱勇译，凤凰出版传媒集团、江苏人民出版社 2010 年版。

［美］本杰明·史华慈：《寻求富强：严复与西方》，叶凤美译，凤凰出版传媒集团、江苏人民出版社 2010 年版。

［法］孟德斯鸠：《法意》，严复译，北京时代华文书局 2014 年版。

后　记

丘濬是15世纪大明王朝冠绝一时的理学名臣、中兴贤辅、一代文宗，蜚声海内外的文学家、史学家、诗人、学者。他博学多闻，著作等身，被国学大师钱穆誉为“中国史上第一流人物”。长期以来，学界对他的研究多集中在经济、文学、教育等领域，殊不知他还是一位了不起的法思想家，《明史》称他“尤熟国家典故”。鉴于此，近年来已有越来越多的研究者从法学的角度去解读丘濬，其代表作《大学衍义补》更是成为发掘和整理丘濬法思想的一大宝库。本书作者也是基于这样的认识，将研究的对象确定为丘濬及其《大学衍义补》。

然而，无论是丘濬其人，还是《大学衍义补》其书，对笔者而言都是博大精深而又完全陌生的。整个研究工作无一不是从零开始，买书、搜集资料，做相应的前期准备工作，甚至带着女儿两度专程去海口拜谒丘濬故居和丘濬墓，顺便也多次去海南省图书馆查找资料，此外还去了北京，到国家图书馆查遗补缺。南下北上，收获颇丰。接下来便是学习和研读堆积如山的各类古今文献，感觉已不轻松；构思与写作的过程更是充满了艰辛和挑战，几乎是走一步，停三步，而且每一步都是摸着石头过河，甚至经常因为摸不到下一块石头，而不得不长时间困在河里。苦闷彷徨，举步维艰。阳光总在风雨后，经过这段艰辛的探研之旅，亦觉不虚此行，受益匪浅，尤其是对丘濬这位五百多年前的先哲充满了由衷的敬意和钦佩，读其书，品其人，乐亦在其中矣。

在本书的撰写过程中，笔者始终秉持“以中释中”的原则来挖掘和解读丘濬《大学衍义补》的法思想。所谓“以中释中”，意味着不仅要排除西方法学的思维方式和话语体系，而且要尽可能杜绝用今人的观点去理解和诠释古人。一句话，既摒弃“以西释中”，又否定“以今释古”。而要切实做到这两点，单靠研读古人遗留下来的文字资料是远远不够的，因为任何一个历史人物都曾经生活在特定的时空条件下，其思想也必然受制于他所处的时代；同时，任何一个历史人物也都有其独特的人生轨迹和心路历程，其思想也必然是他个人内心世界的真实反映。丘濬生活在15世纪，当时的中国尚未正式接触到西方近代文明，正处于数千年一遇的大变局的前夜。面对大明帝国的内忧外患，他不可能打破中华民族固有的思维套路去寻求改变现实的灵丹妙药。因此，笔者选择“内圣外王”作为本书的理论依据和分析框架，以此为基准去检视和解读丘濬的内在世界，并尽可能地用他自己的话语去提炼和表达他的法思想。“传心经世之法”、“心法”、“治法”等基础性概念及其所涵盖的基本观点都不是笔者自创或臆造，而是直接来源于丘濬的原著（主要包括《大学衍义补》中的丘濬按语和《琼台诗文会稿》中的部分诗文）。笔者所做的不过是在卷帙浩繁的字里行间找到它们，并将其有机地整合起来形成一个完整的体系，书名“内圣外王的法思想体系”亦来源于此。我想，这应该也算是本书的一个创新点吧。

丘濬的法思想遵循着独特的内在理路，他从现实的君主制出发，在儒家内圣外王理论的指导下，以尧舜之道为宏旨，将治道、治人和治法有机地结合起来，建构了以心法和治法为两大支柱的庞杂的社会治理规则体系。其中，心法正君，旨在修己以内圣；治法正臣民，旨在安人以外王；心法为本、为体，治法为末、为用。在丘濬看来，心法与治法并举，君主与臣民共进，才是真正的王道，《大学》作为全体大用之学方得以全面彰显，古圣先王的雍熙泰和之治亦有望在后世得以恢复。这就是丘濬法思想的基本框架和主要内容，也是历代心怀天下有志于经世济民的儒者士大夫们共同尊奉的最理想的社会治理规则体系。正如清代学者蔡世远点评《大学衍义》时所指出的那样：“心法治法，微显毕具，诚内圣外王之学”。可悲的是，如此宏大而美好的理想偏偏建立在专制君主制的土壤之上，其结果注定只能是得其人则治，不得其人则乱；而在现实政治中，偏偏又是圣君明主凤毛麟角百年不遇而暴君庸主却俯拾即是无处不在。因此，这样的理想注定会被现实碾压至粉碎，古代中国一治一乱、少治多乱的周期性规律自然也就不可避免。黄仁宇先生为万历十五年所做的年鉴是“一部失败的总记录”，推而广之，“失败”二字岂不也是春秋战国以后甚至三代以降我国传统社会数千年历史的总记录吗？嗟乎！这不就是中华民族数千年来难以逃脱的历史宿命吗？！

“往者不可谏，来者犹可追”（《论语·微子》）。反思过去不是为了怀古，而是为了鉴今，为了更好地建设今天的中国。从法学研究的角度讲，尽管中华法系已不复存在，“内圣外王”、“传心经世”以及“心法”、“治法”等观念也不再为今天的人们所熟知，但是客观理性地认识我国古代的法律思想和法制文明，仍然是法律人义不容辞的使命和责任。笔者才疏学浅，水平有限，不揣冒昧地尝试在先，本意也仅在自告奋勇地做一块引玉之砖，不当不妥之处，敬请读者和同仁不吝赐教，多多批评、指正！

本书是在笔者博士学位论文的基础上改写而成，无论是论文的选题、构思与写作，还是书名的最后敲定，都得益于我的导师程燎原教授的精心指教和循循善诱。在此，谨向尊敬的程老师致以我内心最崇高的敬意和最诚挚的感谢！感谢我的母校重庆大学法学院，感谢宋宗宇教授、杨春平教授、陈伯礼教授、王本存教授、王南老师、陈济新老师以及同门的朱俊博士、陈希博士、张喻忻博士、张小玲博士、黄明涛博士，如果没有各位师尊和同学的启发、开导、帮助和勉励，我也许还在浩如烟海的文献资料中艰难地踽踽而行。感谢海南省图书馆的陆志欣老师、海南出版社的武铠老师以及海瑞故居的书斋管理员何燕女士，也特别感谢当时尚在海南工作的重庆社会科学院智库建设处处长卢向虎博士及夫人杨延梅博士，感谢诸君友好而热心的相助，使我得以顺利地搜集到研究所必需的全部文献资料。回首那段艰辛的写作历程，不能忘记重庆社会科学院丁新正教授的勉励和鞭策，在此亦深表感谢。

感谢我的工作单位重庆交通大学经济与管理学院，感谢尊敬的许茂增院长和肖伟副院长，感谢温暖如春的谌微微主任，一并感谢知识产权教研室的全体同仁；同时，也深深地感谢我的家庭，感谢我的丈夫、女儿、父母、兄妹以及全体家人，不得不说，单位和家庭作为大后方的全力支持是本书得以顺利完成的根本保障，真心谢谢大家的关爱和付出！本书得以付梓也得益于湖北三新文化传媒有限公司孙丽兰老师的大力推荐，在此，谨向孙老师表达由衷的感激之情！最后，我还要特别感谢中国社会科学出版社的责任编辑许琳老师和排版李平老师，两位老师的敬业精业使我油然而生敬意，衷心感谢两位老师的指点和帮助。

谨以此书献给所有关心、帮助过我的亲人和师友！

黄　英

2020 年 6 月于重庆